KB073475

부동산 투자로
진짜 인생이 시작됐다

평범한 전업맘에서 부동산의 여왕이 되기까지

앨리스허(허미숙) 지음

부동산 투자로 진짜 인생이 시작됐다

추천의 글

부동산 투자로 인생 전체를 리모델링하라

내가 앨리스허님을 처음 만난 건 2014년 봄이었다. 열혈 직장인에서 평범한 가정주부가 되어 아이 둘을 기르며 살던 그녀는 마흔 살이 가까운 어느 봄날 굵직한 인생의 물음과 마주하게 된다. '이대로 살아도 좋은가?' 역동적인 삶을 원하던 그녀는 부동산 강좌의 문을 두드렸다.

그때 나는 수도권 아파트 가격이 이제 오를 때가 되었으니 매매와 경매를 열심히 하라고 강의장마다 열변을 토하고 다녔다. 하지만 수도권 부동산 시장이 오랫동안 좋지 않았기에 내가 아무리 큰 소리로 떠들고 다녀도 그 말을 듣고 실행에 옮기는 사람은 거의 없었다. 그런데 앨리스허님은 달랐다. 투자 경험이 하나도 없는 초보였지만 그녀는 기다렸다는 듯 행동에 옮겼다. 내가 강의시간에 특별히 강조한 지역으로 달려가서 겁도 없이 아파트를 사기 시작했다.

매매도 하고 경매도 하고 거침이 없었다. 그 어렵다는 강제 집행도 뚝딱뚝딱 해치웠다. '뭐 이런 사람이 다 있지?' 싶을 정도였다. 남들이 돌다리가 튼튼한지 이리 재고 저리 재고 있을 때 그녀는 이미 다리를 건너 저만치 달려가고 있었다.

그녀의 실행력은 무서울 정도였다. 공인중개사 자격증을 따면 투자에 도움이 되냐고 물어보길래 꽤 큰 도움이 된다 했더니 그 길로 공부를 시작해서 얼마 후에 뚝딱 자격증을 땄다. "어디어디 지역에 관심을 가져보세요" 하고 이야기하면 바로 다음 날 그 도시에서 내게 전화를 하곤 했다. 방금 한 건 계약했다고 말이다. 그녀는 모두가 이런 식이었다. 나는 그녀보다 빨리 행동에 옮기는 사람을 본 적이 없다.

엄청난 실행력에 무한 긍정의 마인드까지 장착한 그녀는 서울, 경기, 인천을 종횡무진하며 상당한 수의 아파트를 사들였다. 그렇다고 아무 물건이나 막 사는 것도 아니었다. 주부 특유의 감각과 빠른 관찰력으로 좋은 물건을 기가 막히게 잘 골라서 투자했다. 때로는 좋은 지역의 좋은 물건을 나에게 먼저 권유하기도 할 정도였다.

그녀는 하루가 멀다 하고 부동산 현장으로 나갔다. 언젠가부터 그녀는 무대를 전국으로 확장했다. 다른 투자자들이 책상 위에서 많은 시간을 보내고 있을 때 그녀는 현장에 나가 부지런히 발품을 팔았다. 임장을 다녀오면 반드시 블로그에 임장 기록을 남겼다('임장'은 부동산 현장 조사를 일컫는 말이다). 이 시간이 쌓이고 쌓이자 그녀는 놀라울 정도로 성장했다. 머릿속에는 전국의 모든 아파트 정보가 차곡차곡

쌓였다. 투자 수익률은 날로 높아졌다. 언젠가부터 주변 사람들은 그녀를 '임장의 여왕'이라 불렀다. 이것이 그녀의 진가다. 누구보다 부지런히 현장을 돌고 누구보다 실전 경험을 많이 쌓은 진짜 투자자라는 것.

아파트 가격이 크게 오르는 시기에 누구보다 빠른 실행력으로 많은 투자를 했기에 그녀는 지난 몇 년간 상당한 수익을 거뒀다. 그동안 사 모은 아파트만 생각해도 배가 부를 정도가 되었다. 그런데 그녀는 앞으로만 내달리지 않는다. 수익이 생기면 즐길 줄도 안다. 그녀는 지금 '해외에서 한 달 살기' 프로젝트를 틈만 나면 진행하고 있다. 아파트 한 채를 팔아서 수익이 생기면 먼저 재투자를 하고 나머지 수익으로 가족들과 함께 떠나는 것이다. 미국으로, 유럽으로, 동남아로 휙휙 잘도 떠난다. 투자를 잘해서 돈도 벌고 인생을 제대로 즐길 줄도 아는 그녀를 보면 참 대단하다는 생각이 든다.

지난 몇 년간 부동산 현장에서 치열하게 살아온 결과로 그녀는 지금 부동산 투자 강사가 되어 활발하게 강의 무대를 누비고 있다. 그녀 스스로도 강사로 사는 것에 너무나 만족해한다. 강의에 대한 청중의 반응도 무척 좋다. 그녀는 지금 부동산 투자자로, 강사로, 저자로, 해외여행가로, 자녀교육에 관심이 많은 열혈맘으로 1인 5역을 거뜬히 소화해 내며 신나고 활기찬 하루하루를 보내고 있다.

그녀가 자신의 첫 번째 책의 제목을 『부동산 투자로 진짜 인생이 시작됐다』로 정했다는 말을 듣고 나는 무릎을 탁 쳤다. 왜냐하면 그녀야말로 투자를 통해 돈만 번 것이 아니라 인생 전체를 리모델링한

주인공이기 때문이다. 그녀는 당당하게 변화를 선택했고 자신의 선택에 책임을 졌다. 누구보다 열정적으로 살았고 꿈꾸고 도전했다. 그 결과 상상하지도 못했던 멋진 세상을 만나게 되었다. 재미없고 불안했던 삶은 희망 가득한 장밋빛 인생으로 변했다.

이 책에는 부동산 투자에서 반드시 수익을 거둘 수 있는 방법이 쉽고 친절하게 쓰여 있다. 그리고 무엇보다 이 책을 읽다 보면 삶을 변화시키기 위해 끊임없이 자신과의 싸움을 거듭해온 한 사람의 치열한 삶의 기록과 만나게 된다. 그로써 당신도 변화의 필요성을 느끼고 행동하게 될 것이다. 이 책을 읽게 될 당신은 행운아다.

청울림(유대열)

『나는 오늘도 경제적 자유를 꿈꾼다』 저자, 다꿈스쿨 대표

프롤로그

부동산 투자를 시작하려는 당신에게

많은 이들이 부동산 투자를 시작하고 싶어 한다. 그러나 마냥 어렵다고만 생각해서 어떻게 시작해야 할지 모르는 경우가 많다. 나는 그런 초보 부동산 투자자들에게 작은 등불이 되고 싶은 마음으로 이 책을 썼다.

내가 부동산 투자를 처음 시작했던 때를 돌이켜보면, 기초 지식 없이 의욕만 앞서서 누군가의 "어디가 좋더라"라는 이야기만 듣고 무작정 부동산 중개소에 찾아갔다. 막상 실제 매물을 접했을 때는 덜컥 겁이 났다. 과연 이 아파트를 사도 되는 건지, 가격이 비싼 건 아닌지, 사고 나서 집값이 떨어지지는 않을지 확신이 서지 않았다. 나보다 잘 아는 사람에게 물어보고 싶었고 내가 사고 싶었던 물건을 "당장 사라!"라는 확답을 받고 싶었다.

의욕은 앞섰지만 무엇을 공부해야 하는지 방향을 잡지 못한 채 물건을 사고 나서도 불안감으로 잠을 이루지 못했다. 그 불안감의 원인은 무엇이었을까. 내가 선택한 지역, 아파트, 물건에 대한 확신이 없었기 때문이었다. 확신을 갖기 위해서는 먼저 기초 지식을 쌓아야 하고 지역 공부도 필히 해야 한다. 그래야 '내가 사고 나면 집값이 떨어지고 팔고 나면 집값이 오르는' 경험을 피할 수 있다. 이런 일은 사전 조사 없이 뛰어들어 부동산 시장의 흐름을 반대로 탔기 때문에 생겨난다.

부동산 투자를 시작하기에 앞서 집값이 왜 오르고 떨어지는지에 대한 기본적인 이해가 필요하다. 그리고 앞으로 가격이 오를 지역이 어디인지를 찾는 방법을 배워야 한다. 돈 되는 아파트를 고르는 방법과 함께 어떤 물건을 고르고 어떻게 흥정과 계약을 하고 마지막으로 언제 팔아야 하는지까지 알고 있다면 두려울 것이 없다. 이 책에서는 이런 상세한 실전 지식들을 부동산 투자를 시작하고자 하는 이들에게 도움이 될 수 있도록 쉽고 재미있게 풀어내고자 한다.

대부분의 사람들이 부동산 투자라고 하면, 큰돈을 가지고 시작해야 한다는 고정관념 때문에 도전할 엄두조차 내지 못한다. 그러나 경제적 여유가 없을수록, 제대로 된 집 한 채 갖고 있지 않을수록, 하루라도 빨리 부동산 투자에 입문해야 한다.

소액의 투자금으로도 집을 보유하고 있는 2년의 기간 동안 수익률 100% 이상의 수익을 창출할 수 있다. 통장에 큰돈이 없어도 작은 꿈을 꿀 수 있는 가장 안전한 방법은 바로 아파트 투자이다. 첫 투자는 작게 시작했더라도 그 수익을 모아 그다음 투자는 좀더 큰 수익을 창출하는 재테크를 하루라도 빨리 시작하지 않으면 현재의 굴레를 벗어날 방법은 없다.

이런 걸 알고 있어도 실행은 다른 문제다. '없는 돈으로 시작한 만큼 결코 잃어서는 안 된다'라는 마음 때문에 선불리 부동산 투자에 뛰어들기 힘들었을 테다. 그럴수록 열심히 공부해서 기초를 튼튼히 다져라. 그렇게 하면, '결코 잃지 않는 투자'로 경제적 여유를 누리는 삶에 도달할 수 있다. 다른 누구도 아닌 바로 내가 그러했듯이.

금수저로 시작하지 않았더라도

'서울이 답이다. 서울의 핵심 지역을 공략하라.'

흔히 투자에 관심을 가지면 이런 말을 많이 듣게 된다. 정확히 옳은 말이다. 정부의 부동산 정책에 맞서지 말고 그냥 돈을 들고 가서 서울의 핵심 지역을 사면 성공적인 투자를 할 수 있다.

그러나 안타깝게도 당신도 나도 금수저가 아니다. 한 달을 빠듯하게 살아가는 평범한 직장인, 워킹맘, 전업주부일 뿐이다. 대출까지 받아도 가용할 수 있는 투자금이 턱없이 적다. 이 적은 돈으로는 서울 언저리는커녕 수도권도 사기 힘들다. 그런데 통장에 큰돈이 없다면 그저 구경만 해야 하는 걸까. 부동산 10년 주기설을 믿고 아파트 가격이 하락하고 다시 상승이 시작될 다음 10년을 기다려야만 할까?

금수저를 물고 태어나지 않았기 때문에 더 투자를 해야 하고 이를 위해 공부를 해야 한다. 적은 돈으로 절대 잃지 않는 투자를 해서 계단을 오르듯 자산을 키워야 한다. 그래야 은수저라도 될 수 있다. 지금 가지고 있는 돈에 적합한 투자처를 찾아보자. 당장은 서울이 아니면 어떤가. '시작은 미약하나 끝은 창대하리라' 생각하고 다음 대세 상승장에 올라탈 내공을 쌓으면 된다.

의미와 목적이 있는 투자

나는 그다지 독하지도 스마트하지도 않은 사람이다. 아이들을 키우면서 직업을 갖는다는 것이 쉬운 일은 아니기에 반드시 해야만 하는 이유와 이루고 싶은 목표가 필요했다. 그것이 바로 열정이자 간절함이다. 이 책에서 풀어놓은 나의 열정과 간절함이 많은 이들에게 전달되기를 희망한다. '나도 할 수 있다'라는 용기를 얻고 한발 내딛을 수 있기를 바란다.

혹자들은 누구나 따라하기 쉬운 삶은 아니라고 말할 것이다. '당신이니까 가능한 거지'라고 생각할 수도 있겠지만 나의 시작 역시 당신과 크게 다를 바가 없이 창피하리만큼 서툴고 엉망이었다. 나의 단점이자 장점이기도 한 즉흥성 덕분에 투자에 있어서도 오래 생각하지 않고 바로 행동으로 옮길 수 있었다. 일단 저지르고 뒷수습을 하면서 스스로를 채찍질하고 하나씩 배워나갔다.

아무 일도 하지 않으면서 앞서나가는 사람을 부러워하고 질투만 한다면 삶은 발전할 수 없다. 부러워서 배가 아프다면 지금이라도 그대열에 뛰어들면 된다. 인생에 대한 부정적인 생각은 곧 사치와 게으름으로 연결된다. 무슨 일이든 저지른 뒤에야 공부도 열심히 하게 되고, 실패도 많이 해봐야 같은 실수를 하지 않게 된다.

매일 아침 김밥 한 줄을 사서 인천 법원으로 향하던 시절 나의 발걸음은 늘 신나 있었다. '일 년에 딱 한 채만 낙찰 받아 연봉 1,200만 원만 벌어보자'라는 작은 목표로 투자를 시작했다. 내가 번 돈으로 무엇을 할까도 미리 생각해뒀다. 부동산 투자로 생긴 수입을 의미 없이 생활비에 보태고 싶지는 않았다.

그래서 나는 새로운 세상으로의 여행을 계획했다. 열심히 일한 나에게 주는 보상이면서 동시에 다양한 경험이 필요한 두 아이들에게 가능한 한 많은 곳들을 보여주리라 다짐했다. '일 년에 집 한 채 팔아서 해외 한 달 살기' 듣기만 해도 설레는 계획이 아닌가. 확실한 목표가 있었기에 돈을 버는 일련의 과정들이 힘들지만 즐거웠다. 무엇보다 누구의 눈치도 보지 않고 내가 주도하는 삶, 내가 계획한 삶을 살아가는 하루하루는 에너지로 충만했다.

아침부터 찾아간 부동산 중개소에서 수차례 문전박대를 당하거나 경매로 낙찰 받은 아파트를 강제집행하는 등 엄청난 스트레스를 온몸으로 받아내야 했지만, 항상 긍정적으로 사고하려 애썼다. 모든 일들이 나를 살찌워줄 좋은 경험이라고 생각했다.

아무 일도 하지 않으면 아무 일도 일어나지 않는다. 어떤 경험이라도 소중한 삶의 지혜가 될 것이고 그 경험을 바탕으로 나는 점점 더 단단해질 것이다. 나를 힘들게 하는 갖가지 사건사고들을 마무리하고 집으로 돌아오는 길이 때론 쓸쓸하고 외로울 수 있지만, 스스로 기특하다고 칭찬해주는 동안 자존감은 한 단계 성장해 있다. '나도 할 수 있다!'라는 자신감을 갖고 일단 시작해보자. 나 역시 둘째 딸아이가 네 살 때 남편의 도움 없이 혼자서 시작했다.

공부는 두려움을 이긴다

당신이 여전히 주저하고 있다면 무엇이 당신을 시작하지 못하게 하는지부터 곰곰이 생각해보자. 가장 큰 두려움은 '잘못된 투자로 돈을 잃게 될까 봐' 두렵기 때문일 것이다. 누구나 겪는 과정이다. 그리고 그걸 이길 방법은 공부와 실행이다. 요즘 우리는 정보의 홍수 시대를 살고 있다. 조금만 노력한다면 질 좋은 부동산 투자 정보들을 손쉽게 습득할 수 있다. 책을 통해서도 가능하고 부동산 강의를 통해서도 마찬가지다.

그렇게 차곡차곡 스스로 판단하는 능력을 키우면 된다. 유명 강사가 '찍어주는' 지역에 가서 무작정 매수하는 데 급급하다 보면 실력은 제자리걸음일 수밖에 없다. 적어도 '왜 이 부동산을 매수했는가?'에 대한 이유를 당당히 이야기할 수 있어야 한다. 설사 틀린 답이어도 좋다. 내가 틀렸음을 아는 것 역시 공부다. 모의투자를 해보는 것도 좋은 방법이겠으나, 시장의 변화에 적응하고 싶다면 적은 돈으로라도 다양한 경험을 하길 추천한다. 집을 사고파는 과정을 한두 번만 겪어봐도 가슴이 두근거리는 울렁증은 극복된다. 소액으로 수익을 한 번만 창출해보면 돈을 잃을까 두려워 시작도 하지 못했던 과거를 후회하게 될 것이다.

집 밖으로 나서는 한걸음부터 시작하자

만약 주어진 시간이 부족하다면 잠을 줄이면 된다. TV를 보는 시간을 줄이고, 즐겨 하던 게임을 끊고 매일 만나던 사람을 일주일에 한 번만 만나면 된다. 그야말로 선택과 집중이다. 나는 일주일 중 하루를 전국의 부동산을 돌아보는 데 쓰고 있다. 임장을 나가기 전날 지도를 만들며 실전 임장에 필요한 사전 준비를 마친다. 다음 날 아침 일찍 집을 나서 발품을 팔고 늦은 저녁에 귀가해 하루 종일 발품을 판 내용을 정리하면서 일과를 마친다.

이러한 하루하루가 습관으로 쌓이기 시작한 어느 날부터 나의 삶은 한 단계 올라서 있었다. 여전히 투자를 시작하기 두렵다면 갖가지 핑계를 대면서 자기 합리화를 하고 있지 않은지 자문해봐야 한다. 정말 내가 하고 싶은 일이라면 핑계는 있을 수 없다. 어떠한 상황에 놓여 있더라도 진정 하고자 한다면 방법을 찾아야 한다. 이는 결심과 의지의 문제이지 방법의 문제는 아니다.

이 책은 임장에 관한 A부터 Z까지 모든 정보를 담았다. 사전 임장 조사부터 실전 임장과 사후 관리까지 쉽게 따라할 수 있는 노하우를 공개했다. 일주일에 하루씩 임장을 가지 못하더라도 괜찮다. 한 달에 한 번이라도 꾸준히만 한다면 미래의 자산을 쌓는 첫걸음이 된다.

처음부터 거창하게 아침 일찍부터 늦은 밤까지 돌아다니지 않아도 좋다. 두세 시간 짬을 내어 아파트 단지 한 군데만 보고 와도 된다. 제일 중요한 것은 꾸준히 하겠다는 의지이다. 지속적인 관심을 갖고 부동산 공부를 하다 보면 내가 아는 지역이 점점 늘어날 것이고 더불어 자신감도 커질 것이다. 내가 항상 입버릇처럼 하는 말이 있다. "돈이 없지, 투자할 곳은 항상 있다."

나 역시 2014년 부동산 경매로 투자를 시작했고 규칙적인 임장을 다니기 시작한지는 불과 4년밖에 되지 않았다. 단순히 부동산 투자를 한 지 몇 년이 됐느냐보다 여기에 '올인'한 시간이 얼마나 되었느냐가 중요하다. 짧은 기간일지라도 집중적인 공부와 다양한 경험을 통해 나아갈 방향을 찾아낸 사람과 여전히 고수들이 흘리는 정보를 따라다니는 사람 사이에는 월등한 차이가 생긴다.

불과 6년 전 부동산의 'ㅂ' 자도 모르던 전업주부였던 내가 이 짧은 기간을 거쳐 부동산 기초반 정규 강의와 전국을 대상으로 한 지역 분석 수업까지 하고 있다. 인생에 이런 변화와 발전이 있으리라고는 생각지도 못했다. 이는 부동산 투자로 변화된 나의 제 2의 삶이다. 부동산 투자는 내게 경제적 자유로 가는 토대를 마련해주었고, '나로 사는' 진짜 인생을 시작하게 해주었다. 내가 했듯 당신도 할 수 있다. 이 책이 당신의 가슴속에서 뜨거운 용솟음을 불러일으킬 수 있길, '한번 해보자. 나도 할 수 있다'라는 용기와 의욕을 가득 채워줄 수 있길 진심으로 바란다.

차례

3장

부동산 투자의 시작이자 끝, 임장의 모든 것

4장

아파트 실전 투자의 필살기

1장.

나는 왜 임장의 여왕이 되었는가

가난을 벗어나고 싶었던 날들

나는 모락산 산자락의 무허가 건축물 오두막집에서 태어나 산으로 들로 뛰어다니며 자랐다. 부모님은 쌀 한 됫박과 수저 세트만 가지고 신접살림을 나셔서 하루 벌어 하루 먹고사는 일을 다니셨다.

나는 어릴 때부터 혼자 집을 지켜야 했고 집에서 키우는 가축들이 친구였다. 풀을 뜯어 토끼를 먹이고 시장에서 생선 내장을 얻어다 화로에 강아지 밥을 안치고 소여물을 끓이기 위해 작두로 짚을 잘라 군불을 때는 일이 나의 즐거움이었다. 가난이 무엇인지도 몰랐던 어린 나이에는 자연 속에서 뛰어노는 시간이 그저 즐겁기만 했다. 그러나 학교에 입학한 이후부터 나는 우리 집이 누구에게도 보여줄 수 없을 만큼 가난하다는 사실을 알게 되었다.

가난은 매번 나를 창피하게, 불편하게, 거짓말을 하게 만들었다. 자동차도 오가지 않는 시골길을 한참을 걸어야 학교에 갈 수 있었고 자율학습을 마치면 머리가 쭈뼛쭈뼛 서는 무서운 산길을 지나야만 집에 올 수 있었던 열악한 환경 속에서 십 대를 보냈다.

우리 가족은 뱀에 물리기도, 벌에 쏘여 온 몸이 퉁퉁 붓기도, 연탄가스 중독으로 죽을 고비를 넘기기도 하는 등 갖가지 사연들을 갖고 있다. 지금은 웃으면서 추억이라고 이야기할 수 있지만, 가난했기 때문에 누릴 수 없었던 것들이 많았던 어린 시절부터 내 안에는 부자들의 세상에 대한 동경이 커져갔다.

이 산골 오두막집에서 벗어나 내 방이 있는 번듯한 집, 누군가에게 물려받은 것이 아닌 새 옷과 신발, 전화기와 TV가 있는 집, 피아노도 배울 수 있고 여행도 자주 갈 수 있는 그런 집에서 태어났다면 얼마나 좋았을까…….

하지만 결코 단 한 번도 부모님을 원망하지는 않았다. 가진 것 없이 시작하셨음에도 불구하고 자식을 위해 평생 허리가 휘도록 열심히 일하셨고, 나를 따뜻한 마음을 가질 수 있도록 키워주신 그분들을 존경한다.

삶을 한 단계 높이고 싶다면
돈에 대한 욕망을 긍정하라

어릴 때부터 돈에 대한 욕구가 무척이나 컸던 나는 빨리 사회에 나와 돈을 벌어서 사고 싶은 것을 사고 하고 싶은 일을 하겠다는 생각이 절대적이었다. 첫 월급을 받은 날부터 적금을 들기 시작했다. 여전히 집안 형편은 어려웠기 때문에 생활비를 보태고 나면 용돈으로 쓸 수 있는 금액은 턱없이 적었다. 그래도 통장에 돈이 모인다는 기쁨으로 힘든 직장 생활을 버틸 수 있었다.

당시 나의 꿈은 적금을 붓고 남은 용돈을 모아서 혼자 떠나는 유럽 배낭여행이었다. 만만치 않은 비용이 필요했기에 쉽게 떠날 수는 없었다. 무려 5년간 돈을 모은 후에야 비행기 티켓을 사고 두 달간의 유럽 배낭여행을 갈 수 있었다. 이를 위해 직장을 그만두었다. 공무원이 아니고서야 두 달의 휴가를 낼 수 있다는 생각은 아예 해보지도 않았다. 오랜 시간 준비했던 일이었고 이루고 싶은 작은 꿈이었기에 과감하게 사표를 던졌다.

하루에 만 원 이상을 쓸 수 없게끔 예산을 잡고 간 여행인지라 차비를 아끼려고 종일 걸어다니고 노상에서 바게트 한 조각으로 허기진 배를 채우는 것이 일상이었다. 너무 오래 걷다 지쳐 주저앉아 '왜 이 고생을 사서 하고 있나?'라는 생각을 수없이 했었다. 그냥 집으로 돌아오고 싶었던 적도 많았다.

그러나 그때의 고생은 소중한 경험이자 뿌듯한 기억으로 남아 있다. 내가 번 돈으로 간 첫 여행, 누구나 쉽게 할 수 없는 경험, 20년 전 느꼈던 넓은 세상, 각지에서 만난 수많은 사람들과 다양한 문화들은 내 삶의 스케일을 키워주었다. '앞으로 돈을 많이 벌어야겠다. 세계 각지를 다니면서 많은 사람들을 만나고 싶다'라는 강한 욕구가 탄생했다.

사회에 막 발을 들인 이십 대의 내 안에는 그간 차곡차곡 눌려져 있었던 욕구들이 터져 나오고 있었지만, 달콤한 삶만을 좇기에는 여전히 가난했다. 하고 싶은 일, 가고 싶은 곳은 많았지만 그런 삶을 누리기 위해서는 반드시 돈이 필요하다는 사실을 부인할 수 없었다. 미래의 달콤한 삶을 위해서 현재의 나는 절약하고 저축해야 했다. 그러나 과연 절약과 저축만 하면 될까? 우선 월급을 많이 받고 싶었다. 수입이 많아져야 돈을 더 빨리 많이 모을 수 있다는 생각이 커졌다.

월급을 더 받으려면 당연히 그만큼의 실력을 갖추어야 한다. 첫 직장에서 해외 영업 업무를 맡았던 나는 턱없이 부족했던 영어 실력을 높이기 위한 계획을 세웠다. 드넓은 영어 영역을 단기간에 학습하는 것은 불가능했으므로 반 년 동안 작문법 공부에만 몰두했다.

덕분에 새로운 직장으로 이직에 성공하면서 월급도 함께 점프했다. 비록 작은 중소기업이었지만 그 안에서 나의 활동영역은 넓어졌다. 나는 돈에 대한 욕심과 더불어 어디서든 필요로 하는 사람이 되고 싶다는 포부 또한 큰 편이다. 어떤 과제가 주어지든 내 힘으로 완수하려 노력했고 하기 싫은 일일지라도 절대 거절하지 않았다. 이런 욕심과 포부를 회사도 알아주면서 내 일은 점점 더 늘어났고, 맡은 일을 완수하는 대가로 매년 성과급을 받았다.

나는 돈에 대한 욕심이 결코 나쁘거나 부끄럽다고 생각하지 않는다. 삶을 한 단계 높이기 위해서 돈은 반드시 필요하다. 돈을 벌기 위한 수단으로 선택한 직장 생활에서 더 많은 월급을 받기 위해 남들보다 정진하는 삶 또한 내가 주도하는 삶이다. 직장 생활을 하든 사업을 하든 돈에 끌려다니기보다 내면의 욕망을 인정한다면 삶을 한 단계 발전하게 이끄는 확실한 동기 부여가 될 것이다.

돈은 행복의 필요충분조건

흙수저로 태어난 나는 검소하고 성실하게 젊은 시절을 보냈다. 가난한 집에서 태어났다고 죽을 때까지 가난할 수는 없지 않은가. 가난을 알기에 더욱더 가난에서 벗어나 부자가 되고 싶었다.

첫 직장상사에게 인정받기 위해 맡은 일을 완벽하게 완수하려 노력했다. 나를 미워하는 사람까지 내 편으로 만들어낼 정도로 인간관계에서 싫은 내색을 하지 않았다. 힘들지만 힘들다고, 하기 싫지만 싫다고 말하지 못했다.

사회 초년생으로 시작해 부서 내 핵심 인물이 되어가면서 월급도 많이 올랐고 통장에는 그동안 만져보지 못한 돈이 쌓여갔다. 돈이 생기니 할 수 있는 일들이 정말 많다는 것을 알았다. '인생에서 돈이 전부가 아니다'라고들 말하지만 행복해지는 데 돈은 필수 요소이다.

물론 지금의 나는 매우 행복하다. 나를 지켜준 듬직한 남편과 사랑스런 아들딸이 있고 어릴 때 내가 누리지 못한 부의 혜택을 아이들이 누릴 수 있음에 감사한다. 내 아이들이 세상에 나아가 본인들이 원하는 일을 찾고 그것을 이루고자 노력하는 삶을 살기를 원한다. 어릴 때부터 많은 것을 보고 듣고 다양한 경험을 쌓으면서 잠재된 무한한 에너지를 스스로 찾아가기를 바란다.

간절함은 인생 최고의 무기가 된다

대학 졸업을 하기도 전에, 나는 안산에 위치한 전자회사 해외 영업부에 입사하게 되었다. 당시 이 회사의 급여 수준이 꽤 높았던 편이라 쟁쟁한 경쟁률을 뚫고 입사하는 행운을 얻고 기뻐했다. 그러나 나의 녹록지 않은 삶의 시작은 여기서부터인 듯하다. 예상치도 않았던 해외 영업부로 발령을 받고 나서는 입사를 포기하고 싶었다. 당시 나는 영어를 단 한마디도 구사할 수 없었던 '영어 문맹인'이었다. 어떻게 해외 영업부로 발령이 났는지는 아직도 의문이지만, 힘든 직장 생활의 서막이 열린 것이다.

하루 종일 쏟아지는 외국의 전화, 팩스, 이메일. 부서 회의를 영어로 하질 않나, 프레젠테이션 자료도 영어로 만들어야 했다. 부서장을 비롯해 부서원들의 스펙도 엄청났었고 프라이드가 대단한 사람들인지라 쉽게 다가갈 수도 없었다. 내가 그곳에서 맡을 수 있는 일은 서류 복사나 책상을 닦고 커피를 타는 막내 서무 역할뿐이었다.

여기서 무엇을 할 수 있을까. 나는 좌절하기 시작했다. 전화벨이 울릴 때마다 가슴이 철렁 내려앉았다. 영어로 진행되는 회의 시간에 나는 그야말로 왕따였다. 갖은 구박도 많이 당했고 울기도 많이 울었다. 그러나 나는 이를 악물었다.

첫 직장 생활을 자존감이 바닥난 채로 그만둘 수는 없었다. 이렇게 그만둬버리면 다시는 사회로 나올 수 없을 것만 같았다. 무엇보다 나는 돈을 벌어야만 했기 때문에 미친 듯이 영어 공부를 했다. 반드시 살아남겠다는 다짐으로 퇴근 후 영어 학원을 다니고 다른 직원들이 말하는 내용을 들리는 대로 받아쓰면서 실전 영어와 회화를 조금씩 익혀갔다.

듬성듬성한 내 실력을 메꾸느라 첫 직장 생활부터 엄청난 에너지가 필요했다. 공부하는 학생의 기분으로 보낸 3년의 시간 동안 솔직히 내 자존감은 바닥이었다. 실력을 갖춘 당당한 사람이 되고 싶다는 생각이 간절했다. 그러기 위해서는 무엇보다 나에게 집중할 수 있는 시간이 필요했다.

피나는 노력이 실력을 만든다

첫 직장을 퇴사한 후, 본격적으로 의왕에서 강남까지 영어 학원을 다니기 시작했다. 아침 9시부터 오후 5시까지 학원에서 살면서 6개월간 공부에 몰두했다. 매일 쓰고 고치고 통째로 외우고 집에 와서도 영작문책을 손에서 놓지 않았다.

마치 고시생마냥 공부에 전념했던 이유는 단 한 가지, 빠른 시간 안에 능력을 키우고 싶다는 간절함 때문이었다. 다행히도 그 시절에는 고작 6개월 몰두한 영어 실력으로 삶을 한 단계 업그레이드할 수 있을 만큼 고용 시장 상황이 매우 좋았었다. 목표가 확실하고, 그 목표에 다다르기 위한 간절함이라는 무기가 있다면, 해내지 못할 일이 없다는 것을 나는 늦은 이십 대에 경험했다.

첫 직장 생활에서 인내심을 배웠고 동시에 보잘 것 없는 나 자신을 알게 되었다. 처음부터 이유 없이 내게 차별을 일삼았던 상사로부터 나중에는 같이 일해보자는 러브콜을 받을 정도로 묵묵히 모든 사람들에게 최선을 다했다. 녹록지 않았던 첫 직장 생활은 사회란 철저히 학벌과 인맥 위주이며 이를 뛰어넘으려면 능력을 쌓아야만 한다는 것을 알려주었다. 비굴하게가 아닌 당당하게 살아남기 위해서. 실력은 시간이 흐른다고 저절로 쌓이지 않으며 피나는 노력이 동반되어야 했다.

운좋게 삶이 조금 상승세를 탔다 해도 운만 믿고 아무것도 하지 않으면 곧 바닥이 드러나고 만다. 좋은 기운이 찾아왔을 때, 내공을 쌓기 위해 전력질주한다면 그 운을 평생 내 것으로 만들 수 있다.

스스로가 보잘 것 없어 보여 좌절하고만 있었다면 지금의 나는 존재하지 않았을 것이다. 당당한 내가 되기 위해 당근이 아닌 채찍을 선택한 덕분에 삶을 한 단계 높여줄 실력을 쌓았다. 실력은 좀더 넓은 세상으로 나아갈 수 있는 발판이 되어주었다.

내 손으로 주도하는 삶을 위해서

우여곡절 가운데 첫 직장 상사의 러브콜을 받아 작은 사무실에 책상 두 개를 놓고 창립 멤버가 되었다. 나의 젊은 시절은 회사에서 먹고 자고 했다고 해도 과언이 아닐 정도로 나의 전부를 회사에 쏟아부었다. 당시 다니던 회사는 유럽을 주 대상으로 한 주문 제작 수출업체OEM로 최선을 다한 만큼 나날이 성장해가는 매출을 확인하면 가슴이 벅차올랐다.

첫 직장에서부터 쓰기 시작한 '앨리스허'라는 닉네임이 빛을 발하기 시작하던 시절이었다. 대부분의 일이 내 손을 거쳐 진행되고 회사에서 없어서는 안 될 인물로 자리매김하면서 모든 일이 나를 중심으로 돌아가는 듯했다.

회사 동료뿐 아니라 거래처 사람들과의 관계도 끈끈하게 유지했다. 매일 늦은 시간까지 일하고 새벽에 해장국을 먹고 들어가 쪽잠을 자고 나와도 피곤한 줄 몰랐던 내 젊은 시절. 매년 회사 매출이 두 배씩 성장하면서 마음껏 능력을 발휘할 수 있었던 시절을 지나 나는 결혼도 하고 아이도 귀하게 얻었다.

그러나 '엄마'가 되면서부터 내 안의 나와 매일 싸워야 했다. 회사 규모가 거대해질수록 생활은 점점 피폐해졌다. 하루도 조용히 넘어가는 날이 없이 사고가 터지고 그 사고를 수습하다 보면 자정이 넘어서야 퇴근할 수 있었다. 만삭 때도 몇 시간씩 서서 사장님의 질타를 받기 일쑤였고 이런 분위기에 적응하지 못하고 회사를 그만두는 직원들을 관리하는 일도 만만치 않았다. 혹여 일찍 퇴근한 날도 늦은 시간까지 걸려오는 업무 전화 때문에 24시간이 긴장의 연속이었다.

무엇보다 나를 힘들게 한 것은 사장님의 감정 기복이었다. 총괄 책임자로서 받아내야 했던 사장님의 질책은 날로 심해졌고 나의 자존감은 바닥을 치고 있었다. 매일 편두통과 불면증에 시달렸고 이렇게 살다간 심각한 병에 걸려 죽을 것만 같았다.

늦은 밤 어린 아이들이 기다리는 집으로 향하는 퇴근길. 온몸이 지칠 대로 지쳐 녹초가 된 엄마가 아이들에게 해줄 수 있는 일은 과연 무엇이었을까. 하루 종일 엄마를 기다렸던 아이들은 하고 싶은 말도 많고 온몸을 부대끼며 따뜻한 정을 느끼고 싶었을 것이다. 그러나 나는 아이들의 사랑을 받아들일 여유가 없었다.

머릿속의 반 이상은 여전히 회사 업무로 채워진 상태로 잔뜩 쌓인 집안일을 처리하고 내일의 먹을거리를 준비해야 했기에 책 몇 권 읽어주고 빨리 재우는 것이 최선이었다. 아이가 잠들지 않고 투정을 부리기 시작하는 날이면 회사에서 받았던 질책을 나도 모르게 미친 듯이 아이에게 쏟아붓고 있었다. 심지어 회초리로 때리기까지 하면서.

울다 잠든 아이를 바라보며 잠시 미쳤던 나를 자책하며 얼마나 울었는지 모른다. 집안일과 육아에 거의 도움을 주지 못하는 남편과의 불화도 만만치 않았다. 매일 얼굴만 마주치면 싸움이 오갔고 서로 자기가 더 힘들다고 떼를 쓰는 듯 상대방에 대한 배려나 이해를 해줄 여유가 없었다. 싸움에도 지쳐 서로의 얼굴을 보지 않고 두 마디 이상 말을 섞지 않는, 부부지만 남보다 못한 사이가 되어버렸다.

나는 이렇게 병들어가고 있었다. 직장 상사의 눈치, 아이들을 돌봐주시는 친정 엄마에 대한 눈치, 사업을 하느라 힘든 남편의 눈치를 보느라 한숨과 눈물로 보내는 날들이 많았다. 언제까지 남의 눈치를 보며 수동적인 삶을 살아야 하는 걸까. 왜 멍에를 짊어지고 살아가야 하는 걸까. 하루하루 애써 견딘다는 표현이 옳았던 생활.

햇살이 따뜻했던 어느 날, 한번 지나면 오지 않을 소중한 시간을 더이상 이렇게 보내고 싶지 않았다. 도살장에 끌려가는 소처럼 무거운 몸으로 회사로 향하는 삶에서 벗어나고 싶었다. 내 아이를 내 손으로 키우면서 내가 주도하는 삶을 살아보리라 다짐했다.

그렇게 나는 13년을 다녔던 마지막 직장에 사표를 던졌다. 남 탓만 하느라 제대로 된 인생을 살지 못했던 내 제 1의 인생에 마침표를 찍은 날이었다.

우물 밖의 냉혹한 현실

총 18년의 직장 생활 동안 나는 작은 우물 안에 갇혀 살았음을 회사를 그만두고서야 알았다. 세상의 전부라고 생각했던 직장을 박차고 나오면 길바닥에 내버려진 어린아이 같은 신세가 될까 봐 두려웠다. 경력 단절녀가 되는 것이, 커리어우먼에서 아무 타이틀 없는 아줌마가 되는 것이 두려웠다.

비좁은 우물의 벽을 훌쩍 뛰어넘고 나서야 나는 비로소 자유를 얻을 수 있었다. 우물 안에서는 내가 최고인 줄 알고 살았는데 우물 밖 세상에서 나란 존재는 한없이 나약한 전업주부일 뿐이었지만, 그래도 아이들과 온전히 함께할 수 있는 시간들이 너무 소중했다. 무엇을 하든 열심히 하는 내가 엄마 역할만은 제대로 하지 못했다는 자책을 한번에 날려버릴 수 있는 값진 시간이었다. 하루 종일 책을 읽어주고 놀이터에서 그네를 밀어주면서 시간을 보냈다. 매일 맛난 음식을 해줄 수 있고 저녁이면 셋이 누워 뭐가 그리 신이 나는지 깔깔거리다 잠이 들었다.

우물에서 벗어난 이후 꿈만 같았던 1년의 시간이 지났다. 딱 1년의 행복한 시간 뒤에 찾아온 경제적 궁핍. 행복하기 위해서 돈이 필수 조건은 아니지만, 필요 조건인 것만은 틀림없다.

고액 연봉을 받는 직장 생활을 오랜 시간 했음에도 불구하고 내 주머니는 왜 이리도 가벼울까. 왜 그동안 번듯한 집 한 채 마련하지 못했을까. 왜 통장에는 이렇게 적은 금액만이 남아 있을까.

비로소 나는 문제점을 파악하기 시작했다. 회사 주거래 은행 직원의 권유로 잘 될 거라는 막연한 희망을 품고 예적금 통장에 있는 돈을 펀드에 투자했다. 처음에 꽤 높은 수익률이 나자, 야금야금 투자금을 늘려 끝내 가지고 있던 모든 현금을 펀드에 집어넣었다. 불과 몇 개월 뒤 펀드는 반토막이 나고 말았다. 오랜 세월이 지나도 끝끝내 원금 회복은 되지 않았다.

너무나도 기가 막힌 사실은… 보험이었다. 노련하고 교묘한 설계사 한 명을 만난 덕분에, 한 달에 낸 보험료만 무려 250만 원선이었다. 4인 가족 보험과 나와 남편의 종신보험, 생활안정보험까지 설계사 마음대로 짠 플랜을 따라 몇 년 동안 보험회사 사업비를 내주고 있었던 셈이었다.

잘나갈 때는 문제가 되지 않았던 보험료가 퇴사 후 줄어든 수입으로는 감당이 되지 않았다. 그제야 몇 개의 굵직한 보험을 중도 해지하러 보험회사에 갔다가, 그동안 낸 몇 천만 원의 보험료 중 5분의 1 수준의 환급금밖에 받을 수 없다는 통보를 받았다. 손해가 무려 5,000여만 원이었다. 계속 보험료를 납부해서 만기를 채우든지, 아니면 이 금액만 받고 포기하든지 둘 중 하나의 선택만이 내게 남았다.

더욱더 기막힌 사실은, 시간을 끌수록 받을 수 있는 환급금이 줄어든다는 것이었다. 아무리 싸워본들 소용이 없었다. 내가 상품 설명을 들었고, 자필로 사인했다. 내 인생 설계를 보험회사 직원에게 맡긴 내 잘못이었다. 나는 썩은 다리를 잘라내는 마음으로 손해를 무릅쓰고 정말 필요한 보험 한두 가지만 남겨두고 모두 해지했다.

무려 18년간 직장 생활을 했지만 퇴사 후, 반 토막 난 펀드와 퇴직금으로 받은 몇 천만 원, 오래전 들어놓은 노후연금이 나의 전 재산이었다. 회사라는 테두리 안에서 나는 우수한 브레인이자 리더십까지 갖춘 훌륭한 리더였지만 우물 밖의 나는 경제 개념도, 경제 상식도 없고, 재테크도 전혀 모른 채 사람만 믿었던 사기 당하기 딱 좋은 소위 '호구'였다.

지금 당장 우물 밖 세상으로 나와라

곧 마흔 살을 앞두고 있고, 오랫동안 사업이 잘 되지 않아 고전을 면치 못하는 남편과 아직 어린 두 아이들이 있는, 갈 길이 먼 내 삶에서 남아 있는 이 돈으로 무엇을 할 수 있을까. 아이를 잘 키울 수 있을까, 나중에 짐이 되는 부모가 되지는 않을까, 노후가 걱정되고 불투명한 나의 미래가 두려워지기 시작했다.

그러나 이대로 무너질 수는 없었다. 앞으로 계속 호구로 살 수는 없지 않은가. 어떻게 하면 현재의 굴레를 뛰어넘어 한 단계 업그레이드된 삶을 살 수 있을까.

뼈아픈 반성을 밑거름으로 나의 고민이 시작되었다. 둘째아이를 유치원에 보내게 된 2014년부터 온전히 나를 위해 쓸 수 있는 시간이 생겼다. 월요일부터 금요일까지 주어진 나만의 소중한 자유시간을 '나의 주도하에 돈을 버는 일'에 쓰겠다고 계획했다. 다시는 누구의 말에도 휘둘리지 않고 스스로 공부해서 선택하겠다고 다짐했다.

아이들의 등교를 준비하면서 같이 외출 준비를 했다. 아이들을 각각 학교와 유치원에 보내고 나 역시 일터로 출발했다. 아이들이 돌아올 시간이 되면 서둘러 집으로 돌아와 다시 온전한 엄마가 되었다. 아이들을 재우고 나면 다시 찾아온 야간 자유시간.

나는 그 시간을 허투루 쓰지 않기 위해 새벽같이 일어나 부지런을 떨고 밤잠을 줄여가며 부동산 투자 공부를 시작했다. 당시 경매에 흠뻑 빠져 있던 시절이라 매일 밤 물건을 검색하고 배운 내용대로 권리분석도 하고 괜찮은 물건 같으면 다음 날 임장도 나가보았다. 인천법원에서 수많은 패찰을 했지만 작은 희망이 보이기 시작했다. 열심히 두드리다 보면 분명히 멀지 않은 미래에 수익을 낼 수 있으리라는 확신이 생겼다.

아이들이 등교한 오전 시간과 아이들이 잠든 밤 시간을 알차게 사용하면서 노력한 만큼의 수익이 나기 시작했고, 최종적으로 지금의 나는 경제적 자유를 획득했다.

'직장을 다녀서 시간이 없다', '아이들이 너무 어리다', '남편이 비협조적이다' 등 수많은 핑계가 있을 수 있다. 하지만 삶이 안정적이지 않다면 당장 그 작은 우물을 벗어나보라고 강력하게 말하고 싶다. 지금 살고 있는 작은 우물을 뛰어넘어 다른 세상에서 살아보고 싶지 않은가? 시간을 알차게 쓰려는 노력과 다가올 내 삶에 경제적 자유를 선물하겠다는 굳은 다짐만 있다면 낮이든 밤이든 주말이든 시간은 만들기 나름이다.

두려움을 딛고 시작된 부동산 투자

퇴사 후 전업주부로 생활한 지 1년이 지나자 나는 불안해지기 시작했다. 앞으로 무엇을 해야 할까? 어떤 일을 해야 즐겁게 돈을 벌 수 있을까? 타인에게 노동력을 팔아서 돈을 버는 일은 가장 먼저 배제했다. 직장 상사의 눈치를 보며 전전긍긍하는 삶은 다시는 살고 싶지 않았다.

그럼 사장이 되어야 하는데 장사를 해야 하나? 지금이라도 공부해서 전문직 자격증을 따야 하나? 앞으로 뭘 하고 살아야 할까……. 수많은 고민의 해결책을 찾기 위해 책도 읽고 주변을 살피기 시작했다.

당시 같은 아파트에 살고 있던 오랜 친구를 매일 만나 미래에 대한 고민을 함께했다. 그 친구를 통해 처음 접하게 된 경매를 새로운 시각으로 바라보게 되었다.

당시만 해도 '경매=빨간딱지'라는 이미지 때문에 험하고 질이 좋지 않은 일이라는 인식이 강했다. 과연 해낼 수 있을지 두려움이 앞섰다. 그러나 시간 제약이 많았던 내겐 시간에서 자유로울 수 있는 매력적인 직업이었고, '일 년에 한 채만 낙찰 받아도 수익을 낼 수 있지 않을까?'라는 희망이 생겼다. 큰 욕심 대신 일 년에 한 채라는 작은 목표를 갖고 시작해보고 싶다는 용솟음이 일어났다.

긍정의 힘은 생각보다 강하다

나는 한번 마음먹으면 뒤돌아보지 않고 앞만 보며 달리는 사람이다. 이미 결정한 일에 있어서는 부정적인 생각보다 긍정적인 생각을 더 많이 하려 한다. 어차피 시작된 일이다. 잘 안 될 수도 있다는 걱정보다 어떻게 잘되게 만들까 집중하는 데 에너지를 쏟는다.

물론 처음부터 이런 무한 긍정의 태도를 갖고 있었던 것은 아니다. 힘들었던 직장 생활은 차치하고 결혼 생활 역시 쉽지 않았다. 남편과의 불화로 많은 상처를 받았고 그 불화의 원인은 사업, 즉 돈이었다. 남편은 책임감이 강한 가장이면서 사회에서는 남자답고 대범하다고 인정받는 사업가이다.

그러나 오랜 세월 그 사람의 전부였던 사업이 잘 풀리지 않았다. 가족들과 보내야 할 시간들과 송두리째 바꾼 그 사람의 노력이 허사가 되는 날이 많았다. 스트레스와 실의 속에 그의 삶은 점점 피폐해졌으며, 가족보다는 술과 함께 지낸 날들이 많을 수밖에 없었다.

내가 선택한 사람이 승승장구하기를, 가족들과 함께 환하게 웃는 날이 많기를 간절히 소망했다. 그러나 남편의 삶은 웃는 날보다는 한숨 쉬는 날이 훨씬 더 많았다. 아침까지 술이 덜 깨서 비틀거리며 출근하는 뒷모습을 바라보던 나는, 그의 어깨에 짊어진 무거운 짐이 안쓰러웠다. 그러나 내가 해결해줄 수 있는 일은 아무것도 없었다.

답답한 마음으로 시간을 보내던 중 『시크릿The Secret』이라는 책을 읽게 되었다. 정말 그럴까. 진정으로 원하면 얻어질까. 우주에 끌어당김의 법칙이 존재할까. 막대한 부를 부르면 부가 오고 행복을 부르면 행복이 오는 걸까. 그래, 밑져야 본전이니 한번 해봐야겠다.

매일 한탄하며 남편을 탓한들 내 삶에 무슨 발전이 있을까 하는 생각이 들었다. 열쇠는 내가 쥐고 있었다. 절망과 희망의 차이는 백지장 한 장이었다. 모든 것이 다 나의 선택이었음을 깨달았다. 그렇게 정리하고 나자, 마음이 한결 가볍고 편안해졌다.

책을 읽은 후 A4 용지를 한 장 꺼내 나의 가장 아름다웠던 시절의 사진을 한 장 붙였다. 그리고 '나는 행복하다. 이 세상에서 가장 행복한 여자다'라는 문장을 적었다. 종이를 방문에 붙이고 매일 아침 베란다 창문을 열고 외쳐댔다. 진심으로 행복한 표정을 짓고 행복한 상상을 하면서. 부정적인 사고를 긍정적인 사고로 바꾼 그 순간 놀랍게도 에너지가 넘치기 시작했다. 시기적절하게 맞아떨어진 인생의 터닝 포인트였다.

새로운 직업을 선택했고 마음가짐도 무한 긍정으로 돌아섰으니, 앞만 보고 달릴 일만 남았다. 우선 집에서 가까운 수원 경매 학원에 등록했다. 경매 기초반 수업을 시작으로 나는 부동산 투자에 입문하게 되었다.

매일 아이들을 재우고 밤 10시부터 경매 물건을 검색했다. 관심이 가는 물건을 네다섯 건 선별해서 일주일에 한두 번씩 임장을 나갔다. 임장을 나가는 날이면 아침 일찍 김밥 한 줄과 물을 사들고 관심 아파트 위주로 조사를 시작했다. 유치원 하원 시간 전까지 주어진 짧은 시간 내 가급적 많은 곳을 다녀야 했기에 식당에서 밥을 먹는 건 사치였다.

몸은 힘들어도 마음이 즐거운 일이었다. 당장 돈이 되지 않아도 분명히 가까운 미래에 돈이 되리라는 희망이 있었다. 나는 그렇게 부동산 투자 시작으로 새로운 인생을 시작하게 되었다.

자극을 주는 인생의 멘토를 만나라

한동안 길을 찾지 못하고 헤매고 있던 나에게 강한 임팩트를 준 이가 있다. 닉네임부터 예사롭지 않은 '청울림', 대한민국 최고의 동기 부여가로 자기혁명의 기적을 만들고 있는 선구자이다.

그분을 강단에서 처음 만난 2014년 4월, 3시간짜리 특강을 들으며 부동산의 흐름과 원리에 대해 배웠다. 또한 내가 그토록 목말라했던 투자 지역 선별을 위해서 봐야 할 데이터가 무엇인지 파악할 수 있었다. 당시 내게 필요했던 것은 막연한 미래 예상이 아닌, 수치화된 데이터가 보여주는 정확성이었다.

명확한 데이터를 기반으로 거침없이 추천 지역을 짚어나가던 자신감이 어디서 나오는 것인지 궁금했다. 잘나가던 직장을 그만두고 낙타의 삶에서 사자의 삶을 선택한 이후 미친 듯이 살아낸 본인의 이야기도 뜨겁게 와닿았다. 나태하게 앉아서 떨어지는 떡이나 기다리며 손품만 팔고 있을 때가 아니었다. 내일부터라도 당장 현장으로 달려 나가야겠다. 짧은 시간이지만 강한 자극을 받은 나는 그날 이후부터 추천받은 지역 중 한 군데를 골라 집중적으로 임장을 나가기 시작했다.

반드시 2014년 상반기 안에 경매 낙찰을 한 건 받겠다는 목표로 수없이 도전했다. 그리고 드디어 2014년 6월 내 생애 첫 낙찰을 받았다. 첫 낙찰보다 더 중요한 일생일대의 사건은 인천 법원에서 같은 물건에 입찰한 청울림을 다시 만나게 되었다는 것이다. 경매 초보자였던 나는 선순위 임차인이 있는 특수물건에 정확한 증거자료도 없이, 가짜 임차인일 거라는 추측만 갖고 입찰을 결심했다.

입찰표를 제출하고 개찰을 기다리는 동안 겁이 나기 시작했다. 낙찰이라도 되면, 가짜 임차인이 아니면 어떡하지? 진짜 대항력을 갖춘 임차인이라면 1억 2,000만 원으로 신고된 전세 보증금을 전부 떠안아야 하는 위험한 물건이었다.

개찰을 기다리며 불안함에 손발이 싸늘해지고 지옥행 티켓을 받는 건 아닌지 한숨만 내쉬고 있던 순간, 반가운 그의 얼굴을 발견했다. 무작정 달려가 일일 특강을 들었던 수강생이라는 명목으로 인사를 건네고 주저리주저리 경매 물건을 이야기하기 시작했다. 난생 처음 보는 여자가 갑자기 달려와 아는 척을 하며 입찰 이야기를 늘어놓으니 얼마나 황당했을까. 그러나 내 이야기를 차분히 다 들은 후, 웃으며 건넨 그 한마디가 아직도 기억에 선명하다.

"저도 그 물건에 입찰하러 왔는데요?"

내가 입찰한 물건에 그도 입찰을 한다니! 나는 쾌재를 불렀다. 그분은 초면인 내게 그저 일일 수강생이었다는 이유로 자신이 조사한 내용을 자세히 알려주며 나를 안심시켜주었다. 인천 법정에 낙찰자인 내 이름이 불리자 쿨하게 하이파이브를 건네며 "잘 해결하시고 도움이 필요하면 연락주세요"라는 말을 남기고 간 날부터 그분을 나의 멘토로 삼았다. 나는 이 인연의 끈을 놓치고 싶지 않았다. 그분의 좋

선순위 임차인

경매의 말소기준권리 날짜보다 먼저 전입신고되어 있는 대항력을 갖춘 임차인을 말한다.

은 에너지와 더불어 부동산의 흐름을 읽는 뛰어난 능력을 배우고 싶었다.

이후 긴 시간 동안 쉼없이 달리며 그를 만날 때마다 조금씩 발전해나가는 모습을 보여주는 것이 목표였다. 결국 나의 멘토로 인해 어제보다 나은 오늘을 살 수 있게 되었고 이제는 그와 같은 조직에서 일하고 있다.

무엇보다 가장 뿌듯한 일은 2014년 4월 수원, 그분이 섰던 강단에 이제는 내가 서 있다는 것이다. 두세 달에 한 번씩 경매 기초반 일일 특강 강사로 초대를 받아 그곳에 설 때마다, 풋내기 수강생이었던 내 모습이 떠오른다.

학습 효과 중 가장 빠르고 효과가 뛰어난 방법이 바로 시청각 효과라고 한다. 멘토를 직접 보고 듣고 따라하면서 언감생심 꿈도 꾸지 못했던 스승과 같은 단상에 오르는 영광을 누리고 있다.

청울림이 만든 다시 꿈을 꾸는 어른들을 위한 학교 '다꿈스쿨'에서 부동산 기초반 6주 수업을 진행하고 있다. 청울림과 콜라보로 3주씩 맡아서 강연하고 있고, 또 내 이름을 걸고 '앨리스허의 돈 되는 지역분석' 6주 수업도 진행하고 있다. 훌륭한 스승을 만났으니 나 또한 훌륭한 제자가 되어야겠다는 마음가짐으로 정진하고 있다. 그분의 높은 기준을 충족하려면 어설픈 실력으로는 어림도 없음을 알기에 나의 부족함을 채우려 오늘도 열심히 공부한다.

기본이 탄탄하면 흔들리지 않는다

경매와 일반 매매로 부동산 투자를 시작한 지 1년, 나의 부동산 지식이 턱없이 부족하다고 느낄 무렵이었다. 필수 서류인 등기부등본 보는 법조차 모르고 큰돈이 오가는 매매계약서를 쓰는 날이면 실수 없이 제대로 하고 있는 건지 불안했다. 세법은 어떻게 계산해야 하는지, 법무사가 내민 등기비용 견적서를 검증할 능력 또한 없었다.

2015년 2월, '공인중개사 자격증을 취득해야겠다'라고 결심했다. 고시 수준의 국가자격시험이라고 들었기에 '그냥 한번 해볼까?' 하는 나약한 마음가짐으로 시작했다가는 중도포기할 것이 뻔했다. 아들 방을 빌려 공부하던 나는 방문 앞에 '공인중개사 합격!'이라는 문구를 붙였다. 재수란 불가능한 상황이었고, 반드시 올해 안에 합격하겠다는 굳은 각오로 시작했다.

두꺼운 교재 여섯 권을 받아드는 순간, 첫 난관임을 감지했다. 나는 의지가 약한 사람인 걸 잘 알기 때문에 인터넷 동영상 강의로는 실패할 확률이 높을 것이라 생각하고 바로 오프라인 학원에 등록했다. 마침 집에서 가까운 곳에 합격률이 높다는 공인중개사 학원이 있어서 매일 4시간씩 수업에 몰두했다. 시험 날짜가 다가오자 주말을 반납해 특강까지 전부 들었다. 기존 수강생들보다 4개월 정도 늦게 시작한 공부라 첫 수업부터 내용을 따라잡기는 버거웠지만 1년 정도 부동산 투자 공부를 한 덕에 용어들이 낯설진 않았다.

아침 일찍 일어나 두 아이들을 차례로 등교시키고 학원으로 출발했다. 수업이 끝나면 점심도 제대로 못 먹고 부랴부랴 집으로 돌아와 하원하는 아이들을 돌보고 모두가 잠든 밤 10시부터 새벽 2시까지 공부하다 책상에 엎드린 채 잠이 든 날이 많았다.

내가 공인중개사 자격증을 갖고 있다고 이야기하면 많은 이들이 효율적인 공부법을 물어본다. 효율적인 공부법은 단 하나, 책상에서 일어나지 않는 것이다. 인터넷 강의로는 중도 포기할 확률이 높으니 처음부터 학원 수강을 추천한다.

해마다 공인중개사 시험 접수 인원이 크게 늘고 있다고 한다. 노후 대비용 국가자격증으로 접근성이 좋고 부동산 상승 붐이 일어나면 중개업소도 늘어나니 더욱더 인기 직종이 된다. 그러다보니 시험이 점점 어려워지는 추세다. 문제를 비비 꼬아놓거나 끝말을 '이다/아니다'로 교란하기도 하고, 계산 문제 때문에 시험 시간이 부족한 과목도 있다.

6과목 기본서를 정독하고 시작해야 흔들림이 없다. 기본에 충실하지 않고 문제만 열심히 푸는 사람들도 있으나, 나는 기본서 정독에 많은 시간을 들였다. 과목마다 집중 공부할 분량을 정하고 주말을 이용해서 정독한 후 2차로 요약 정리본까지 정독하고 나면, 아무리 문제를 꼬아놓아도 정답이 내게 손을 흔들고 있음이 보인다. 기본서 정독법으로 공부한 결과, 실제 시험에서 공인중개사법 과목은 만점을 받기도 했다.

2015년도 부동산 시장 분위기가 매우 좋았던 시기였기에 공부를 한답시고 투자에 손을 놓을 수는 없었다. 짬짬이 시간을 내어 아파트 투자와 학원 수업을 병행했다. 다시는 그렇게 열심히 살지 못할 것만 같았던 한해를 보냈다. 그해에만 서울, 안양, 용인, 지방까지 돌아다니며 사들인 아파트가 무려 여섯 채였고 이 아파트들이 지금 효자 효녀 노릇을 하고 있다.

목표를 설정하고 반드시 이루리라는 자신감을 갖고 공부한 결과, 9개월 만에 공인중개사 자격증을 내 손에 쥐었다. 국가고시 자격증을 보유했다는 든든함과 함께 회사를 그만둔 후 경력단절녀가 무엇을 할 수 있을까, 라며 낮아진 자존감을 회복하는 데 큰 도움이 되었다.

또한 부동산 투자를 하면서 서류를 다룰 때 중요한 절차를 익혔고 어렵게만 생각되었던 세금 관련 부분도 자신감이 생겼다. 또한 부동산 가격 흐름의 원리 등 많은 지식을 단기간에 습득할 수 있었다. 실전 투자를 하다 보면 자연스럽게 익히게 되는 지식들일 수 있으나, 엉성한 투자 경험 1년차에 튼튼한 기본기를 닦은 느낌이었다.

사전 준비, 사후 관리에 배신은 없다

투자를 시작한 지 만 2년이 지나가면서 내 투자 방식이 어딘가 완벽하지 않다는 생각에 사로잡혔다. 유명 강의를 듣고 나서야 어느 지역의 흐름이 좋다는 정보를 얻을 수 있다는 사실이 답답했다. 설사 그 흐름이 좋다는 지역 위주로 임장을 나가보아도 투자할 아파트를 찾아내기가 쉽지 않았다. 찍어준 지역, 찍어준 아파트에 가서 실제 매물을 보고도 이 가격이 합당한지 확신이 서지 않았다.

어떻게 하면 계획적이고 체계적으로 부동산 투자를 할 수 있을까를 고민하던 중 다른 사람들의 투자 방식이 궁금해졌다. 그동안 혼자서 즉흥적인 투자를 해왔던 나는 어딘가에 소속되어 제대로 된 스터디를 해봐야겠다고 결심했다. 기대와 설렘을 안고 참석한 첫 스터디 모임에서 나는 귀인을 만났다.

2년 동안 이곳저곳에 많은 씨를 뿌려놓은 상태였고 공인중개사 자격증까지 취득하면서 나름 부동산에 대해서 잘 알고 있다는 자만심이 있었던 시기였다. 그런데 같은 조원으로 만난 전업 투자자 한 분이 그 오만함을 단칼에 베어버렸다.

나를 포함한 오합지졸의 조원들과 경상남도 진주시로 임장을 나갔다. 임장은 뒷전이고 소풍 가는 기분에 다들 들떠 있었다. 임장이 시작되자 분위기는 완전히 반전되었다. 임장을 가기 전부터 얼마나 많은 사전 준비를 했는지 알 수 있는 그분의 자료들을 보았다. 이미 그분의 머릿속에는 진주시 전체의 지도가 그려져 있었다. 가는 동네마다 사전 지식과 함께 향후 들어올 입주 물량까지 모두 외우고 있었다. 중개소에 들어가서 물어보는 질문도 남달랐고 무엇보다 놀라웠던 것은 끝없는 신중함이었다.

마침 괜찮은 매물이 있어서 함께 간 조원이 매수하고 싶어 하던 차였다. 나는 "뭘 망설이느냐 계약금을 먼저 보내라"고 주장했고 그는 "좀더 신중해라. 집도 꼼꼼히 살펴보고 가격도 깎아보고, 다른 부동산에 전화해서 전세 상황과 매물 가격도 알아본 후 결정해도 늦지 않다"는 입장이었다.

당시 나는 동호수가 괜찮은데 시세보다 저렴하다는 생각이 들면 별다른 고민 없이 바로 매수를 결정했다. 당장 사지 않으면 다른 사람이 사버릴까 봐 초조함이 앞섰고 이보다 더 좋은 물건이 나오지 않을 것이라 단정지어버렸다. 그러나 그분은 꼭 오늘 사야 되는 것은 아니니 집을 살펴본 후 하자가 없는지, 더 싸게 사서 투자금을 줄일 수 있는지, 전세입자를 잘 구할 수 있는 상황인지, 다른 부동산에 더 괜찮은 물건은 없는지 등을 꼼꼼하게 따져본 후 내일 사도 된다고 결론 지었다.

좋은 물건을 싸게 사서 리스크를 줄이려는 신중한 접근법과 마인드 컨트롤을 바로 옆에서 지켜보면서 내가 그동안 물건을 매수하는 데만 급급했다는 것을 알았다. 다 같이 밥을 먹으면서 그분의 투자 이야기를 들을 수 있었다. 불과 얼마 전에 유명 강의를 듣고 버선발로 달려가서 매수한 지역을 이미 그분은 작년부터 공부하고 있었다고 했다. 오랜 공부 끝에 확신을 갖고 정확한 타이밍에 무려 열 채를 매입했다는 이야기는 실로 충격이었다.

이후 6개월의 짧은 스터디 활동 후 나는 변화했다. 그분은 오합지졸 조원들에게 부동산 공부법을 전수해준 후 다시 재야의 고수로 돌아갔다. 남은 조원들과 함께 계속 임장을 나가면서 임장 보고서도 처음으로 작성해보았다. 그동안 임장만 다녔을 뿐, 보고서를 작성하지 않았기에 사후 관리가 잘 되지 않았다는 것을 깨달았다. 한 번 정리하는 시간을 갖고 나니 임장을 다시 다녀온 듯 머릿속에 생생한 기억이 저장되는 느낌이었다.

스터디 모임을 통해 혼자 무작정 나가보는 임장이 아닌, 데이터와 사전 계획에 따른 체계적인 임장을 경험했다. 다른 사람들은 어떻게 공부하고 어떤 데이터를 활용하는지 구체적인 방법들까지 익힐 수 있었다.

불과 6개월의 짧은 스터디 활동이었지만 이를 통해 꼼꼼한 준비와 데이터 분석, 그리고 사후 관리의 중요성을 깨달았다. 동시에 그동안 부족하다고 생각한 체계적인 방법론을 배우고 스스로 투자 지역을 선별해보는 시작점이 되었다.

임장의 여왕, 나는 오늘도 부동산 보러 간다

내가 경매를 시작한 2014년 이른 봄, 학원 원장님은 수업 시간마다 아파트 가격 상승을 예견했고 하루라도 빨리 낙찰을 받으라고 강조했다. 아파트뿐만 아니라 상가, 토지 등 물건들을 추천했고 카페 게시판에는 낙찰 소식이 연이어 올라왔다. 나는 마음만 급할 뿐 어디서부터 어떻게 접근을 해야 할지 방향을 잡지 못했다. 나름 열심히는 하고 있으나, 핵심을 잡지 못하고 있었기에 패찰은 당연한 결과였다.

부동산 중개소 방문도 익숙하지 않던 내가 경매라는 어렵고 두려운 분야에서 무엇을 할 수 있었을까. 추천 물건을 받아들어도 기초 지식이 전무하다면 돈이 되는 물건인지 아닌지 판단하기 어려웠다. 게다가 얼마 되지도 않는 투자금을 잃을까 겁이 나기도 했지만, 가장 큰 고민은 어느 지역으로 가야 할지에 대한 고민이었다.

지역분석은 모든 투자의 시작이다

결국 경매의 기본 바탕에는 지역에 대한 이해가 깔려 있어야 했다. 대한민국 전국을 상대로 한 광범위한 경매 물건들 중 어느 지역의 어떤 물건을 선택해야 하는지를 판단할 능력이 없다 보니 시작조차 하지 못하고 있었다.

경매 검색 사이트에 들어가면 대한민국에 얼마나 많은 법원들이 존재하는지, 처음에는 어느 법원을 검색해야 할지 선택하는 것조차 어려웠다. 특별한 기준 없이 이 법원 저 법원을 검색하다가 내 수준에서 부담 없는 가격대의 아파트가 있으면 관심 있게 들여다보았다.

숲을 먼저 본 다음 나무를 찾아야 하는데, 나무만 찾아다니다 보니 정작 봐야 할 전체적인 숲의 모습을 놓친 셈이었다. 마음에 드는 경매 물건을 선택한 이후부터가 더 큰 문제였다. 입찰가를 결정할 때 가장 중요한 키 포인트는 '나는 이 아파트를 얼마에 팔 수 있을 것인가?'이다. 예상 매도 가격을 결정한 후 그 가격에서 수리비, 명도비, 기대 수익을 빼고 남는 가격이 바로 입찰 가격이 된다.

즉, 예상 매도 가격에 따라서 입찰 가격이 결정된다. 향후 그 지역의 부동산 시장을 긍정적으로 전망한다면 높은 가격을 써서 낙찰을 받기는 쉬울 것이나, 높게 책정했던 예상 매도 가격이 좀처럼 올라가지 않는다면 오히려 손해를 보게 된다. 반대로 향후 그 지역을 보수적으로 판단한다면 절대 높은 가격의 입찰가를 쓸 수 없고, 자연히 낙찰 받기가 어려워진다.

낙찰 가격은 물론, 이후 언제 얼마에 팔 것인가 역시 중요하다. 낙찰을 받아 전세·월세를 놓은 후 최소 2년 뒤 매도 가격을 예상하려면 그 지역의 흐름을 어느 정도 알고 있어야 한다.

경매는 집을 사는 방법 중의 하나일 뿐이다. 투자할 지역을 결정한 뒤 그 지역의 중심지, 선호 주거 지역, 인기 아파트 등 상세한 분석이 필요하다. 지역의 흐름이 좋다는 판단이 서면, 물건을 사는 여러 가지 방법 중 하나를 선택한다. 중개소에 가서 직접 물건을 보고 사는 일반 매매, 경매나 공매를 통한 매입, 분양권, 재개발 및 재건축 등 다양한 방법들은 지역분석을 마친 후 선택할 수 있다.

경험과 지식이 전무한 상태에서 경매로 부동산 투자를 시작하다 보니 아무런 가이드라인 없이 아파트, 상가, 토지 등 다양한 투자 항목들을 이곳저곳 기웃거려 보았다. '더 이상 이렇게는 안 되겠다. 나는 갓 알에서 나온 병아리 수준이니, 가장 안전한 항목을 선택해서 한 우물만 파보자'라는 생각이 들었다. 내가 제일 쉽고 안전하게 접근할 수 있었던 항목은 아파트 투자였다. 아파트가 휴지 조각이 될 리도 없고 2년 전세 만기가 보장된 세입자가 있으니 공실이 날 이유도 없다.

아는 지역이라고는 우리 집 앞마당뿐이었기에 비교적 집값이 싼 인천 연수구를 시작으로 안양, 산본, 의왕 등 아는 지역을 늘려가기 시작했다. 내가 아는 아파트들이 조금씩 늘어나고 여기저기 다니면서 듣는 이야기들이 많아지면서 아파트 전세 투자에 눈을 뜨기 시작했다.

잘 사는 것만큼 잘 팔아야 한다

2014년 서울 수도권 아파트 가격 상승을 예고하는 사람들이 많아지면서 나 역시 마음이 급해졌다. 싸게 살 수 있다는 장점이 있는 경매도 낙찰 가격이 점점 올라가고 연일 패찰을 거듭하면서 법원에서 버리는 시간이 아까워졌다. 낙찰을 받았다 한들 명도 과정을 거쳐 내 집이 되기까지 너무 긴 시간을 소비해야 했다. 차라리 부동산에 급매로 나와 있는 매물을 매수해서 바로 전세입자를 구하는 것이 현 시장에 맞는 방법이라는 판단이 섰다.

서울, 수도권, 지방을 가리지 않고 발빠르게 달려가서 주머니에 있는 투자금을 전부 쏟아부었다. 투자금을 다 쓰고 나면 바로 흥미가 반감되어 부동산 공부도 게을리하게 되는 착실하지 못한 첫 2년의 세월이 흘러 드디어 그간 사 모아둔 아파트들의 매도 타이밍이 오기 시작했다. 매도 시점이 도래하면 마냥 즐거울 것만 같았던 나의 생각과는 달리 끝끝내 애를 먹이며 팔지 못한 아파트가 생겼다.

그제야 깨달았다. 돈만 있으면 집을 사는 일은 정말 쉽지만 파는 일은 의지만으로는 안 된다는 것을. 내가 그동안 갖고 있던 것만으로도 든든했던 자산 목록들은 모두 사이버 머니였다. 실제로 매도를 해야 내 주머니에 돈이 들어오고, 그 매도가 좀처럼 쉽게 이루어지지 않는다는 것을 알았다.

왜 내가 갖고 있는 물건이 잘 팔리지 않을까, 고민하기 시작했다. 과연 나는 무엇을 잘못한 걸까. 이유는 참 많았다. 첫째, 투자 지역을 선택할 때 명확한 기준이 없었다. 둘째, 매도 시기를 놓쳤다. 셋째, 아파트 선택을 잘못했다. 마지막으로 같은 아파트 단지 중에서도 물건 선택을 잘못했다.

누가 '어디 좋다더라' 말하는 지역에 가서 투자금을 적게 들여 물건만 사면 되는 줄 알았다. 꾸준한 지역 공부가 아닌 돈을 쫓아다니며 물건을 사는 데만 급급했다. 그러다 보니 사 모은 아파트들의 수준이 천차만별이었다. 내가 갖고 있는 아파트들의 수준이 곧 나의 부동산 투자 실력이었다.

어디를, 언제, 사고팔 것인가

결국은 지역분석, 입지와 타이밍이다. 지역 공부에 대한 욕심이 나기 시작했다. 돈 욕심은 접어두고서라도 내가 아는 지역이 많아질수록 선택의 폭이 넓어지면서 시장의 큰 흐름을 읽을 수 있는 혜안을 가질 수 있으리라 생각했다.

시기적절하게 스터디 모임에 들어가게 되었고 짧게나마 배운 부동산 지역 공부법을 활용하기 시작했다. 안개가 걷히면서 가야 할 길이 보이는 것 같았다. 고작 아파트 한두 번 팔아본 초보가 처음부터 겁도 없이 큰 꿈을 품기 시작했다. 누가 "어디어디 아파트요"라고 물어보면 "아, 거기요" 하고 바로 답할 수 있을 정도로 전국을 손안에 넣고 싶다는 광대한 꿈이었다.

'무조건 일주일에 한 번은 발품을 팔러 나가자'는 지키기 쉽지 않은 목표를 세웠다. 실제로 한 달에 한두 번 가기도 쉽지 않았다. 혼자 가려니 발걸음이 잘 나서지 않았다. 당장 눈앞에 돈이 보이는 일은 아니지만 미래에 대한 투자라는 생각으로 혼자 꾸준히 달린다는 것이 내게는 힘들고 외로운 기나긴 여정이었다.

이때쯤 블로그를 시작하면서 내 삶은 조금씩 달라졌다. 매주 다녀온 임장기를 블로그에 올리면서 사람들의 관심을 받기 시작했다. 내가 올린 글들이 소수지만 사람들의 관심을 끌기 시작하면서 덩달아 신이 났다. '어떻게 하루에 그 많은 곳을 다니나요', '살아 있는 듯한 생생한 임장기가 좋다'라는 칭찬의 댓글을 읽으면서 임장이 즐거워지기 시작했다. 심지어 매주 임장기를 올려야 한다는 책임감까지 생겨났다.

같이 사는 남편도 내가 하는 일에 큰 관심을 두지 않았던 외롭던 시절, 부동산 공부를 누군가와 공유하고 이야기하고 내가 잘하고 있는지 검증받고 싶은 욕구가 강했던 시절이었다. 익명의 사람들이 노고를 알아주고 무한한 칭찬을 해주니 더없이 뿌듯해졌다.

그때부터 나는 임장 전에 지도를 내 손으로 만들기 시작했다. 공급 물량을 직접 업데이트하고 데이터를 꼼꼼히 보기 시작했다. 최소 일주일에 한 번은 이른 아침부터 늦은 저녁까지 풀코스 임장을 나가기 시작했다.

임장 기술이 발전할수록 나만의 임장 지도 작성 기술도 진화했다. 부동산 중개소에 자주 다니다 보니 어느새 내 집 드나들 듯 익숙해졌다. 가서 무엇을 물어봐야 할지 막힘없이 술술 나오기 시작했다. 아는 지역이 점점 많아졌고 내가 가본 지역에 대해 아는 척, 잘난 척도 할 수 있었다. 그리고 무엇보다 중요한 사실은 돈을 벌기 시작했다는 것이다.

스스로 세운 목표를 지켜온 2년의 시간이 지나면서부터 불특정 다수의 사람들에게 '임장의 여왕'이라는 별명으로 불리게 되었다. 임장기를 읽은 많은 이들이 만들어준 그 별명에 애착이 생겼고 이 길을 쉬지 않고 걸어간다면 분명 성공하리라는 확신이 들었다.

임장의 여왕이 된 뒤 달라진 것들

임장의 여왕이라는 타이틀은 나의 삶을 변화시켜준 1등 공신이다. 나아가 '전국구 지역분석가'라는 큰 꿈을 실현하기 위해 여전히 매주 임장을 다니고 있다. 전국을 걸어다니면서 보고 듣고 배운 것들이 고스란히 축적되어 있다. 현장에 가보지 않은 사람은 절대 알 수 없는 살아 있는 정보를 그 누구보다 많이 알고 있다.

한 지역을 내 손안에 넣으려면 한두 번이 아닌 여러 번 가봐야 한다. 지역을 많이 알면 알수록 돈은 저절로 따라올 수밖에 없다. 수 년간 많은 곳을 다니다보니 돈이 되는 지역, 돈이 되는 아파트가 눈에 보인다. 항상 투자금이 부족할 따름이다.

지난 6년의 세월을 3단계로 나누어보면, 남들을 우왕좌왕 따라다녔던 실수투성이 2년이 첫 번째, 두 번째 2년은 매주 전국을 돌아다니며 내공을 쌓는 알찬 시간을 보냈다. 그리고 부동산 지역전문가로서의 세 번째 2년이 지나가고 있다.

첫 2년 동안 많은 실수를 했고 이를 만회하기 위한 수업료를 내야 했지만, 금쪽같은 내 돈을 잃지 않으려면 제대로 알고 투자해야 한다는 사실을 배운 값진 시간이었다. 실패의 원인 또한 꾸준한 임장을 통해서 파악하게 되었고 이로써 투자 내공은 견고해졌다.

나는 어디서든 실패담을 아주 즐겁게 이야기한다. 실패가 있었기 때문에 성공할 수 있었다. 아무것도 하지 않으면 아무 일도 일어나지 않는다. 실패든 성공이든 많은 경험을 쌓는 것보다 더 좋은 인생의 스승이 있을까.

오늘부터 시작해보자. 거창한 계획도 필요 없다. 중요한 것은 꾸준함과 꾸준함을 유지할 수 있는 열정이다. 우리에게 남아 있는 인생은 아직 매우 길다. 부동산 투자에 열정을 불태우기 결코 늦지 않았다.

시작하는 사람들을 위한 필독서

사전 준비 없이 무작정 현장에 뛰어들기보다 양질의 책으로 부동산 투자의 원리와 흐름을 먼저 익히기를 추천한다. 단기간에 빠르게 이론을 습득하는 단 하나의 방법은 양질의 부동산 투자서를 정독하는 것이다.

나 역시 다독 습관이 자리 잡지 않은 사람이기에 일주일에 한 권 읽기도 힘들다. 책장에 책만 잔뜩 꽂아놓고 '저걸 언제 다 읽나' 한숨만 쉬지 말고 단 몇 권의 책이라도 밑줄을 쳐가며 정독해보자. 다음은 많은 책을 읽어보지 못한 내가 부동산 투자 공부를 시작하는 이들에게 감히 추천하고 싶은 리스트이다.

『부의 추월차선』 – 엠제이 드마코(MJ DeMarco)

이 책을 읽는 동안 가장 후회스러웠던 것은 뚜렷한 목표 없이 나를 다 태워버린 오랜 직장 생활이었다. 마흔 살이 다 되도록 노동력을 판 대가로 받은 월급이 얼마 되지 않는다는 사실이 나를 허무하게 만들었다.

조금 더 이른 나이에 부의 추월차선이라는 단어를 알았다면, 타인을 위해 전력질주했던 시간을 나를 위한 시간으로 바꿨다면 인생이 어떻게 달라졌을까. 지금보다 빨리 시작할 수 있었다면 얼마나 좋았을까. 그리고 부의 추월차선에 올라타기 위해서는 어떤 노력을 해야 할까. 과거의 안일했던 삶에 대한 후회와 함께 미래에 대한 새로운 결심을 하게 해준 고마운 책이다.

『나는 오늘도 경제적 자유를 꿈꾼다』 – 유대열(청울림)

부동산 투자를 시작하려는 이들이라면 반드시 읽어봐야 할 책 중 하나이다. 절약에 대해 생각해보게 하고, 삶을 다시 한번 정립하고 채찍질하게 해주는 셀프 훈육서이다.

부동산 투자자들만을 위한 책이 아니라, 나태해진 자신을 바로 세울 철저한 자리관리가 필요한 사람들이 읽으면 강한 자극을 받을 수 있는 자기경영서이다. 지금도 많은 이들을 청울림이란 사람을 직접 만나기 위해 다꿈스쿨로 이끄는 책이기도 하다.

『부동산 투자의 정석』 – 김원철(김사부)

이 책은 이미 10년 전에 출간됐다. 그럼에도 불구하고 변하지 않는 부동산 투자의 원칙이 담겨 있다. 나 또한 이 책을 읽으면서 투자의 원리를 깨우쳤고 소액으로 할 수 있는 전세 레버리지 투자라는 단어를 알게 되었다. 부동산 시장의 거시적인 흐름과 미래를 대비하기 위한 키워드 또한 배웠다.

처음 이 책을 읽으면서 깜짝 놀란 사실은 10년 전이나 지금이나 부동산 투자의 원리 차원에서는 큰 변화가 없다는 것이었다. 이를 한 번만 제대로 익혀서 활용해간다면 평생 나의 든든한 버팀목이 될 수 있다는 용기를 얻었다.

『노후를 위해 집을 이용하라』 – 백원기

제목 그대로 노후를 위해 집을 이용하라는 명쾌한 투자법이 담긴 책이다. 백 세 시대를 살아내야 하는 우리의 현실에서 노후를 준비할 수 있는 가장 좋은 방법은 부동산 투자다. 투자금이 허락하는 한도 내에서, '똘똘한' 주택을 한 채씩 사 모아 노후를 대비할 수 있다면 얼마나 든든할까. 집이 단순한 주거 수단이 아닌 노후 대비 수단이라는 생각의 전환을 이끌어내준 책이다.

『아기곰의 재테크 불변의 법칙』 – 아기곰

오래전에 쓰인 『How to make Big Money』의 개정판으로 이 책을 읽고 투자를 시작한 고수들이 많다. 저자는 부동산 투자계의 전설로 불릴 만큼 따르는 이들이 많은 인물이다. 이 책은 재테크 성공을 위한 12가지 법칙을 제시한다. 어떻게 종잣돈을 마련하고, 투자를 시작하고, 경제적 자유를 얻어가는지에 대한 과정을 배울 수 있다. 성공적인 재테크를 위한 기본 경제 상식도 제공한다. 부동산 가격 상승 이유, 투자 타이밍, 투자 전략 등에 대한 명쾌한 설명이 담겨 있다.

카페, 스터디 활동으로 네트워킹하라

머리는 좋은데 공부를 안 하는 학생과 책상에 엉덩이를 붙이고 꾸준히 한길만 파는 학생이 있다면 최종 승자는 당연히 후자다. 나는 좋은 머리보다 꾸준함에 승부를 걸었다. 손발이 힘들지만 이 길을 걷다 보니 꾸준함에는 장사가 없다.

그러나 무엇인가를 꾸준하게 하기란 정말 어려운 일이다. 몇 번은 할 수 있지만 몇 달을 이어가기는 힘들고 혼자라면 더욱더 힘들다. 그래서 처음 시작하는 이들이라면 단체나 모임에 소속되기를 추천한다.

요즘은 양질의 부동산 정보를 얻을 수 있는 인터넷 카페들이 많다. 한두 군데 정해서 규칙적으로 들러 정보를 얻고 소통하면서 인맥을 넓혀가는 것도 공부법 중 하나이다.

소규모로 진행되는 스터디 활동도 큰 도움이 된다. 삼삼오오 모여 임장을 가고 의견을 나누는 모임이 있다면 동기 부여가 된다. 혼자서 임장을 가야 한다면 쉽게 나서지지 않지만 친구 한두 명과 함께라면 훨씬 마음이 가볍고 편안해진다. 주기적으로 만나서 임장을 다니고 관심 지역, 투자 지역에 대한 의견을 나누고 함께 공부할 수 있는 취

미와 관심이 같은 모임이 있다면 꾸준한 투자를 하는 데 많은 도움이 될 것이다.

나 역시 몇 년 전 스터디 활동을 하면서 만난 조원들로부터 많은 도움을 받았고 독서 모임에서 만난 오랜 지인들과 주기적으로 만남을 가지면서 지식을 쌓고 있다. 내가 타인에게 받은 것 이상으로 나눠줄 수 있는 사람이 되려 노력하다 보면 어느새 한 단계 발전해 있을 것이다.

다음 리스트는 부동산 카페(네이버·다음) 중 회원 숫자가 많은 순으로 뽑아보았다. 가입 회원이 많을수록 다양한 이슈와 정보들을 얻을 수 있다. 그중에서도 옥석을 가려야 하겠지만, 주기적으로 시간을 정해서 카페 글들을 읽다 보면 저절로 공부가 될 것이다.

- 텐인텐(10년 10억 만들기): http://cafe.daum.net/10in10
- 부동산 스터디: https://cafe.naver.com/jaegebal
- 아름다운 내 집 갖기: https://cafe.naver.com/rainup
- 월급쟁이 부자들: cafe.naver.com/wecando7
- 다꿈스쿨: https://cafe.naver.com/dreamagainschool
- 발품: https://cafe.naver.com/fieldlearning

2장.

아파트 소액 투자를 위한 내비게이션

월급만으로
부자가 될 수 없다

나는 사람 만나기를 매우 좋아해서 나이를 막론하고 친구층이 다양한 편이다. 2014년부터 부동산 투자에 전념하면서 지인들에게 내가 듣고 온 강의를 열심히 브리핑했다. "앞으로 부동산 가격이 오른다더라, 지금 사야 한다더라, 서울이 지금 싼 편이라더라, 마곡지구가 좋다더라, 판교가 좋다더라, 분당이 좋다더라" 등등. 중간중간 내가 어떤 물건을 샀고 어떻게 수익을 내고 있는지에 대해서도 설명했다. 뜻밖의 사실은 그 많은 지인 중 투자 이야기를 흥미롭게 받아들이는 사람이 없었다는 것이다.

해가 거듭되면서 부동산 가격 상승 이야기가 뉴스에 나오고 살고 있는 동네의 집값이 조금씩 움직이자 그제야 내 이야기에 귀를 기울이는 지인들이 생기기 시작했다. 물론 관심만 기울일 뿐 적극적으로 투자에 나서지는 않았다. 모두들 그때까지 긴가민가했던 단계였던 것 같다.

주변 전세 가격이 오르고 아파트 가격도 연일 오르기 시작하자, 그제야 꿈쩍도 하지 않던 이들이 내게 지금 사야 되는지 팔아야 되는지를 묻기 시작했다. 그중에는 조심스럽게 투자를 시작한 사람도 있고 이미 올라버린 집값에 놀라 전세를 고수하는 사람도 있었다. 시간이 많이 흐른 지금 그때 어떤 선택을 했느냐에 따라 부의 축적에 큰 차이가 생겼음은 물론이다.

돈을 버는 유형은 정해져 있다

적극 투자형

내 이야기를 처음부터 열심히 들으며 관심을 보인 모임이 있다. 처음에는 소극적이었으나 그중 한 명이 앞서 투자를 시작하자, 뒤를 이어 서울의 주요 아파트를 덜컥 사거나 살고 있던 지역 내 아파트를 실거주 목적으로 사기도 했다.

투자를 시작하면 내가 산 아파트 가격이 상승할지 하락할지 궁금해질 수밖에 없다. 그러니 연일 부동산 뉴스에 관심을 기울이고 시세 변화를 체크하며 세금 정책까지 공부한다. 적극적으로 임장을 다니고 다음 투자 계획을 세우며 전문 투자자가 되어간다. 한번 수익을 본 사람들은 꾸준히 달려나가게 된다. 실행에 옮기고 열정을 불태운 그들은 부를 축적할 일만 남았고 현재 부동산으로 각자의 노후를 준비하고 있다.

결정장애형

더 이상 월급만 모아서는 부자가 될 수 없다. 부자는커녕 매달 나갈 돈 걱정에 저축도 제대로 하지 못하고 사는 경우가 많다. 돈이 없을수록 투자를 하라고 권유하면, 투자할 돈이 없기 때문에 엄두도 내지 못한다고 답변한다. 용기를 내볼까 싶다가도 돈을 잃을까 봐 두려움 때문에 시작하지 못한다.

주변 아파트 시세가 올라가는 동안 누가 집값이 올라서 큰돈을 벌었다는 이야기를 들으면서 부러워만 할 뿐이다. 지금이라도 뭘 해야 하나 생각이 들지만, 결정하지 못하고 또 기회를 놓쳐버린다. 실행에 옮기지 못하고 좋은 타이밍을 놓친 사람들이라 가장 안타까운 케이스다.

하락론자

당장 실거주용 집을 사라고 아무리 권유해도 꿈쩍도 하지 않는 사람들이 있다. 집값은 분명히 떨어질 테니 전세로 2년 살다가 가격이 하락하면 그때 사겠다고 이야기한다. 하지만 집값이 하락할 때, 과연

• 최근 20년간 전국 소비자물가지수 추이 •

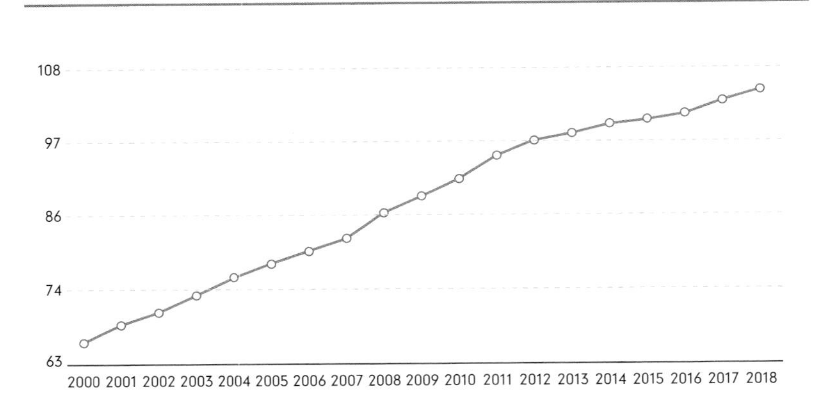

출처: 통계청

• 최근 9년간 통화량 추이 •

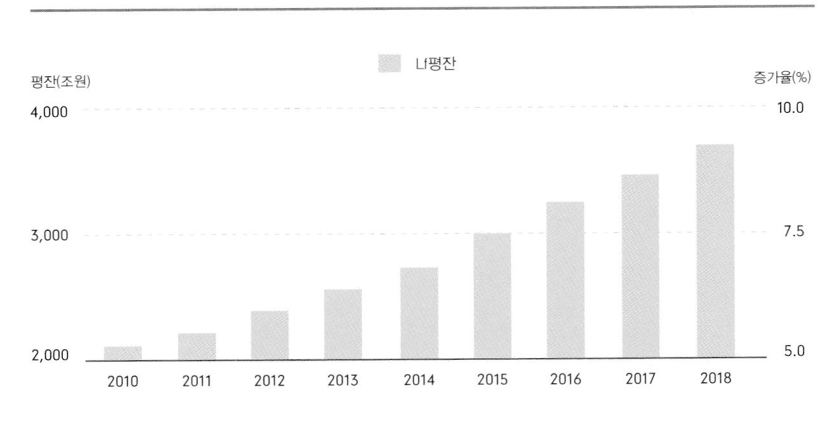

출처: 통계청

용기 있게 집을 살 수 있는 실거주자가 얼마나 될까. 바닥이 어디인지 모르기 때문에 더 떨어질까 두려워 집값이 하락할 때는 아무도 집을 사지 않는다. 그러나 안타깝게도 몇 년째 집값은 오르고 있고 전세금은 그대로이다. 오히려 소비자물가 상승률과 통화량 증가율로 보면 전세금의 가치는 마이너스가 된 셈이다.

부의 추월차선에 올라타라

부동산 투자를 바라보는 시각의 차이로 누군가는 부의 추월차선에 쉽게 올라타기도 하고 누군가는 노동력을 팔아서 끝내 현상 유지를 한다. 단연코 말하고 싶다. 고정된 월급만으로는 절대 부자가 될 수 없다. 부자가 된 사람들은 부동산을 소유한 사람들이다.

어떤 부동산을 소유했느냐에 따라 부자에도 등급이 나뉜다. 한강이 보이는 재건축 아파트를 몇 십 년째 실거주로 살고 있는 사람의 경우 자연적으로 부자가 된 케이스다. 살고 있던 집값이 올라서 오른 폭만큼 더 좋은 지역으로 단계적 상승을 할 수 있게 된 것도 부동산을 소유했기 때문에 가능하다.

나 역시 가끔씩 과거를 회상하며 '부동산 투자를 시작하지 않았다면 지금쯤 얼마나 힘든 생활을 하고 있을까'라는 생각에 아찔해진다. 초등학생인 두 아이들은 먹성이 엄청나서 연일 냉장고 문을 여닫으며 "엄마 배고파요"를 외친다. 이틀이 멀다하고 장을 보러 가고 간식을 준비해야 하는 우리 집은 엥겔지수가 꽤 높은 가정이다. 아이들의 학원비도 만만치 않다. 영어와 수학은 물론 수영, 드럼, 미술, 발레, 줄넘기 등 예체능 수업료만으로도 허리가 휠 지경이다.

매달 나가는 은행 대출이자와 부모님 용돈, 보험료, 공과금들도 한몫한다. 맞벌이를 하지 않고서는 한 달 벌어서 한 달 쓰기도 빠듯할 것이다. 언제 돈을 모으고 여행이라도 한번 갈 수 있을까. 함께 나이 들어가는 배우자는 언제까지 돈을 벌 수 있을까.

6년 전에 비해 자산이 든든해진 나는 이제 남편이 파산을 한다 해도 끄떡없다. 시간과 장소에 매여 노동력을 팔아서 받는 고정 월급에서 벗어나 그동안 구축해놓은 부동산과 관련된 모든 자산 시스템이 미래의 나를 살찌워줄 것이다. 그야말로 시간이 돈을 벌어주는 시스템을 구축했다. 아파트 투자부터 강의, 유튜브 채널, 블로그, 도서 출판까지.

이 모든 일들이 부동산 투자를 시작했기 때문에 가능했다. 현재까지 내가 발견한 부의 축적 방법 중 이보다 안전하고 좋은 방식은 없다.

경제적 자유를 향해 단단하게 무장하기

부동산 투자에 앞서 우선 자기 자신을 파악해야 한다. 부동산 공부를 어떻게 시작하면 좋을지 막막해 하는 사람들에게 무턱대고 강의부터 들으라고 말하고 싶지는 않다. 지금 내 수준과 상황에 대한 판단 없이 잘못된 강의를 선택하면 오히려 독이 될 수 있다.

초기에 누구를 만나 멘토로 삼느냐가 투자에 지대한 영향을 미친다. 시작 단계에서 잘못된 선택을 하면 기초를 다지기도 전에 쫓기듯 조급한 마음으로 잘못된 투자를 할 확률이 높다.

나의 재정 상태부터 진단하라

만약 최근의 상승 시장에 올라타지 못했다 해도 속상해할 필요는 없다. 기회는 반드시 또 온다. 다시 올 기회에 대비해 기초를 다지는 일에 집중하자. 기회는 준비된 자만이 잡을 수 있다는 명언은 진리이다. 한두 번만 상승장에 올라탈 수 있다면, 부동산 투자로 자산을 늘리는 일은 결코 어렵지 않다. 투자에 실패한 사람들은 대부분 상승장을 거꾸로 탄 이들이다.

활활 타오르는 시장에 올라타고 싶어서 급하게 막차를 탄 사람, 막차 중에서도 하필 가장 안 좋은 물건을 사들고 자신이 어떤 물건을 샀는지도 모르는 사람, 욕심을 부리다 팔아야 할 시기를 놓친 사람, 그리고 10년을 기다려 상승장이 시작되려고 꿈틀거리는 초입에 팔고 나오는 사람… 이런 실패를 겪지 않으려면 기초를 탄탄히 해야 한다.

백지 위에 나의 상태를 자세히 적어보자. 현재 상황을 정확히 파악하고 앞으로 어떤 선택을 해야 할지 고민해야 한다.

- 몇 주택을 보유하고 있는가? (무주택자 / 1주택자 / 2주택자 / 다주택자 등)
- 가용할 수 있는 투자금은 얼마인가? (1,000만~5,000만 원 / 5,000만~1억 원 / 1억~2억 원 등)
- 왜 부동산 투자를 하려고 하는가? (내 집 마련 / 현금 흐름(환금성) / 노후 대책 등)

가장 중요한 보유 주택 수, 투자금, 투자 목적에 따라 부동산 공부

방향이 달라진다. 요즘처럼 투자금이 많이 드는 환경일 때 지역 선택의 기준이 되기도 한다.

무주택자라면 내 집 마련이 최우선 목표가 된다. 청약점수가 높거나 특별 공급 조건을 갖춘 사람은 지속적으로 분양권을 공략해보는 전략을 추천한다. 돈이 될 지역이나 당첨 확률이 높은 지역으로 이사를 가서 하루빨리 1순위 조건을 만족시키는 것도 전략이다.

내 청약점수로는 당첨 확률이 극히 저조하다면 시간을 버리기보다 하루빨리 실거주 집을 마련해야 한다. 실거주 집을 선택할 때는 대출을 받아서라도 감당할 수 있는 최고의 지역에 뿌리를 내리자. 실거주 만족도를 높이면서 추가 가격 상승분까지 취하고 단계적으로 자산을 늘려가는 최고의 투자 전략이다.

똘똘한 한 채로 시작하기

실거주 집이 그다지 똘똘하지 않다면, 더 좋은 입지의 아파트로 옮겨 타는 것도 좋은 방법이 될 수 있다. 똘똘한 실거주 집이 있고 투자금도 여유가 있다면, 다주택자가 될 결심을 해야 한다.

문제는 실거주 집도 똘똘하지 않은데 투자금의 여유도 없는 경우이다. 대출을 받아 실거주 만족도를 높이면서 깔고 앉은 집으로 상승분을 먹거나, 실거주는 포기하고 여유 자금을 만들어 투자를 하거나 양자 중 선택을 해야 한다. 투자 결과가 나오기 전까지는 둘 중 어느 쪽이 맞다고 할 수 없기에 선택은 오로지 본인의 몫이다.

나 역시 불타는 학구열로 의왕에서 벗어나 평촌으로 이사를 결심할 당시, 남편의 강한 반대에 부딪혔다. 산이 있어 공기 좋고 주차구역도 여유 있는 의왕에서 살고 싶은 남편과 아이의 미래를 위해 좀더 나은 교육 환경에 뿌리를 내리고 싶은 나의 욕구가 상이했다.

결국 무리한 대출을 받아야 하는 부담을 안고 이사를 감행했다. 평촌신도시를 몇 달 내내 돌아다니면서 수많은 집을 보았다. 학원가를 도보로 걸어다닐 수 있고 학군까지 생각하면 귀인중학교 학군인 아파트가 우선 고려 대상이었다. 생활 편의성도 고려해서 결국 선택한 것이 귀인마을 현대홈타운이었다. 그중에서도 로열동 로열라인을 선택해서 올수리를 한 후 이사했다. 당시 가장 비싼 가격에 매수했지만, 지금도 언제든 가장 비싼 가격에 매도할 수 있는 그때의 내가 옮겨 탈 수 있는 최선의 한 채였다.

주변 공급 물량의 여파로 매매나 전세 가격이 3개월 정도 휘청하는가 싶어 걱정을 해도 성수기인 방학 기간이 되면 다시 용수철처럼 가격이 튀어오른다. 투자자보다 실거주자가 많고 방학철이면 전세를 구하려는 대기 수요가 있는 아파트이다. 나 또한 2019년 인근 아파트로 이사를 나오면서 사상 최고가로 전세를 놓고 나왔다.

반면 내가 싸게 팔고 나온 의왕의 신축 아파트는 평촌의 아파트가 3억 원이 오르는 동안 5,000만 원밖에 오르지 않았다. 의왕의 아파트는 그 동네에는 없는 귀한 신축이라 인기는 있었으나, 세대수가 176세대로 적었고 학군이 받쳐주지 않았다.

평촌 1등 입지의 아파트에 사는 동안 나와 아이들은 많은 것을 누렸고 가격 상승분은 대출금을 갚고도 남는다. 실거주 만족도와 가격 상승분을 먹고 단계적으로 갈아 타기 전략의 최고봉이라고 할 수 있다.

아이들을 키우기 좋은 환경을 선택하고 이왕이면 편의성이 우수한 아파트의 로열동 로열라인을 사두면 이후 팔 때도 좋은 가격을 받을 수 있으리라는 판단이 적중했다.

• 두 아파트의 가격 변동 그래프 •

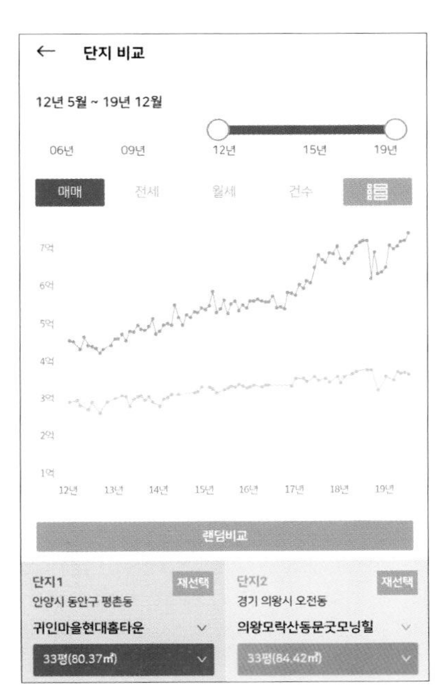

(출처: 아파트 실거래가 앱)

투자처를 결정한 후 자금을 마련하라

다주택자를 꿈꾸는 이들에게 가장 중요한 포인트는 투자금이다. 당장 주머니에 얼마가 있느냐에 따라 서울·수도권의 똘똘한 한 채를 살 것인가, 수도권과 지방을 오가며 소액 전세 레버리지 투자를 할 것인가를 결정한다. 이는 투자 지역을 선택하는 기준이자 선택한 투자 지역 내에서 1급지를 선택할 것인지, 2급지 내지 3급지를 선택할 것인지에 대한 기준도 된다.

한 채를 팔지 않고 오래 가져갈 것인지, 2년 또는 4년마다 현금 흐름이 필요한 투자를 할 것인지도 결정해야 한다. 주머니 사정에 따라 달걀을 한 바구니에 담을 것인지 나누어 담을 것인지도 생각해야 한다.

태생부터 타고난 부자들이라면 부동산 공부를 열심히 할 필요가 없다. 서울의 핵심 지역에 가서 사고 싶은 물건을 골라서 사면 된다. 우리가 공부를 해야겠다고 마음먹은 이유는 내 통장에는 그런 큰돈이 없기 때문일 것이다. 거액 투자자보다 적은 투자금으로 소액이라도 벌어서 작은 여유를 누려보려 부동산 투자를 시작하는 사람이 훨씬 더 많다.

"통장에 2,000만 원밖에 없어요. 투자할 만한 곳이 있을까요?" 그간 이런 질문들을 숱하게 받았다. 2,000만 원을 들여서 1,000만 원이라도 벌 수 있다면, 지방 아니라 지도 끝이라도 왜 못 가겠는가. 나 역시 그렇게 시작했기 때문에 그 간절함을 너무도 잘 안다.

투자금을 마련하기 위해서 미리 대출을 받는 사람들에게 당부하고 싶다. 실패하지 않는 투자를 하기 위해서는 자금을 마련하고 투자처를 찾기보다 확실한 투자처를 찾은 후에 자금을 마련해야 한다. 돈을 쥐고 있으면 당장 무엇이라도 사야 될 것 같아 판단이 흐려질 수 있다. 열심히 발품을 팔아서 발견한 투자처는 한번 더 고심하게 된다. 정말 투자해도 되는 물건인가? 최종적으로 확신이 서면 없던 돈도 만들게 된다.

경제적 여유를 꿈꾸는 많은 이들이 어렵게 마련한 적은 자금으로 큰 수익을 내기 위해 부동산 공부에 매진하고 있다. 적은 돈으로 시작하는 사람들도 실패하지 않고 그 돈을 굴려 조금씩 파이를 키워가면서 미래에 대한 희망을 가질 수 있다.

시작은 소액이지만, 소액으로 뿌려놓은 씨앗들이 풍년이 들어 해가 갈수록 커지는 열매를 수확하여 한 단계씩 서울 중심부로의 진입도 충분히 가능하다.

공부하고, 네트워킹하고, 실행하라

부동산 투자를 시작하기 전 나의 재정 상태를 파악했다면, 이제 기초 공사를 시작해야 한다. 부동산 공부, 제대로 한번 해보겠다는 마인드 컨트롤을 시작으로 기초 지식을 쌓을 수 있는 독서, 수준에 맞는 강의, 그리고 혼자보다 함께할 수 있는 네트워크를 쌓는 것 등의 방법이 있다.

최고의 조언자는 책이다. 해마다 수많은 부동산 투자서들이 출간된다. 책은 읽으면 읽을수록 피와 살이 되므로 가능한 많이 읽어보는 것이 좋으나, 우선 기본기를 확실하게 닦을 수 있는 쉬운 투자서부터 시작해보자. 읽다보면 동기 부여도 되고, 궁금한 부분은 추후 보강하면 된다. 기본기를 책으로 닦은 후 부동산 투자 항목별로 다양한 책을 접해보자.

전세 레버리지 투자, 분양권, 재개발, 재건축, 경공매, 상가, 토지, 꼬마빌딩 투자서까지 수많은 양질의 도서들이 있다. 나 역시 이런 책들을 읽으면서 투자 공부를 시작했다. 책을 읽는 동안 '이런 원리였구나, 나도 이런 방법으로 시작해봐야겠구나' 하는 의지가 불끈 솟았다. 어쩌면 '이 책을 빨리 읽었더라면, 조금 더 일찍 부의 추월차선에 올라탔더라면' 하는 후회도 들 것이다.

지금도 결코 늦지 않았다. 우리는 백 세 시대를 준비해야 하니까. 열심히 책을 읽다 보면, 본격적으로 부동산 공부를 시작해봐야겠다는 생각까지 이어질 것이다. 막연하게만 느껴졌던 부동산 투자가 노후를 보장해주리라는 확신도 들 것이다.

독서 다음으로 좋은 방법은 빠른 시간에 지식 습득이 가능한 부동산 강의를 수강하는 것이다. 기초를 닦아줄 수 있는 강의면 더욱 좋다. 초보 시절에는 어떤 강의가 내게 맞는 강의인지 몰라서 무작정 듣다 보니 일 년 수강료만도 만만치 않았다. 시간이 아까울 정도로 형편없는 강의도 있었고, 너무 어려워서 무슨 말인지 도무지 모르겠던 강의도 있었다.

내 수준도 모른 채 단시일 내 빠르게 지식을 습득하고자 욕심을 부린 탓이었다. 성급히 실전으로 들어가는 강의보다 한 단계씩 기초를 탄탄히 다질 수 있는 강의부터 시작하는 것이 좋다. 물론, 강의를 듣는 것으로만 끝나서는 절대 안 된다. 들은 내용을 실행에 옮기는 과정이 매우 중요하다.

강의를 듣는 데는 비용과 시간이 꽤 많이 든다. 우려하는 것 중 하

수준에 맞는 강의 찾기

부동산 기초 강의(초급 과정)

부동산 가격이 언제 오르고 하락하는지 가격 변동의 원리를 이해해야 한다. 그래야만 언제 사서 언제 팔아야 하는지 타이밍 투자가 가능하다. 또한 주기적으로 체크해야 하는 데이터들은 무엇인지, 지역 공부를 위해 임장을 나갈 경우 어떤 방법으로 해야 하는지, 부동산에 가서 무엇을 물어봐야 하는지, 어떤 아파트를 골라야 하며 어떻게 물건을 사고파는지 등을 먼저 배워야 한다. 이런 내용이 포함되어 있는 부동산 기초 강의를 듣고 실전 투자에 임해야 실패를 줄일 수 있다.

지역분석 강의(중급 과정)

기초 공부를 마쳤다면, 세부적으로 지역분석을 하는 수업도 도전해보자. 부동산 가격을 결정하는 가장 중요한 요소인 입지를 분석하고 투자할 지역과 아파트를 고르는 능력을 키우는 수업이다. 내가 잘 아는 지역이 많지 않다면 투자를 하는 데 있어서 시야가 좁을 수밖에 없다. 경매, 분양권, 재개발 및 재건축 투자의 기본 바탕에도 지역분석은 필수다.
지역분석 수업은 물고기를 잡기 위해 어느 지역으로 가야 하는지, 어떤 물고기를 잡을 것인지를 배우는 과정이다. 당장 대한민국 전체를 다 가볼 수 없으니 시간과 돈을 들여 지식과 정보를 얻는 수업이라고 할 수 있다. 비싼 수강료를 헛되이 쓰지 않으려면 반드시 수업 후에 현장에 가봐야 하는 수고로움도 필요하다.

세분화된 부동산 강의(고급 과정)

그다음은 전문 분야로 나아가는 고급 코스라고 할 수 있다. 기초도 다졌고 지역 공부도 어느 정도 되었다면 종목을 선택해야 한다. 최근 핫한 분양권, 재개발 및 재건축, 토지, 상가, 경매, 전세 레버리지 투자 등 자신의 상황과 자금에 맞는 강의를 선택하면 된다. 시중에 관련 책들도 많이 나와 있으니, 책으로 먼저 지식을 익히고 강의를 듣는다면 좀더 알아듣기 쉬울 것이다.

나는, 너무 많은 강의를 들으러 다니는 강의 중독자들이다. 이들은 돈도 시간도 많은 사람들일까? 과연 그 많은 내용을 소화할 수는 있을까?

강의를 많이 듣는다고 해서 실력이 쑥쑥 올라가지는 않는다. '아무것도 하지 않으니 강의라도 들어야겠다'는 빌미로 불안함과 안일함을 감출 뿐이다. 기초를 다지고 방법론을 배웠다면, 그다음은 실천이 뒤따라야 한다.

빠른 성과를 거둘 수 있었던 가장 큰 이유는 많은 강의를 들어서가 아니라, 강의를 듣고 내 것으로 만들기 위해 들인 노력이 있었기 때문이다.

비싼 강의료의 몇 만 배 이상의 수익을 내기 위해서는 반드시 행동으로 옮겨야 한다. 강의를 많이 듣는 것보다 하나를 듣더라도 내 것으로 만들어야 시간과 비용을 들인 만큼의 성과를 거둘 수 있다는 걸 꼭 기억하자.

모의투자

부동산 투자서도 읽고 강의도 들어보았으나, 여러 가지 이유로 당장 투자를 실행에 옮기지 못할 수 있다. 투자금이 없을 수도, 실전투자를 할 만한 자신감이 없을 수도, 원하는 지역의 타이밍이 맞지 않을 수도 있다.
이런 경우 모의투자를 해보는 것도 좋은 방법이다. 지역을 선별하고 실제로 다녀온 후, 관심 가는 아파트를 정한다. 부동산에 나온 여러 매물들을 직접 보고 선택하고 흥정까지도 해본다. 실제 내가 그 물건을 샀다는 가정하에, 가격 변화를 매일 주시하고 매도 타이밍까지 잡아보는 것이다.
물론 모의투자보다 더 좋은 방법은 소액으로 내가 잘 아는 지역에 직접 투자해보는 것이다. 즉, 적은 돈으로 투자 경험을 사는 것인데 내 투자금이 들어간 지역이라면 저절로 공부가 된다.

아파트
소액 투자의 원칙

돈을 벌고 싶은 마음은 간절하나, 투자 종목을 고민하는 사람들이 많다. 여기저기 흘러다니는 검증되지 않은 정보들이나 분양 홍보팀의 브리핑을 듣는 순간, 돈이 될 것 같다는 착각에 블랙홀처럼 빨려들어 머지않은 시일 내 후회하게 될 선택을 하는 사람도 많다. 이런 유혹에 빠지지 않기 위해선 원칙을 하나 세워두면 된다. '잘 모르면 절대 시작하지 않는다.'

오피스텔, 상가, 지식정보타운, 타운하우스, 토지 등 귀를 팔랑거리게 하는 다양한 자산 항목들이 있으나, 나는 결코 다른 항목에 관심을 두지 않는다. 제대로 알지도 못하면서 이곳저곳을 기웃거리다 오히려 돈을 잃게 될까 두렵기 때문이다.

아파트 한 종목만 열심히 투자해도 경제적 자유를 얻기에 부족함이 없다. 큰돈을 들이지 않고도 단기간에 수익률을 낼 수 있으니 적은 투자금으로 자산을 조금씩이라도 늘려보려는 사람들에게 가장 안전한 방법이다.

최소 투자금으로 최대 효과 거두기

내가 주로 투자하는 방식은 아파트 전세 레버리지 투자다. 전세 레버리지 투자란 집값과 전세금 차이가 작은 아파트를 대출 없이 세입자의 전세 보증금과 약간의 차액금을 주고 집을 사는 방식이다. 집을 살 때 나는 10%의 계약금만 준비하고 세입자의 전세금을 받아 나머지 잔금을 치른다.

집을 살 때는 계약금, 중도금(매도자와 매수자의 합의에 따라 줄 수도 안 줄 수도 있다), 잔금 순서로 돈이 필요하다. 우선 10%의 계약금만 준비하고 중도금은 없는 조건으로 계약서를 작성한다. 잔금일은 보통 2~3개월 뒤로 잡는다.

매도자와 매수 계약서를 작성한 후에 해당 아파트에 들어올 전세입자를 구하는 광고를 부동산 중개소에 낸다. 세입자가 구해지면 세입자가 이사 들어오는 날짜로 잔금일이 확정된다. 물론 매수 계약서에 합의된 잔금 날짜에 맞는 세입자를 구하기도 한다.

세입자의 선택에 따라, 아직 등기부상의 집주인인 매도자와 세입자가 전세 계약서를 쓰면, 전세 계약금은 자동으로 중도금이 된다. 세입자와 매수자(나)가 직접 전세 계약서를 쓰는 경우에는, 세입자에게 받은 전세 계약금은 보관했다가 잔금 날 보태서 매도 잔금을 하면 된다.

잔금 날이 되면 매도자, 매수자(나), 세입자 세 명이 동시에 만난다. 나는 세입자의 전세 보증금을 받아서 잔금을 매도자에게 건넨다. 그렇게 집을 살 수 있다. 세입자의 전세 보증금을 받아서 잔금을 치르기 때문에 대출이 전혀 필요 없는 투자 방식이다.

이렇게 전세를 끼고 집을 매수한 후, 2년의 세월이 흐르면 전세 만기가 돌아온다. 그럼 집을 팔 것인지, 2년 더 전세를 놓아 총 4년을 보유할 것인지를 결정해야 한다.

집을 매도할 계획이라면 전세 만기 3개월 전에 세입자에게 먼저 매도 의사를 전달하고 부동산에 매물을 내놓는다. 집을 사겠다는 사람이 나타나면 세입자와 이사 날짜를 맞춘 후 잔금 날짜를 정하고 매도 계약서를 쓴다. 매도 잔금 날, 매수자에게 돈을 받아 전세 보증금을 주면 나머지 차액은 투자 수익이 되는 시스템이다.

소액으로 부동산 투자를 시작한 나는 어떻게든 한 채당 들어가는 투자금을 최소화하려고 노력했다. 그러다 보니 자연스레 적은 투자금으로 높은 수익률을 낼 수 있는 지역을 찾아다녔다. 나는 한 채당 투자금 최대 3,000만 원을 넘기지 않겠다는 원칙을 세웠다. 이 원칙

실전 예시

매매가 3억 원인 아파트를 살 경우, 10%인 3,000만 원의 계약금을 매도자에게 주고 매매 계약서를 쓴다. 그리고 2억 7,000만 원 전세로 이사 들어올 세입자를 구한다. 세입자가 구해지면 역시 전세 보증금의 10%인 2,700만 원을 먼저 계약금으로 받는다.

잔금 날, 세입자에게 나머지 2억 4,300만 원을 받아 매도자에게 주면 나는 3억 원짜리 집을 3,000만 원의 계약금만으로 살 수 있다. 대출을 받을 필요 없이 세입자의 전세 보증금을 이용함으로써 집값과 전세 가격의 차액만큼만 돈이 있으면 가능한 투자 방식이다.

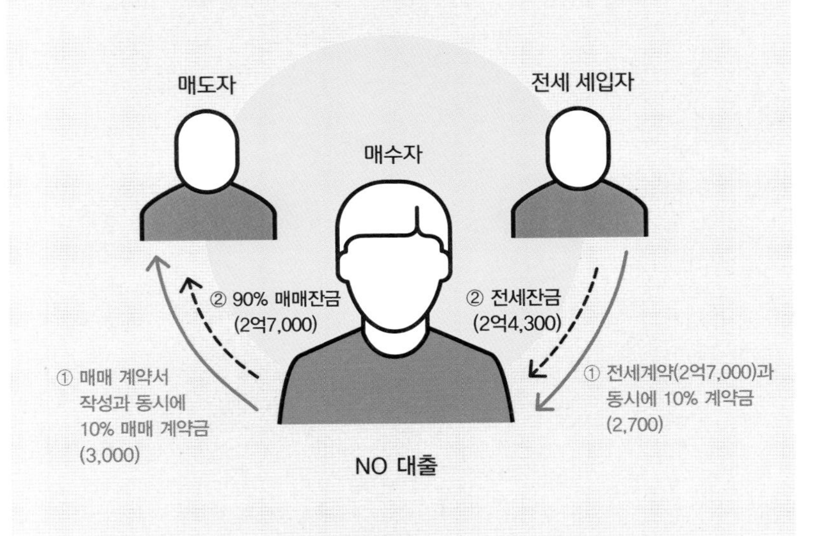

을 지키고자 매매 가격 대 전세 가격의 갭이 작은 아파트를 찾아다니느라 전국을 누비고 다녔다.

소액 투자도 조건이 붙는다

2014년은 부동산 투자에 있어 그야말로 황금 타이밍이었다. 서울과 수도권에 1,000만 원으로 살 수 있는 아파트들이 너무 많았다. 단지 투자할 돈이 없을 뿐이었다.

예를 들어 서울 강서구 방화동의 20평대 아파트를 1,000만 원의 갭 차이로 살 수 있었다. 비록 오래된 아파트였으나, 마곡지구와 경계를 두고 있고 5호선과 9호선을 동시에 이용할 수 있는 좋은 입지였다. 이 아파트는 내가 산 가격에서 1억 5,000만 원이 올랐다.

이어 2015년 서울 노원구 공릉동 6호선 역세권의 24평 아파트를 1,500만 원을 들여 매입했다. 2년을 보유한 후 7,000만 원의 시세 차익을 남기고 매도했다. 솔직히 더 보유하고 싶은 마음이 컸으나, 2017년 8·2 대책 발표 후 조정 지역이 되면서 추가 이익이 발생하더라도 양도세 중과에 대한 부담이 너무 커졌다. 당시 나는 2년마다 현금 흐름을 중요하게 생각했기에 양도세 중과가 무서워 팔지도 못할 아파트를 오래 보유할 이유가 없었다.

물론 지금까지 보유하고 있었다면 1억 원 이상의 시세 차익을 얻을 수 있었을 텐데 그건 내 몫이 아니라고 생각한다. 대신 회수한 자금으로 다른 지역의 아파트를 두 채 추가로 매수했기 때문에 수익률로 보면 잘못된 판단은 아니었다.

이는 서울만의 상황이 아니었다. 평촌신도시의 38평 아파트를 2,000만 원을 들여 매입했다. 세대수가 적기는 했으나, 대형 아파트 밀집 지역이고 평촌의 귀인중학교 학군이었다. 당시 주변의 시세 대비 저평가되어 있다는 판단이 들어 큰 고민 없이 매수를 결심했다.

6,000만 원이라는 양도 차익을 남기고 팔았으나, 팔자마자 1억 원이나 급상승하는 것을 보고 며칠 잠을 못 이루기도 했다. 인근 대형 아파트들이 크게 오르자 그동안 저평가 받아온 이 아파트는 수직 상승으로 키 맞추기를 했다. 좋은 경험이자 뼈아픈 공부가 된 아파트였다.

서울과 수도권뿐만 아니라 지방으로도 열심히 내려갔다. 익산, 광양, 여수, 순천, 대구, 대전, 천안, 아산 등 2,000만 원 미만으로 살 수 있는 집들이 수많았다. 심지어 매수한 아파트 가격보다 전세금을 더 높게 받은 덕분에 투자금이 전혀 들어가지 않은 경우도 있었다.

전국을 누비며 소액으로 접근이 가능한 아파트들을 찾는 일이 내겐 즐겁기만 하다. 보는 눈도 브레이크도 없었던 초보 시절에는 무조건 소액 투자가 목표였으나, 한 단계 실력이 성숙해진 지금은 전제 조건이 많이 붙는다. 기본은 소액 투자이고 그다음 조건은 소액으로 가능한 똘똘한 신축 아파트 내지 우수한 입지를 가진 구축 아파트이다.

세상에 공짜는 없듯이, 소액 투자처를 찾기 위한 노력을 게을리하지 않는다면 적은 투자금으로도 자산을 한 단계씩 늘려가며 부의 추월차원에 올라탈 수 있다.

눈앞의 월세 수익에 목매지 마라

매달 고정 수입이 필요하다는 이유로 많은 사람들이 월세 투자의 유혹에 빠진다. 나도 경매로 부동산 투자를 시작했던 초반에는 고정 수입을 창출하기 위해 월세를 3개나 세팅했었다.

월세 투자하기 좋은 물건의 기준은 매매 가격이 낮아서 대출을 받고도 투자금이 적게 들어가는 소형 아파트다. 그러나 이런 물건의 단점은 매매 가격의 오름폭 역시 중대형에 비해 매우 작다는 것이다. 또한 최근 부동산 규제로 대출 받기가 힘든 상황에서 월세 수익을 위해 대출을 받고 나면 정작 중요한 물건을 사야 할 때, 대출을 이용하지 못하게 될 수도 있다.

원금과 이자를 함께 상환해야 하는 조건으로 대출이 진행되다 보니(거치기간 제한), 월세를 받아 이자를 내면 남는 수익은 적어진다. 소액 전세 레버리지 투자를 지향하는 나로서는 투자금도 많이 들어가고 대출도 받아야 하고 2년을 보유해도 오름폭이 작은 소형 아파트를 월세 투자할 이유가 없어졌다.

인천 연수구 역세권에 1억 원 초반의 21평 아파트를 경매로 낙찰받은 적이 있다. 수인선과 인천1호선 더블 역세권인 원인재역과 바로 길 건너 인천 남동공단이 있어서 월세가 잘 나가는 아파트였다. 대출을 1억 원 받고 보증금 1,000만 원에 월세 55만 원으로 세팅을 완료했다. 투자금은 총 3,000만 원이 들어갔다. 대출 이자를 내고도 한 달에 30만 원이라는 이익이 났다.

월세 투자에 재미를 붙인 나는 이후 인천 연수구 옥련동 송도역 인근 아파트를 한 채 낙찰 받아 투자금 3,000만 원을 들여 보증금 2,000만 원에 월세 60만 원으로 세팅했다. 옥련동 역시 송도국제도시와 가깝고 공단이 인접해 있어서 월세 수요가 꾸준한 곳이었다.

이렇게 비슷한 아파트 3채를 경매로 낙찰 받아 모두 월세로 세팅하고 나니 월 100만 원가량의 수익이 났다. 하지만 문제 없던 월세 수입은 문재인 정부 출범 이후 대출 규제로 삐그덕거리기 시작했다. 그동안 이자만 내오다가 이제 원금과 이자를 함께 내야 하는 상황이 벌어졌다. 또한 월세 수입이 바로 신고가 되어버리니 2019년부터 임대소득 2,000만 원 이하도 임대소득세 과세대상이 되었다. 즉 득보다는 실이 많다.

원금과 이자를 납부하고 나니 월 9만 원 정도가 남는다. 투자금 대비 수익률이 급격히 떨어졌다. 그래서 월세 만기가 돌아오자 정리할 물건들은 정리하고 월세에서 전세로 전환하면서 투자금을 전부 회수했다.

월세의 장점은 고정 수입이다. 대출을 최대한 받고 월세 보증금을 받고 나면 나머지는 내 돈이 들어가야 한다. 투자금 대비 높은 수익률을 얻으려면 아파트 가격이 1억 원 미만이거나 최소 1억 원 초반의 소형이어야 한다.

그런데 이런 아파트를 고르다 보면 아무래도 집값이 싼 수도권 외곽이나 지방에서도 오래된 구축 내지 월세가 잘 나가는 공업 지역으로 가야 한다. 여기서 다음과 같은 문제가 발생한다.

첫째, 저렴한 아파트들은 대부분 20년 이상 된 구축이거나 입지가 좋지 않다. 둘째, 실수요자보다 전월세 수요가 많다 보니 시세 상승이 제한적이다. 셋째, 투자금 대비 수익률이 높지 않다.

앞서 언급한 인천 연수구의 21평 아파트는 1억 3,500만 원에 매수했고, 4년을 보유한 뒤 1억 4,500만 원에 어렵게 매도했다. 원래 계획은 2년만 보유하려 했으나, 쉽게 팔리지 않아 어쩔 수 없이 4년을 갖고 있었다.

내가 이 아파트에 처음 투자한 금액은 수리비까지 포함해 3,000만 원이었다. 2014년 서울 및 수도권에 이보다 좋은 투자처들이 무수히 많았는데 월세 수익만 바라보고 인천의 구도심에 3,000만 원을 묻었으니 결국 손해 보는 장사였다. 정리하면 다음과 같다.

- 최초 2년: 투자금 3,000만 원, 월세 수익 연 360만 원(투자 수익률 12%)
- 두 번째 2년: 전세 보증금 1억 4,500만 원으로 전환
- 4년 보유 후 매도: 양도 차익 300만 원(등기비, 수리비, 중개료, 양도세 등을 제하니 양도 차익은 300만 원으로 매우 적었다)

4년 동안 3,000만 원을 투자해 비용 공제 전 총 1,000만 원의 이익을 냈다. 하지만 여기서 보유한 4년 동안 납부한 재산세와 종부세 비용은 계산에 넣지도 않았다. 차라리 처음부터 전세 투자를 했다면 수익률이 훨씬 더 좋았을 것이다.

같은 시기 인천의 24평 아파트를 경매로 낙찰 받아 처음부터 전

세 투자로 세팅한 후 2년 후 바로 매도를 했다. 이 경우 수익은 다음과 같다.

- 낙찰 가격: 1억 4,000만 원
- 전세 보증금: 1억 2,000만 원(투자금 2,000만 원)
- 2년 뒤 매도: 1억 7,000만 원(양도 차익 3,000만 원, 투자 수익률 150%)

월세의 유혹에 빠져 입지도 약한 낡은 소형 아파트를 사 모아서 장기 보유하는 투자에 올인하지 않았으면 한다. 공실이 날 수도 있고 언젠가는 팔아야 하는 때가 온다. 낡은 데다 입지도 약해서, 도저히 팔리지 않는 아파트가 되면 그동안 빼먹은 곶감은 곶감이 아니라 내 피와 살이었다는 것을 깨닫게 될 것이다.

소액 투자를 강조하는 이유는 수익률을 최대화하기 위해서이다. 투자금을 최소화하여 전세 2년간 상황을 봐가면서 시의적절하고 신속하게 투자의 한 사이클을 돌리는 전략이 필요하다.

굳이 매달 고정 수입이 필요하다면, 전세 투자로 매수해 2년만 보유하고 매도로 얻을 양도 차익을 월 단위로 나누어 쓴다고 생각하자. 매월 통장에 돈이 들어오는 작은 달콤함이냐, 미래의 목돈이냐의 차이다. 첫 매수 후 2년만 버티면 가능한 일이다.

지역 선별에 필요한 절대적 데이터

부동산 투자를 하면서 주기적으로 확인해야 하는 빅데이터는 무수히 많다. 하지만 책상에 앉아서 데이터만 보느라 현장의 흐름을 놓치는 일은 없어야 한다. 그런 우를 범하기보단 중점적으로 볼 빅데이터를 몇 가지만 정해두고 활용하는 편이 낫다.

사실 나는 문과적 성향이 강한 사람이라 빅데이터 의존율이 낮은 편이다. 그럼에도 불구하고 아파트 소액 투자를 위해서 반드시 손안에 넣고 매일 확인하는 빅데이터가 있다. 바로 아파트 공급 물량이다.

아파트 가격, 수요와 공급이 답이다

학창시절 사회 수업시간에 배웠던 수요와 공급 곡선을 떠올려보자. 물건의 가격을 결정하는 간단한 원리가 수요와 공급이다. 수요는 많은데 공급이 부족하면 가격이 오르고, 반대로 수요는 한정적인데 공급이 넘쳐나면 가격은 하락할 수밖에 없다.

그렇다면 주택 수요는 어떻게 예측할 수 있을까? 솔직히 말하자면, 수요를 정확히 예측하기란 불가능하다. 사람의 심리가 작용하는 수요를 어떻게 정확한 수치로 계산할 수 있을까. 그러나 다행히도 데이터를 분석하는 일을 하는 사람들에겐 통계가 있다.

일 년간 지역마다 멸실되는 주택수가 있고, 결혼, 이혼, 독립을 위한 세대 분리도 이루어진다. 이 수요층들이 아파트나 빌라, 원룸 등으로 나누어지고 전세, 월세, 매매로도 나누어지니, 70% 정도를 아파트 수요로 추정해서 나온 통계치가 대략 그 도시 전체 인구수의 0.5% 수준이라고 한다.

매년 아파트 수요를 대략적으로 가늠해볼 수 있는 기본 데이터는 지역별 인구수다. 인구수가 많은 광역시는 일자리도 많고 소비 수준도 높다 보니 인구수의 0.5%가 넘는 수요가 필요하다고 보고 인구수 30만 명 이하의 도시들은 수요가 이보다 더 적을 수도 있다.

해당 도시의 인구수에 0.5%를 곱한 숫자를 그 지역에 1년 동안 필요한 주택 수요로 추정한다. 해당 연도에 입주 물량(공급)이 그 수치보다 많으면 공급 과잉이라 보고, 적으면 공급 부족으로 파악하는 것이다.

다음 표를 참고하면 우리나라 주요 도시의 인구수를 알 수 있다.

• 대한민국 주요 도시 인구수 •

서울	1,000만	경기	수원시	120만	강원	춘천시	28만	경북	포항시	52만
부산	350만		성남시	100만		원주시	35만		경주시	26만
인천	300만		고양시	100만		강릉시	20만		구미시	42만
대구	250만		용인시	100만	충북	청주시	84만		경산시	26만
광주	150만		부천시	85만		충주시	20만	경남	창원시	100만
대전	150만		의정부시	45만	충남	천안시	65만		진주시	35만
울산	120만		안양시	60만		아산시	32만		김해시	54만
세종	35만		광명시	35만	전북	전주시	65만		거제시	25만
제주	67만		평택시	50만		군산시	28만		양산시	35만
			안산시	70만		익산시	30만			
			남양주시	70만	전남	목포시	25만			
			시흥시	50만		여수시	30만			
			화성시	80만		순천시	28만			
						광양시	16만			

인구수를 자세히 알아보려면

인구수에 대한 좀더 자세한 자료를 얻고 싶다면, 다음 사이트를 참고하면 된다. KOSIS 국가 통계 포털(http://kosis.kr)에 접속해 '인구, 가구 → 주민등록인구현황 → 행정구역(시군구)별, 성별 인구수' 카테고리를 살펴보라.

충청북도 청주시를 예로 들어보자. 청주시의 인구수는 대략 84만 명에 0.5%를 곱하면 연간 적정 수요량은 4,200세대 정도로 추정된다. 2018년부터 2020년까지 적정 수량의 두세 배 이상의 입주가 기다리고 있고, 2021년에도 적정 수준의 입주 물량이 대기 중이다.

구축 아파트들은 기본적으로 3,000~4,000만 원씩 떨어진 상태이고 역전세까지 우려되고 있다. 신규 아파트가 계속 입주하고 있으니, 신축을 찾아 이동하는 수요를 막을 수는 없다. 이 수치만 알고 있었다면, 갭이 작다고 2017~2018년 청주 시장을 추천했을 때 몇 채씩 사오지는 않았을 것이다.

• 청주시 공급 물량 추이 •

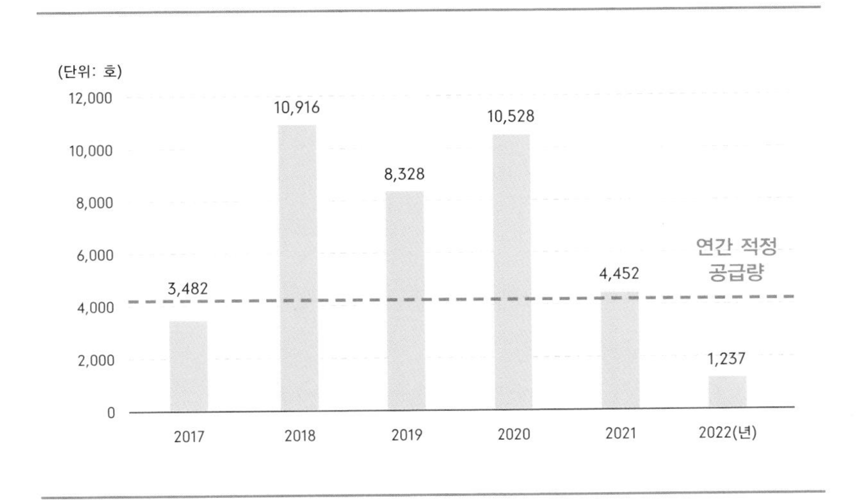

공급 물량을 철저히 분석하라

많은 인터넷 포털 사이트들이 전국의 아파트 분양 정보를 제공한다. 어느 지역에, 어떤 아파트가, 몇 가구나 지어지는지, 언제 완공되고 입주가 시작되는지, 분양 가격은 얼마인지 등을 상세하게 알려준다. 부동산114, 닥터아파트, 네이버 부동산 등을 참고하면 된다.

분양을 하면 세대수에 따라 공사기간 2~3년 정도 지나면 새 아파트에 입주한다. 새 아파트가 많이 들어서면 장기적으로 지역이 발전하지만, 단기적으로는 인근 아파트 가격이 하락한다. 집중적으로 입주가 시작되면 실수요자만으로 채울 수 없기 때문에 투자자들의 전세 물량이 쏟아져 나온다. 전세 물량이 많아지니 가격 경쟁력이 떨어지고 인근 구축의 전세 가격도 동반 하락한다.

이러한 입주 폭탄은 내가 처한 상황에 따라 위기 또는 기회가 될 수 있다. 이런 환경을 이용해서 주변 구축이나 신축 아파트 분양권을 싸게 살 수 있는 기회를 얻을 수도 있고, 반대로 이때 집을 매도하려고 내놓거나 전세입자를 구하려면 힘든 시기를 보내야 할 수도 있다.

서울은 여전히 공급이 부족한 지역이기에 서울만을 고집한다면 상관없겠지만, 전국을 무대로 투자처를 찾을 때 반드시 필요한 데이터가 전국의 입주 물량이다. 요즘은 공급 물량을 실시간으로 보여주는 무료 데이터 서비스를 제공하는 사이트들도 많다.

물론 부동산 시장의 원리를 수요와 공급으로만 단정 짓기는 힘들다. 연일 발표되는 부동산 규제 정책과 자금 유동성, 대형 호재들로 인해 예상을 뛰어넘는 가격 변동이 매우 심하게 이루어지는 시장이다. 여러 가지 변수들에 단기적으로 영향을 받는 것은 당연하나, 기본 바탕에는 수요와 공급의 원리가 깔려 있음을 기억해야 한다.

지역별로 언제 어떻게 아파트 공급이 이루어지는지를 파악하고 있어야만 임장지를 선별하는 과정에서 당장 어느 지역을 가야 하는지, 어느 지역을 시간을 두고 천천히 가도 되는지를 알 수 있다. 또한 집을 매수할 때 반드시 따져봐야 하는 것이 '이 집을 언제 팔 것인가'이다. 매도 시점의 시장 상황을 공급 물량으로 어느 정도 예측한 후에 매수 타이밍을 잡아야 한다.

현명한 결정을 내리려면 공급 물량 데이터를 철저히 분석해야 한다. 전국을 상세하게 월별로 꿰뚫어볼 수 있는 빅데이터가 내 손안에 있다면 얼마나 든든할까.

주기적인 데이터 축적이 자산이다

몇 년 전부터 여러 부동산 강의에서 공급 물량이 시장에 미치는 영향이 얼마나 큰지를 깨닫고 직접 매달 공급 물량을 업데이트하리라 다짐했다. 방대한 양을 엑셀에 한 줄 한 줄 입력하여 나만의 데이터를 만들기란 결코 쉬운 일이 아니었다. 매주 임장을 나가는 것만큼 큰 의지가 필요했다.

처음에는 엄두가 나지 않아서 관련 강의를 듣고 백데이터를 받은 후에 그달부터 꾸준하게 입력하기 시작했다. 스스로에게 주는 경고음이 매주 금요일 밤 10시, 핸드폰에서 울린다. 포털 사이트에 들어가서 매주 분양된 아파트 정보를 한 땀 한 땀 나의 공급 물량 엑셀 파일에 옮겼다.

시작이 힘들뿐 습관이 되면 엑셀에 한 줄 한 줄 입력하는 데 채 1시간이 걸리지 않는다. 나만의 데이터를 만들어가는 뿌듯함과 그 데이터를 분석하면서 전국을 상대로 투자 지역을 찾는 재미를 직접 느껴보길 바란다.

그렇게 만들어낸 나만의 빅데이터. 이제 이 자료 없이는 투자를 생각할 수도 없거니와, 매주 전국을 훑어보면서 다음, 그다음 임장 지역을 선별한다. 소중한 보물인 동시에 전국을 내 손안에 올려놓을 수 있는 최고의 지침서이다.

직접 데이터를 입력할 시간이 없다면, 부동산지인 사이트의 서비스를 이용해서 일주일에 한 시간씩 공급 물량을 보는 습관을 들인다

공급 물량 데이터를 확인할 수 있는 곳

부동산지인 https://www.aptgin.com/

호갱노노 https://hogangnono.com/

아파트 실거래가 앱(아실)

면 돈의 흐름이 보일 것이다.

공급 물량 데이터를 '완전 처음부터 만들어야지' 하고 시작한다면 완성해내기 쉽지 않다. 몇 년치의 과거 데이터뿐 아니라, 향후 입주할 아파트까지 다 입력하려면 일주일 이상을 책상에 앉아 있어도 못할 작업이다. 나 역시 공급 물량 관련 수업을 듣고 백데이터를 받은 후 시작할 수 있었다.

공급 물량 데이터 만들기

나만의 공급 물량 데이터를 만들 때 포함시켜야 할 조건은 다음

• 신규 입주 아파트 현황 •

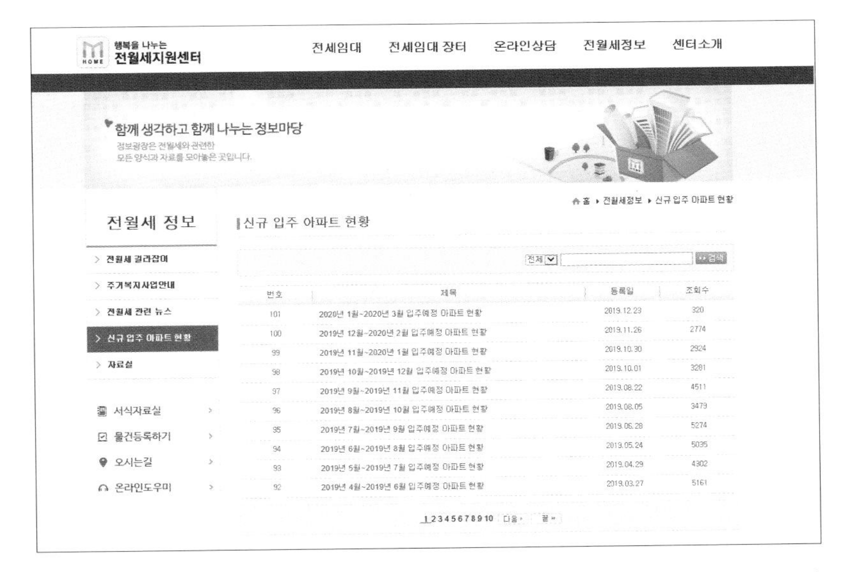

번호	제목	등록일	조회수
101	2020년 1월~2020년 3월 입주예정 아파트 현황	2019.12.23	320
100	2019년 12월~2020년 2월 입주예정 아파트 현황	2019.11.26	2774
99	2019년 11월~2020년 1월 입주예정 아파트 현황	2019.10.30	2924
98	2019년 10월~2019년 12월 입주예정 아파트 현황	2019.10.01	3281
97	2019년 9월~2019년 11월 입주예정 아파트 현황	2019.08.22	4511
96	2019년 8월~2019년 10월 입주예정 아파트 현황	2019.08.05	3479
95	2019년 7월~2019년 9월 입주예정 아파트 현황	2019.06.28	5274
94	2019년 6월~2019년 8월 입주예정 아파트 현황	2019.05.24	5035
93	2019년 5월~2019년 7월 입주예정 아파트 현황	2019.04.29	4302
92	2019년 4월~2019년 6월 입주예정 아파트 현황	2019.03.27	5161

(출처: 전월세지원센터)

세 가지이다. 이 조건을 엑셀 파일에 입력해보자.

- 첫째, 과거에 분양해서 현재 입주가 이루어진 아파트
- 둘째, 과거에 분양해서 아직 공사 중인 아파트
- 셋째, 현재 분양해서 앞으로 입주 예정인 아파트

첫 번째 조건은 전월세지원센터(http://jeonse.lh.or.kr/)의 신규 입주 아파트 현황에서 확인할 수 있다. 이미 2~3년 전에 분양을 해서 이번 달부터 입주를 시작한 아파트 리스트들을 볼 수 있다. 매달 입주가 진행되는 전국 아파트 리스트이니 엄청난 양의 데이터를 입력해야 하는 수고로움이 필요하다.

두 번째 조건은 분양 정보 사이트에서 오늘 이전 날짜에 분양해서 아직 입주가 되지 않은 아파트 분양 정보를 엑셀에 옮기는 것이다. 공사가 진행 중인 전국의 아파트를 찾아서 넣어야 하니 이 또한 양이 방대할 수밖에 없다.

세 번째 조건부터는 부지런함과 꾸준함을 유지한다면 내 손에 넣을 수 있는 데이터이다. 지인에게 구할 수도 있고 부동산 강의를 듣고 백데이터를 받는다든지, 다양한 루트를 통해서 공급 물량 백데이터를 손에 넣은 후, 이번 주부터 분양하는 아파트 정보를 입력하면 된다.

나는 닥터아파트(http://www.drapt.com/e_sale/) 사이트에서 일주일 단위로 공급 물량을 업데이트한다. 매주 전국의 아파트 분양 정보

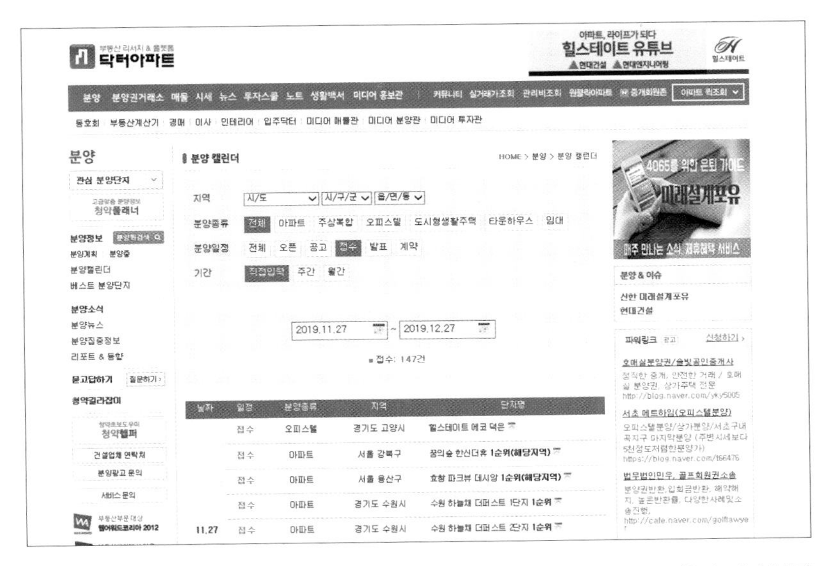

(출처: 닥터아파트)

를 보면서 '여기 또 분양하네, 분양 가격은 왜 이리 비싼 거야 이제 좀 그만하지, 이 지역에서 오랜만에 하는 첫 분양이네 인기가 많겠는걸, 분양 경쟁률이 얼마나 되려나…' 분양 정보를 엑셀 파일에 입력하면서 혼자 중얼거린다.

공급 물량 데이터 업데이트하기

닥터아파트의 분양 캘린더에서 모델하우스 오픈, 입주자 모집공고, 청약접수, 당첨자 발표, 당첨자 계약 중 '청약접수'를 기준으로 매주 업데이트한다.

1순위 · 1순위(해당 지역)만 입력한다. 공급면적, 전용면적을 나눠 입력하면 각 지역별 · 평형별 입주 물량을 파악하기 좋다. 분양 가격을 입력해놓으면 나중에 시세 상승분을 체크할 때 기준이 된다. 오피스텔 분양 물량은 입력하지 않아도 된다.

그다음으로 임대 분양 물량을 입력한다. 임대 아파트의 종류도 여러 가지(국민임대 · 10년공공임대 · 분납임대 · 뉴스테이 · 장기전세 · 행복주택 등)이다. 임대로 분양했다가 일정 기간이 지나면 일반 분양으로 전환되는 아파트들도 많다. 임대 아파트 역시 입주가 시작되면 해당 지역의 전월세 가격에 영향을 미치므로 공급 물량 데이터를 작성할 때 입력해야 한다.

재건축 및 재개발을 통한 분양 물량은 실제로 입주가 되는 전체 세대수를 찾아서 입력해야 한다(조합원분+일반 분양분). 닥터아파트에서 보여주는 분양 세대수는 대부분 일반 분양 물량만 표기되어 있으므로 재건축 및 재개발 내지 지역주택조합인 경우, 부동산114 사이트나 분양 홈페이지를 조회해서 총 몇 세대의 입주가 진행되는지 파악해야 한다.

가락시영아파트 재건축을 한 헬리오시티를 예로 들어보면, 2018년 12월 입주한 총 세대수는 9,510가구였다. 여기서 조합원분 세대수는 6,543세대, 일반 분양분 세대수는 1,566세대, 임대 분양분 세대수는 1,401세대였다.

재건축 및 재개발을 통한 아파트 분양이라면, 반드시 이 세 가지 숫자를 꼼꼼하게 확인하여 공급 물량 자료를 업데이트해야 한다.

현장에 나가보면 엄청난 입주량이 눈에 보이는 택지지구 내 신규 브랜드 아파트들도 마이너스 5,000만 원씩 가격이 떨어져 있는 경우가 있다.

이 동네가 왜 이렇게 망가졌을까, 하락기를 겪고 있는 이 시장은 과연 언제까지 이럴까, 반등의 기회가 언제쯤 올까, 그럼 나는 언제 매수 타이밍을 잡아야 할까. 이런 질문들에 대한 답을 스스로 찾으려면 공급 물량 데이터를 내 손으로 직접 만들어야 한다.

• 공급 물량 데이터 양식 예시 •

	A	B	C	D	E	F	G	H	I	J	K
1	분양종류	단지명	지역	시군구	읍면동	공급면적	전용면적	분양가(만원)	세대수	분양시기	입주시기
2	민간분양	e편한세상 홍제 가든플라츠 (홍은1구역 주택재건축)	서울	서대문구	홍은동	54	39	34,030	24	2019/12	2022/12
3	민간분양	e편한세상 홍제 가든플라츠 (홍은1구역 주택재건축)	서울	서대문구	홍은동	80	59	56,770	297	2019/12	2022/12
4	민간분양	e편한세상 홍제 가든플라츠 (홍은1구역 주택재건축)	서울	서대문구	홍은동	111	84	73,680	152	2019/12	2022/12
5	민간분양	e편한세상 홍제 가든플라츠 (홍은1구역 주택재건축)	서울	서대문구	홍은동	125	93	-	8	2019/12	2022/12
6	민간분양	호반써밋 송파1차 (A1-2블록)	서울	송파구	장지동	135	108	91,160	689	2019/12	2022/02
7	민간분양	호반써밋 송파2차 (A1-4블록)	서울	송파구	장지동	135	108	103,750	693	2019/12	2022/02
8	민간분양	호반써밋 송파2차 (A1-4블록)	서울	송파구	장지동	135	108	131,340	7	2019/12	2022/02
9	민간분양	시흥장현 유승한내들퍼스트파크	경기	시흥시	장곡동	107	84	44,030	506	2019/12	2022/12
10	민간분양	시흥장현 유승한내들퍼스트파크	경기	시흥시	장곡동	133	104	52,631	170	2019/12	2022/12
11	민간분양	기장 유림노르웨이숲	부산	기장군	기장읍	73	53	22,140	70	2019/12	2022/01
12	민간분양	기장 유림노르웨이숲	부산	기장군	기장읍	96	68	29,870	95	2019/12	2022/01
13	민간분양	서초동 지에스타워	서울	서초구	서초동	33	26	14,860	54	2019/12	2021/04
14	공공분양	의정부 고산 S6블록 신혼희망타운	경기	의정부시	고산동	77	55	24,422	587	2020/01	2020/01
15	민간분양	금산 라미에르	충남	금산군	금산읍	111	84	26,100	48	2020/01	2020/01
16	민간분양	더샵 온천헤리티지 (온천시장 정비사업)	부산	동래구	온천동	90	59	40,500	79	2020/01	2023/07
17	민간분양	더샵 온천헤리티지 (온천시장 정비사업)	부산	동래구	온천동	119	84	52,520	111	2020/01	2023/07
18	민간분양	달서 코아루 더리브	대구	달서구	본동	110	84	49,605	160	2020/01	2023/05
19	민간분양	달서 코아루 더리브	대구	달서구	본동	176	134	140,500	2	2020/01	2023/05
20	민간분양	개포프레지던스자이 (개포주공4단지 재건축)	서울	강남구	개포동	59	39	81,600	168	2020/01	2023/02
21	민간분양	개포프레지던스자이 (개포주공4단지 재건축)	서울	강남구	개포동	68	45	97,700	108	2020/01	2023/02
22	민간분양	개포프레지던스자이 (개포주공4단지 재건축)	서울	강남구	개포동	74	49	107,900	48	2020/01	2023/02
23	민간분양	개포프레지던스자이 (개포주공4단지 재건축)	서울	강남구	개포동	79	59	119,900	744	2020/01	2023/02
24	민간분양	개포프레지던스자이 (개포주공4단지 재건축)	서울	강남구	개포동	102	78	145,800	406	2020/01	2023/02
25	민간분양	개포프레지던스자이 (개포주공4단지 재건축)	서울	강남구	개포동	110	84	157,300	1442	2020/01	2023/02
26	민간분양	개포프레지던스자이 (개포주공4단지 재건축)	서울	강남구	개포동	134	102	188,400	243	2020/01	2023/02
27	민간분양	개포프레지던스자이 (개포주공4단지 재건축)	서울	강남구	개포동	148	114	221,600	180	2020/01	2023/02
28	민간분양	개포프레지던스자이 (개포주공4단지 재건축)	서울	강남구	개포동	160	132	-	36	2020/01	2023/02
29	민간분양	이안오션파크W	부산	남구	우암동	82	59	30,977	121	2020/01	2022/04
30	민간분양	이안오션파크W	부산	남구	우암동	115	84	41,662	34	2020/01	2022/04
31	민간분양	해운대 중동 럭키골든스위트	부산	해운대구	중동	110	84	60,769	100	2020/01	2020/04
32	공공분양	세종4-2생활권 M3블록 새나루마을10단지 신혼희망타운	세종	세종시	금남면	78	55	-	398	2020/01	2022/08
33	공공분양	양산시송A1블록 신혼희망타운	경남	양산시	금남면	78	55	-	792	2020/01	2022/10
34	민간분양	소새울역 신일 해피트리 (로얄연립 가로주택정비사업)	경기	부천시	소사본동	63	46	33,140	50	2020/01	2021/11

황금 타이밍을 잡는 법

매주 공급 물량을 엑셀 파일에 열심히 기입했다면 이 데이터를 잘 활용할 수 있어야 한다.

당장 공급이 부족한 지역일 경우 전세 시장부터 매물 부족이 시작된다. 전세를 구하기 힘들어지니 집을 사는 사람들이 하나둘씩 늘어난다. 그러나 매매할 수 있는 집도 부족하니 매매 가격이 오르지 않을 수 없다. 공급이 부족해지고 가격이 반등하기 직전에 해당 지역의 부동산을 매수했다면 골든 타이밍을 잡은 것이다.

반대로 공급이 넘쳐나는 시기가 지속될수록 집값 하락폭은 커진다. 바닥이 어딘지 모르는 사람들은 집을 사려고 하기보다 전세를 선택한다. 그사이 그 지역의 공급은 어느새 줄어들고 있다. 여전히 시장에는 매물이 넘쳐나고 그 지역 사람들은 집값이 더 떨어지기 전에 집을 팔고 싶으나 팔리지 않고, 새 아파트로 갈아탔으나 기존 집이 안 팔려 애를 태우는 경우도 많아진다. 그러나 마지막 공급도 마무리가 되어가면 전세도 귀해진다. 이런 지역을 찾아가서 넘치는 매물 중에 좋은 동호수를 골라 싸게 사서 전세를 손쉽게 놓을 수 있다면 이 역시 골든 타이밍이라 할 수 있다.

1~2년 뒤의 시장을 예측하고 대비하라

공급 물량을 상세히 분석해 향후 1~2년 뒤의 시장을 미리 준비할 수 있다면 누구보다 발 빠른 투자자가 될 수 있다. 이를 위한 단계별 데이터 분석 방법을 익혀두자.

1단계. 매주 전국을 도 단위로 나눠 공급 과부족 수치를 파악한다

처음부터 몇 시간씩 전국을 살펴보면 좋겠으나, 머릿속에 그 많은 지역을 다 넣기도 힘들 뿐더러 시작부터 지치기 마련이다. 주기적으로 데이터를 지역별로 나눠 수치를 익히는 것이 중요하다.

서울 / 부산광역시 / 대구광역시 / 인천광역시 / 광주광역시 / 대전광역시·세종시 /

울산광역시 / 경기도 / 강원도 / 충청남북도 / 전라남북도 / 경상남북도

예를 들어 이번 주에 충청도를 봤다면, 다음 주에는 전라도를 보고 그다음 주에는 경상도를 본다. 세 달이면 총 열두 지역을 머릿속에 넣을 수 있다. 물론 한번 봐서는 기억하지 못할 수 있으니, 큰 지도에 표시하면서 매주 보면 좋다.

공급 물량은 갑자기 늘어나는 것이 아니라, 분양한 후 입주까지 거의 3년이라는 시간이 걸리므로 3개월마다 열두 지역을 돌아가면서 보다 보면 전국 어느 지역에 물량이 많고 어느 지역이 부족한지 큰 그림을 그릴 수 있다.

2단계. 현재 공급이 많으나 향후 부족해질 지역을 주시한다

현재는 공급이 많은 지역인데, 향후 부족해질 지역을 찾았다면 1차 성공이다. 범위를 좁혀 구·시 단위로 들어가 좀더 자세하게 공급 물량 현황을 파악한다. 월 단위로 언제 어느 지역에 어떤 아파트가 들어오는지까지 상세하게 조사한 뒤 임장 지역으로 선택한다. 미래를 대비하기 위해 1~2년 전에 현장에 미리 가보는 것이다.

예를 들어 2017년 여름경 충청남도 천안시의 공급 물량을 파악했다고 가정해보자.

– 천안시의 인구수 대략 68만 명

– 연간 주택 필요수량 대략 3,400세대(인구수의 0.5%)

즉 1년 동안 천안시에 공급되는 주택수가 3,400세대가 넘으면 공급 과잉이다. 다음 그래프를 살펴보자.

2015년부터 시작된 천안의 공급 과잉은 무려 2018년 연간 필요 주택 수의 4배 가까이 되는 물량을 쏟아낸 후 끝이 났다. 하지만 바로 다음해인 2019년에는 심각하게 공급이 부족한 상황으로 바뀌었다. 물론 2020년 두정역 효성해링턴과 성성지구 천안레이크타운3차 푸르지오의 입주가 신경 쓰이기는 하나 2021년 공급 부족이 다시 기다리고 있다.

2019년에 매수해서 전세를 잘 맞추고 나면 2020년은 무사히 건너뛸 수 있다. 매도 타이밍을 2021년으로 잡고 들어간다면 충분히

• 천안시 공급 물량 추이 •

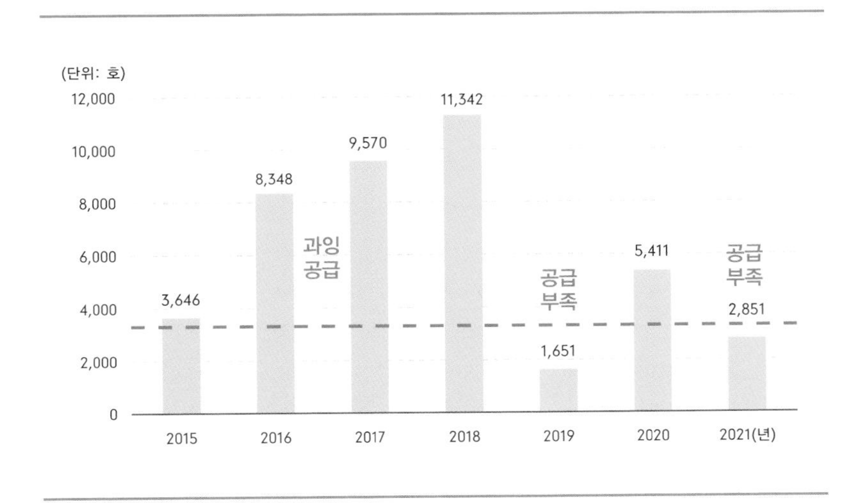

매력적인 투자처다. 그래프를 보는 순간, 가봐야겠다는 생각이 들 것이다. 직접 가서 집값이 얼마나 떨어지고 있는지 확인하고 싶어진다.

앞 사례를 계속 살펴보면 2016년부터 시작된 공급 과잉으로 2017년 천안의 부동산 시장 분위기는 암울했다. 공급 물량이 많은데 불당신도시의 신축 수요는 계속 늘어나니, 구축 아파트들은 가격 하락폭이 커지는 상황이었다. 매매 가격과 전세 가격이 함께 떨어지는 시장이었다.

가장 먼저 찾은 불당신도시는 천안의 부유층들이라면 응당 살고 싶겠다는 생각이 들 정도로 잘 만들어진 신도시였다. 새로운 경쟁자가 생기기 전까지는 유일한 명품 도시로 승승장구할 것으로 보였다.

그다음 가본 지역은 구도심의 쌍용동이었다. 소액으로 접근 가능한 천안 서북구 쌍용동에 위치한 아파트들을 중심으로 임장을 하다 보니 대부분 지은 지 20년이 넘은 건물들이었다. 오래된 아파트들이긴 하지만 천안아산역이 가깝고 구도심답게 생활편의시설 등이 잘 갖추어져 살기 괜찮은 도시였다.

매매 가격은 바닥을 치고 있었고, 전세입자를 구하지 못해 공실인 집들도 많았다. 올수리를 해야만 전세를 놓을 수 있는 구축들, 아직 2018년 남아 있는 공급 물량이 부담되는 상황이었다. 당장은 아니더라도 기회를 계속 엿보다가 1,000만 원 정도의 소액으로 접근이 가능한 지역이었다. 그러나 공급 물량이 넘쳐나고 신축이 대세인 요즘, 20년 이상 오래된 구축들이 얼마나 상승 여력이 있을까 반문이 들었다. 말 그대로 소액을 들여 소액을 벌 수 있는 지역이었다.

전세를 찾아다니는 사람들은 1년이라도 늦게 지어진 집을 선호한다. 2017년 천안시의 신축 물량은 적정 수준의 무려 3배 가까이 되었으니, 집값이 떨어질 것을 우려하는 대다수의 중산층들은 매매보다 전세를 선택하려 했고, 실제 이같은 수요자들이 낮은 가격으로 신축 전세를 구하기 쉬운 시장이었다. 그러다 보니 구축들의 전세 가격은 떨어질 수밖에 없다.

당장 소액 아파트를 매수하고 싶은 욕구가 들었으나, 참아야 했다. 아직도 남아 있는 입주 물량 때문에 시장에 나와 있는 전세 매물 개수가 만만치 않았고 매매 가격이든 전세 가격이든 더 하락할 시장이라는 판단이 들었다.

소액 투자가 가능하다는 이유로 너무 오래된 아파트를 매수하고 싶지는 않았기에 최소 2000년대 중후반이나 신축 10년 이내의 입지가 좋은 아파트로 다시 기준을 잡고 임장을 했다. 구불당과 백석동을 샅샅이 뒤지면서 옥석을 가리는 작업을 거쳤다. 한 달 내내 사흘이 멀다 하고 천안 지역을 돌아보았다.

어느 동이 중심 주거지인지, 어느 아파트가 선호 아파트인지, 어느 정도의 가격이 합당한지, 어느 시점에 매수를 할 것인지 또 어느 시점에 매도를 해야 하는지에 대한 계획이 머릿속에 세워졌다.

또한 그 전에 몰랐던 새로운 사실도 알 수 있었다. 새로운 택지지구인 불당신도시의 인기가 예상보다도 매우 높다는 점이었다. 아무리 공급이 많아도 사람들이 살고 싶어 하는 곳, 신축 수요가 많은 곳에 위치한 인프라가 갖춰진 신도시급의 대형 택지지구는 공급과 상관없이 승승장구하게 된다. 인근 도시의 수요를 빨아당기며 천안시 부동산 하락장을 꿋꿋하게 이겨내는 모습을 보면서 불당신도시 아파트들의 위력을 확인한 셈이다.

투자의 범위를 정하고 시장의 움직임을 낚아채라

2017년 이후로도 나는 천안을 스무 번 정도 찾아갔다. 인구 60만 명이 넘는 도시를 한두 번 가보고 과연 머릿속에 넣을 수 있을까? 열 번 이상 다녀온 이후, 지속적인 모니터링을 통해 정확한 투자 타이밍을 잡을 수 있었다. 2018년 가을을 시작으로 관심 리스트에 있었던 아파트들을 대부분 급매 가격으로 매수할 수 있었다. 무려 2017년 입주한 입지 좋은 대단지 브랜드 신축 아파트도 3,000~4,000만 원의 투자금으로 매수할 수 있었다.

이것이 사전 지역 공부다. 1~2 년 뒤의 시장을 예측하기 위해 발품을 팔면서 매수할 곳을 찾는 사전 준비 작업이다. 관심을 갖고 모니터링을 하다 보면 어느 순간부터 해당 지역의 변화를 알아챌 수 있다.

2017년 여름 이후 2019년까지 천안시에 주기적인 관심을 두면서 내가 정한 투자금의 범위 안에 들어오는 시점이 되었을 때 바로 매수를 결정했다. 미래 투자처로 정한 지역이라면, 정확히 언제 어디에 입주가 이루어지는지 파악하고 해당 시점에 그 지역의 변화를 알고 있어야 한다.

입주가 시작되는 아파트 인근으로는 전세 물량이 넘쳐나고 매수 가격도 조정받게 된다. 그러나 입주가 마무리되는 시점이 되면 신기하게도 전세 물량이 사라지면서 전세 가격 상승의 움직임이 감지된다. 이런 절묘한 타이밍이라면 조정된 매매 가격(일명 '바닥 가격')으로 매수를 하되, 잔금을 최대한 길게 잡아 전세 가격 상승의 기회를 이용한다면 투자금을 최소화할 수 있다.

이런 방법으로 한두 도시를 집중적으로 파악하다 보면 그다음 새로운 도시에 적용하는 것은 좀더 쉬워진다. 시간이 갈수록 내 품에 넣은 도시들이 많아진다면 누구보다 정확한 매수 타이밍을 잡고 이기는 투자를 할 수 있다. 이처럼 공급 물량을 손안에 넣고 자주 보는 습관을 익히는 것이 투자의 첫걸음이다.

최고의 입지, 어떻게 찾을 것인가

공급 물량 데이터를 기반으로 사전에 공부할 임장 지역을 선택한 뒤 실전 임장을 나가 이 지역이 과연 미래의 좋은 투자처가 될 것인가를 판단해야 한다.

좋은 투자처를 찾았다면, 그 지역에서 어떤 아파트를 골라야 돈이 될까. 현장에 나가서 내가 살 아파트를 고르는 과정부터 아파트를 사고파는 일련의 절차를 겪게 된다. 잘 모르면 '호갱'이 되는 것이고, 정신만 똑바로 차리면 제대로 된 효자 물건을 살 수 있다.

투자금에 맞춰 아파트를 분류하라

투자 지역 선정의 기본 바탕에는 공급 부족이 깔려 있다.

그간의 과잉 공급으로 아파트 가격이 하락한 지역이라면 매력적인 투자처가 될 것이다. 많이 하락한 지역일수록 상승하는 에너지가 크다. 특히 인구수가 100만 명이 넘는 대도시임에도 불구하고 주변 도시의 과잉 공급 여파로 오랜 기간 가격이 오르지 않았던 지역의 경우 주변 공급만 마무리되면 그동안 오르지 못했던 것을 보상이라도 하듯 단기간에 치고 올라간다. 그야말로 저평가 지역, 저평가된 아파트를 찾아야 한다.

신축이 없던 지역에 대단지 신규 아파트가 들어오고 입지까지 개선된다면 새로운 랜드마크가 된다. 이런 아파트는 지역의 대장 아파트가 되고 대장주들이 먼저 치고 나가는 최근의 추세에 따라 홀로 승승장구한다. 대장주들이 한참 오르고 나서 피로감에 한 템포 쉬어갈 때, 바로 2군 대장주들의 반격이 시작된다. 그동안 1군 아파트들의 상승만을 지켜보던 2군 아파트들의 가격이 싸게 느껴지면서 1군과 적정선을 유지하며 키 맞추기를 진행한다. 그렇게 가격은 1군에서 2군으로, 2군에서 3군으로 옮겨가며 상승한다.

이런 지역들을 찾아내 선점하면 실패가 없다. 어느 지역이든 투자하고 싶은 신축 대장주들이 있다. '돈이 많으면 큰 고민 없이 지역별로 대장주들을 하나씩 사놓으면 참 쉽겠구나'라는 생각이 들 때가 있다. 그러나 문제는 투자금이다. 매매 가격과 전세 가격의 차이가 크기 때문에 대장주들을 사 모으다 보면 투자금이 금세 바닥난다.

가고 싶은 지역, 사고 싶은 아파트가 아닌 주머니에 얼마가 있는지에 따라 달라지는 선택지가 씁쓸하기도 하지만, 수익률로 본다면 현명한 투자 방식이 될 수 있다. 가용할 수 있는 투자금으로 최대의 효과를 낼 수 있는 아파트를 찾기 위해 고군분투해야 한다.

전국적으로 신축 공급은 늘어나고 이에 따라 새 아파트로 이동하는 수요도 늘어나고 있지만, 인구나 일자리가 늘어나는 데는 지역별로 한계가 있다. 과거의 투자법과 현재의 투자법이 달라져야 하는 이유가 바로 여기에 있다.

공급이 없는 지역일지라도 구축 소액 투자가 무조건 먹히던 시대는 저물어가고 있다. 구축에서 신축으로, 조금 더 입지가 좋은 곳을 찾는 투자 전략이 필요하다. 지방이라고 해서 집값이 오르지 않는 것도 아니고, 서울·수도권이라고 해서 마냥 안전한 것도 아니다.

투자금에 맞는 지역을 선택하되, 지역 내 최고의 입지를 찾아야 한다. 최고의 입지를 갖춘 1군 아파트를 살 수 없다면 주변의 2군, 3군 아파트를 가능한 적은 투자금으로 공략해야 한다.

투자할 가치가 있다고 판단한 지역의 아파트를 1군, 2군, 3군으로 나누어보자. 선택하는 기준은 가격순이 되기도, 입지순이 되기도 한다.

1군 아파트들은 우수한 입지를 가진 대장주 아파트들이다. 해당 지역의 랜드마크이니 가장 비쌀 것이다. 상승장에서 제일 먼저 치고 나가고 오름폭 또한 크다. 해당 지역 아파트 가격 상한의 기준이 되나, 투자금이 많이 들어간다는 단점이 있다.

2군 아파트들은 위치나 입지가 1군에 비해 약간 떨어지는 신축 아파트이거나, 입지나 위치가 1군보다 우수한 구축 아파트 정도로 구분할 수 있다. 주로 학군이나 학원가를 품은 구축 아파트일 확률이 높다. 1군이 오르면 2군도 시간차와 가격 차이를 두고 따라간다.

3군 아파트들은 1군과 2군 주변의 구축 아파트들이다. 20년 가까이 된 구축들은 입지가 훌륭해도 오름폭이 신축에 비해 작다는 단점이 있으나, 투자금이 적다는 장점도 있다. 적은 돈을 들여 적은 돈을 버는 방법으로 이럴 경우 로열동, 로열라인을 선택해야 매도가 쉽다.

1군, 2군, 3군의 기준에 따라 투자금이 달라진다. 모든 지역에 공통적으로 대입할 수 있는 공식은 아니지만 대체로 활용 가능하다. 임장을 나가서 가격별, 입지별로 지역을 나눠 투자금에 맞게 분류하면 현재 내가 가진 투자금을 들고 어디로 가야 할지 답을 찾을 수 있다.

잘 팔리는 아파트의 입지 조건

현장에서 많이 하는 질문들은 "A아파트가 좋을까요? B아파트가 좋을까요?", "A매물이 좋을까요? B매물이 좋을까요?" 등이다. 거액이 들어가는 일이다 보니 걱정이 앞서는 게 당연하다. 내 안에 아파트를 선택하는 기준이 확실하게 세워져 있다면, 이런 결정장애에서 자유로워질 수 있다.

매도 시점에 잘 팔리는 아파트를 선택하는 것이 가장 중요하다. 과연 이 아파트, 이 물건을 팔 수 있을 것인가? 시장에 물건을 내놓을 때 잘 팔릴 물건이나 실거주자들의 선택을 받을 수 있는 아파트를 골라야 한다.

부동산 강의를 듣다 보면 가장 많이 나오는 단어가 바로 입지이다. 부동산은 첫째도 입지, 둘째도 입지, 마지막도 입지라고 한다. '입지가 좋다'라는 말은 살기가 편해서 많은 사람들이 살고 싶어 하는 인기 있는 아파트라는 뜻이다. 부동산 가격에 큰 영향을 미치는 입지에 대해서 살펴보자.

1. 교통(지하철·광역교통망)

서울의 중심부인 강남에는 일자리가 많다. 일자리뿐만 아니라 모든 편의시설을 갖추고 있어서 많은 사람들이 강남으로 모여든다. 많은 사람들이 모이다 보니 지하철을 포함한 대부분의 대중교통들은 노선을 강남으로 잡아야 수익성이 높아진다. 강남으로 가는 지하철이나 광역버스가 있는 지역의 집값은 그만큼의 수요가 있기 때문에 만들어진다.

'강남까지 출퇴근 시간이 얼마나 걸리는가'. 즉 부동산 가격을 결정짓는 중요한 입지 중 하나는 바로 교통이다. 범위를 넓혀서 강남뿐만 아니라 도심으로 들어가는 교통편이 있느냐 없느냐에 따라 집값이 결정된다.

요즘 주목받고 있는 광역교통망 GTX A, B, C 노선을 교통 혁명이라고 부르는 이유도 교통 소외 지역에 물리적인 거리를 뛰어넘어 도심으로 들어가는 시간을 획기적으로 줄여주기 때문이다. 1시간 30분 이상 걸리던 출퇴근 시간이 30분 안팎으로 줄어든다면 주거 만족도를 뛰어넘어 저녁이 있는 삶도 가능해져 인생의 여유를 찾은 기분까지 들 것이다.

광역교통망은 도심까지의 접근성이 제일 중요하다. 광교신도시나 동탄신도시의 집값이 엄청난 공급 물량 속에서도 꿋꿋하게 10억 원

• 2030 수도권 주요 광역철도 노선 구상안 •

'광역교통 2030'의 수도권 주요 광역철도 노선 구상안

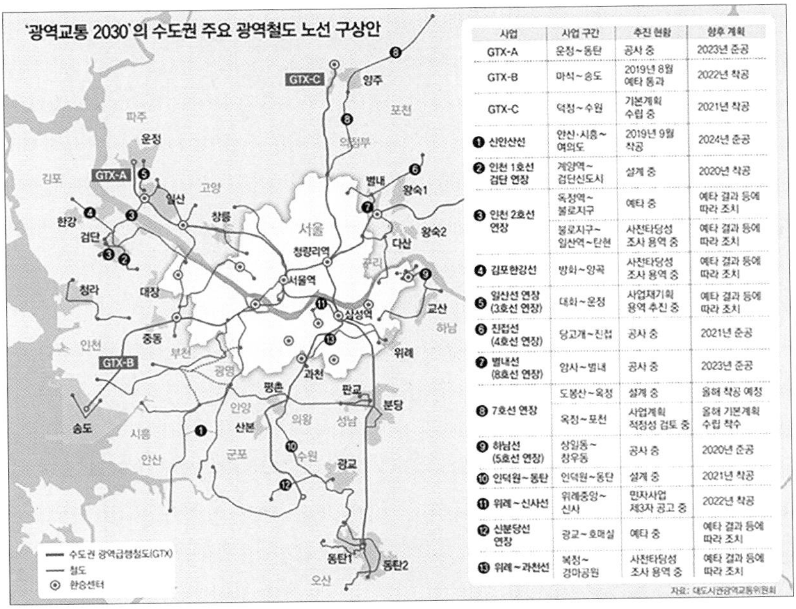

사업	사업 구간	추진 현황	향후 계획
GTX-A	운정~동탄	공사 중	2023년 준공
GTX-B	마석~송도	2019년 8월 예타 통과	2022년 착공
GTX-C	덕정~수원	기본계획 수립 중	2021년 착공
❶ 신안산선	안산·시흥~여의도	2019년 9월 착공	2024년 준공
❷ 인천 1호선 검단 연장	계양역~검단신도시	설계 중	2020년 착공
❸ 인천 2호선 연장	독정역~불로지구	예타 중	예타 결과 등에 따라 조치
	불로지구~일산역~탄현	사전타당성 조사 용역 중	예타 결과 등에 따라 조치
❹ 김포한강선	방화~양곡	사전타당성 조사 용역 중	예타 결과 등에 따라 조치
❺ 일산선 연장 (3호선 연장)	대화~운정	사업재기획 용역 추진 중	예타 결과 등에 따라 조치
❻ 진접선 (4호선 연장)	당고개~진접	공사 중	2021년 준공
❼ 별내선 (8호선 연장)	암사~별내	공사 중	2023년 준공
❽ 7호선 연장	도봉산~옥정	설계 중	올해 착공 예정
	옥정~포천	사업계획 적정성 검토 중	올해 기본계획 수립 착수
❾ 하남선 (5호선 연장)	상일동~창우동	공사 중	2020년 준공
❿ 인덕원~동탄	인덕원~동탄	설계 중	2021년 착공
⓫ 위례~신사선	위례중앙~신사	민자사업 제3자 공고 중	2022년 착공
⓬ 신분당선 연장	광교~호매실	예타 중	예타 결과 등에 따라 조치
⓭ 위례~과천선	복정~경마공원	사전타당성 조사 용역 중	예타 결과 등에 따라 조치

자료: 대도시권광역교통위원회

(출처: 대도시권광역교통위원회)

을 향해 나아가고 있는 이유도 광교에는 신분당선이 있고, 동탄에는 SRT가 있기 때문이다.

서울 지하철 노선도를 펼쳐놓고 사람들이 많이 모이는 곳이 어디인지 동그라미를 그려보자. 보통 강남권, 여의도권, 마포권, 4대문지구(광화문, 을지로, 서울역·남대문, 동대문·충무로 등), 가산디지털단지, 구로디지털단지, 강서구 마곡지구, 판교테크노밸리 등일 것이다. 이곳으로 가는 노선의 교집합들을 찾아보면 어떤 지하철역이 돈이 되는 노선인지 알 수 있다.

2. 교육 환경

'개천에서 용 났다'라는 말은 이제 옛말이 되었다. 현재는 고소득층 가정의 자녀들이 많은 혜택을 받고 자라면서 좋은 대학에 진학하고 우수한 직업을 갖게 될 확률이 높다. 엄마라면 누구나 아이들을 좀더 좋은 환경에서 키우고 싶어 한다. 주변 친구도 우수한 직업군을 가진 집안의 자녀들로 만들어주고 싶고 그런 아이들이 다니는 초·중·고등학교에 보내고 싶은 것이 솔직한 속마음이다.

학교보다 학원이 중요한 시기가 되면, 아이들이 학원 버스를 오래 타는 것도 신경 쓰이고 왔다 갔다 하면서 버리는 시간도 아깝게 느껴진다. 또한 자율형 사립고등학교(자사고) 내지 특수목적고등학교(특목고)를 많이 보내는 중학교, 서울대학교를 많이 보내는 고등학교에 아이를 보내고 싶어 한다. 어쩔 수 없이 10년을 내다보며 실거주집을 학원가 인근으로 옮긴다. 이것이 입지의 두 번째로 중요한 요소인 교육 입지이다.

3. 상권(편의시설)

주말이면 마트에 쇼핑겸 놀러 가는 문화가 이제 익숙해졌다. 한 건물 안에 백화점, 마트, 영화관, 쇼핑 공간이 있으면 한번 주차하고 하루 종일 놀다가 저녁에 돌아오면 된다. 아파트 상가 유기농 매장에서 장을 보고 간단한 식재료 가게나 반찬 가게들이 슬리퍼를 신고 걸어갈 수 있는 위치에 있다면, 각종 브런치 모임도 가지고 저녁에 가족들과 외식도 할 수 있는 상권이 도보권에 있다면 편리하다.

감기에 자주 걸리는 아이들을 데리고 갈 만한 병원이 집 가까이 있거나 응급실에 갈 일도 생길 테니 대학병원이 인근에 있기를 바란다. 상권은 곧 편의성과 연결되기 때문에 선호할 수밖에 없는 조건이다.

4. 쾌적성(자연환경)

인근에 산이 위치해 있다면 공기가 맑고 쾌적하며 주말이면 등산도 갈 수 있다. 산책 나갈 수 있는 숲과 산책로가 펼쳐져 있고 집 가까이 분수가 설치된 공원이 있다면 돗자리만 하나 들고 주말 나들이를 갈 수 있다. 거실에서 한강이나 호수가 보인다면 칠성급 호텔이 부럽지 않다. 이것이 바로 자연 및 인공 환경이 주는 삶의 만족도이다.

5. 부촌

입지만으로 설명할 수 없는 지역들이 가끔 존재한다. 각 지역마다 그들만의 리그인 곳이 있다. 막상 가서 보면 훌륭한 입지가 아님에도 불구하고 전통적인 부자들이 사는 부촌이다. '나 거기 살아'라는 자부심을 스스로 지켜가고 있는 곳이다.

지역별로 '나 돈 좀 있어' 하면서 남들에게 드러내 보이고 싶은 부자 우월감이 발동해서 꼭 살아야만 하는 아파트가 있다. 그렇게까지 비싼 가격을 형성할 만큼의 입지는 아니더라도 그들이 만들어낸 프라이드가 곧 가격이 된다. 매물이 잘 나오지도 않고 나와도 결코 싸지 않다.

광주광역시 남구 봉선동은 지역 주민들의 프라이드가 매우 높은 지역이다. 수완지구와 비교해보았을 때 구도심의 느낌을 벗을 수 없으나, 2018년 공중파 방송까지 타며 가파른 상승세를 보였던 아파트가 바로 봉선동 포스코더샵이다.

전라북도 전주시 완산구 효자동 서부신시가지 현대아이파크도 전문직 종사자들이 많이 사는 아파트로 유명하다. 입주 13년차 아파트라고 하기엔 관리도 잘된 편이고 가격도 높게 형성되어 있다. 여기도 한번 이사 가면 웬만해선 떠나지 않는 그들만의 리그가 형성된 아파트이다.

대구광역시 수성구 황금동 태왕아너스는 입주 16년차 구축임에도 불구하고 46평형 가격이 14억 원을 웃돈다. 학구열이 불타는 수성구이긴 하나, 연식 대비 형성된 가격이 역세권 신규 아파트보다 훨씬 높게 형성된 그야말로 품격이 다른 아파트이다.

이 같은 교통, 교육, 상권, 환경 등의 입지가 아파트 가격을 결정한다. 훌륭한 입지를 갖춘 집은 지역마다 한정되어 있는데 살고 싶어 하는 사람은 많으니 수요와 공급의 균형이 깨진다. 프리미엄을 주고서라도 누리고 싶은 삶의 만족도, 그것이 바로 최고의 입지이다.

물론 입지는 변화한다. 역세권 아파트 대 앞으로 역세권이 될 아파트라든지, 모든 입지를 갖춘 비싼 구축 대 신축 브랜드 대단지 입주가 예정된 택지지구(1,000세대 이상의 대단지 3개만 들어와도 주변 상권이 좋아지면서 새로운 동네로 탈바꿈한다)가 그러하다.

이미 입지가 갖춰진 곳은 비쌀 수밖에 없으니 앞으로 입지가 좋아질 지역을 찾아보자. 현재의 가치 평가는 기본이고, 앞으로 형성될 미래의 큰 그림까지 그릴 수 있다면 투자처는 저절로 따라온다.

가장 중요한 입지 조건, 학군

앞서 언급한 주요 입지 조건과 가격순에 따라 1군, 2군, 3군 지역을 나눈 뒤, 같은 군에 속한 아파트 중에서는 어떤 아파트를 사야 할까? 비교 기준을 몇 가지 세워보자. 특정한 아파트를 왜 사람들이 선택하는지 수요층을 파악해보면 답이 나온다.

우리나라에서 학군은 큰 의미를 가진다. 소위 '학군이 좋다'라는 말은 자녀들의 연령대별로 달라진다. 초등학교, 중학교, 고등학교, 대학교 학군의 의미를 살펴보자.

초등학교 학군은 안전을 우선으로

초등학교 학군에서는 아파트 단지 안에 초등학교가 있느냐 없느냐가 가장 중요하다. 어린 아이들의 안전이 중요시되는 만큼 등하교길이 안전한 아파트가 인기일 수밖에 없다.

어린 자녀가 있는 가정이라면 대개 큰길을 건너야 하거나 학교 가는 길이 험한 아파트는 선택에서 제외한다. 자녀가 어릴 때는 학교가 가까이 위치해 있기만 해도 학군이 좋은 것이다. 흔히 말하는 '초품아(초등학교를 품은 아파트)'이다.

물론 지역마다 특출나게 유명한 초등학교가 있어서 그곳에 보내기 위해 일부러 이사를 오는 지역도 있다. 그런 특별한 학군이 존재하는 곳은 초등학교 학군이 매우 중요하다.

그러나 초품아는 저학년일 때 고려 대상일 뿐 아이는 금세 자라서 중학생이 된다. 아이가 초등 고학년이 되면 엄마들의 선택 기준이 달라져 그때부터 중학교 학군을 고민하게 된다.

다음 지도를 보자. 향촌롯데 3단지는 평촌초등학교와 평촌중학교를 품고 있다. 타 지역에서 평촌신도시로의 이전을 생각할 때, 초등학교 입학을 앞두고 있는 어린 자녀가 있다면 더없이 좋은 입지이다.

아무리 평촌에서 귀인마을 현대홈타운이 귀인중학교와 학원가를 품고 있어서 랜드마크 역할을 하고 있다고 한들, 초등학교를 길을 건너 보내야 하는 단점이 있기에, 향촌롯데 3단지가 조금 더 높은 점수를 받을 수 있다.

• 안양시 동안구 평촌신도시 초품아 •

(출처: 네이버 지도)

반면 중학교 입학을 바라보는 아이가 있다면, 게다가 그 아이가 공부를 꽤 잘하는 아이라면 중학교 학군에 욕심을 낼 수밖에 없다. 평촌신도시 내에서 귀인중학교 학군이 유명하다 보니 처음부터 현대홈타운을 선택해서 이사 오는 수요가 있다. 또는 인근 아파트 단지에서 초등 고학년 때 이곳으로 이사를 오기도 한다.

중고등학교 학군은 성적이 핵심

중학교 학군부터는 실전이다. 대입을 목표로 학업에 매진하는 자녀가 있는 가정이라면 국가학업성취도 평가에서 우수한 성적을 거둔 중학교가 좋은 학군이 된다. 일 년에 자사고, 특목고 등에 몇 명이나 보내는지에 따라서도 평가가 달라진다.

또한 남녀공학보다 남중·여중, 남고·여고를 선호하는 학부모들이 많다. 지역마다 부촌에 위치한 남중·여중을 품고 있는 아파트 단지들이 인기 있는 이유이기도 하다. 곧 중학생이 되는 자녀가 있다면 보통 5~6학년 때 학군을 찾아 이사를 결정한다.

초등 고학년 자녀를 둔 엄마들은 지역 내 중학교별 성적을 훤히 알고 있다. 명문 중학교 학군의 아파트들은 방학철마다 이사를 오는 세대들로 쉴 틈이 없다. 그 지역에서 오래 일한 부동산 중개소 소장님들이라면 이런 정보를 줄줄이 꿰고 있으니 처음 가는 지역이라면 부동산 중개소에 가서 고급 정보를 얻도록 하자.

고등학교 학군은 아파트를 선택할 때 중요 고려 대상이 될 수도 있고 아닐 수도 있다. 지역마다 고등학교 입학 전형이 다르다 보니 정형화된 기준을 세우기 어렵다. 대부분 근거리 배정을 기본 원칙으로 하지만, 선지망 후추첨제를 쓰는 지역도 있고 무조건 추첨제를 쓰는 지역도 있으니 근처로 이사를 간다고 해도 원하는 고등학교에 갈 수 없을 수도 있다.

배정을 받기 전에 소위 명문대 합격자를 많이 배출하는 고등학교가 밀집된 지역으로 이사를 가기도, 내신 성적을 잘 받기 위해 한 단계 아래 지역으로 이사를 가기도 한다.

추첨제 형식으로 고등학교를 배정받는 지역에서는 집에서 조금 멀리 떨어진 고등학교에 배정되었다고 해서 굳이 이사를 가진 않는다. 대부분의 아이들은 버스를 타고 등하교를 하기 때문이다. 물론 전세 이사 수요는 있을 수 있다.

강남이나 학구열이 남다른 특정 지역에서는 고등학교가 아파트 선택 기준이 되기도 한다. 대구 수성구의 경신고등학교가 자사고에서 일반고로 전환된 2017년 8월, 수성구 범어동 부촌아파트 가격이 단기간 폭등한 이유이기도 하다.

2019년 7월 발표된 자사고 폐지 이슈가 교육 환경이 뛰어난 대치동에는 호재로 작용했다. 자사고 폐지로 인해 강남 8학군 쏠림 현상이 강해질 것이라는 전망이 나왔고 이를 예측하는 투자 수요들이 더해졌다. 단 자사고에서 일반고로 전환된다고 해서 모두 호재로 작용

좋은 중학교 학군을 찾는 법

초·중·고 교육정보 서비스를 제공하는 '학교알리미' 사이트를 참조하면 된다. 해당 중학교명를 입력한 후 '졸업생의 진로 현황'에서 졸업생 수와 특목고 진학 현황을 볼 수 있다. 그다음 국가학업성취도 평가에 관한 사항을 선택한다. 국영수 과목 보통 학력 이상의 비율이 85% 이상이라면 명문 중학교로 볼 수 있다.

하는 것은 당연히 아니며, 주변에 학구열에 불타는 양질의 주거 지역이 형성되어 있는지 여부에 따라 결과는 달라진다.

고등학교 근거리 배정을 하는 지역은 학군이 우수한 중고등학교를 품은 아파트 단지들이 실거주자 및 전세 세입자들 모두에게 인기가 있을 수밖에 없다. 이 또한 집값을 결정하는 중요한 요소가 된다.

대학교는 학군이라기보다 오히려 상권이나 일자리로 보아야 한다. 서울대학교가 인근에 있다고 해서 학군이 좋다고 말하지 않는다. 오히려 개발이 제한적이고 대학생들의 생활 수준에 맞는 저렴한 물가로 상권이 형성된다. 대학생들을 대상으로 한 술집이나 유흥 상권이 형성되면 아이들을 키우기에 좋은 환경은 아닐 것이다.

학군과 학원가는 투자 성패를 좌우한다

나 역시 초등학생 자녀를 둔 학부모로 학군을 선택해서 일찌감치 이사를 왔다. 학원가에서 아이들을 키우고 있다 보니 대한민국 부모들의 불타는 학구열을 연일 뜨겁게 느끼며 살고 있다.

부동산 공부를 하면서 알게 된 놀라운 사실은 집값을 움직이는 중요한 핵심에 학군이 숨어 있었다는 것이다. 강남은 두말할 필요도 없을 뿐더러 지방 어느 곳을 가더라도 핵심 지역에 학군과 학원가까지 형성되면 오래된 구축일지라도 인기가 있을 수밖에 없다. 더욱이 부자들이 살고 싶어 하는 대형 평수의 고급 아파트들이 지어지면 특정 아파트를 찾는 수요가 끊임없이 발생해 집값을 올리고 결국 부촌으로 거듭나게 된다.

새로운 택지지구가 생기는 지역도 학군 형성 여부에 따라 성패가 갈린다. 시간이 조금 걸리겠지만 학군이나 학원가가 형성되기 시작하면 엄마들의 이주 욕구가 끊임없는 수요를 낳는다. 좋은 예로 포스코에서 포스코 자사고를 설립하고 송도채드윅 국제학교를 유치한 송도신도시에는 이미 중계동을 따라잡을 만큼 학원 수가 많아져 명문 학원가로 자리잡았다. 수도권 신도시 지역 특목고 진학률을 봐도 송도국제도시에는 무려 5개의 중학교가 높은 성적을 받을 정도로 학군이 좋은 지역으로 자리매김하는 데 성공했다.

반대로 학군이나 학원가 없이 신규 아파트만으로 이루어진 새로

지방 5대 광역시 유명 학군

대구광역시 수성구 범어동

대전광역시 서구 둔산동

광주광역시 남구 봉선동

울산광역시 남구 옥동

이 지역은 광역시 중에서 불타는 학구열로 형성된 대표적인 부촌이다. 이곳에는 학원가가 밀집해 있으며 우수한 학군이 형성되어 있다.

운 택지지구는 수요에 한계가 있을 수밖에 없다. 상품 가치가 하락하면 새로운 상품을 찾아 떠나는 수요가 발생하기 때문에 오래 버틸 힘이 부족하다. 구축이 되어도 수요를 잡을 수 있는 차별화된 입지가 있어야만 가격 상승을 이끌어낼 수 있다.

이렇듯 대한민국에서 집을 선택할 때 중요한 입지가 바로 학군과 학원가이다. 내 아이를 위해 꼭 그곳에 살아야만 하는 이유가 존재하기 때문이다. 아파트를 선택할 때 이러한 지역별 특성을 이해하고 선택한다면 실패가 없을 것이다.

입지 조건에도 우선순위가 있을까

초등학교를 품은 아파트가 항상 좋은 입지인 것만은 아니다. 다른 관점에서 접근하는 예시를 살펴보자.

초품아 vs 상권 혹은 역세권

초등학교를 품은 아파트와 상권(학원가)을 품은 아파트가 있다면 어디가 우세할까. 대부분의 학원가들은 근린상업지역이나 일반상업 지역에 형성되다 보니 상권을 품고 있다. 맛집, 카페, 스포츠센터, 병원, 은행, 마트 등 다양한 생활편의시설들을 갖추고 있다.

학원뿐만 아니라 상권까지 도보로 이용이 가능한 아파트가 있다면 초품아와 비교할 때 입지가 앞설 수밖에 없다. 학교는 저학년이 아니고서야 아이들끼리 삼삼오오 모여서 갈 수 있고 하루에 한 번 다녀오면 된다.

그러나 학원은 하루에 두세 군데 보내기도 하고, 중고등학생의 경우 늦은 밤까지 수업이 있다 보니 가급적 학원 차량을 태우지 않고 도보로 다닐 수 있는 아파트를 입지면에서 더 선호한다. 집을 선택하는 기준은 보통 엄마이기 때문에 주부의 동선과 아이들의 동선이 중요할 수밖에 없다.

초품아 대 역세권은 어느 쪽이 이길까. 지역의 특성에 따라 차이는 있을 수 있으나, 대체로 역세권을 찾는 수요가 더 많다. 지하철을 많이 이용하는 지역의 경우 초등학교의 위치보다 지하철역에 가까운 아파트가 우선이다.

이는 역세권을 선택하는 수요층들이 훨씬 많기 때문이다. 초품아는 초등 자녀가 있는 세대들만이 선택하지만, 신혼부부 내지 초등 이전의 유아가 있는 세대, 맞벌이 부부 등 더 큰 폭의 수요층들이 역세권을 선호한다.

그래서 집을 선택할 때 이런 교집합을 찾는 일이 중요하다. 가능한 많은 입지를 가지고 있을수록 수요층이 많은 인기 있는 아파트일 수밖에 없다. 다음 사례를 살펴보자.

• 초품아 vs 역세권 •

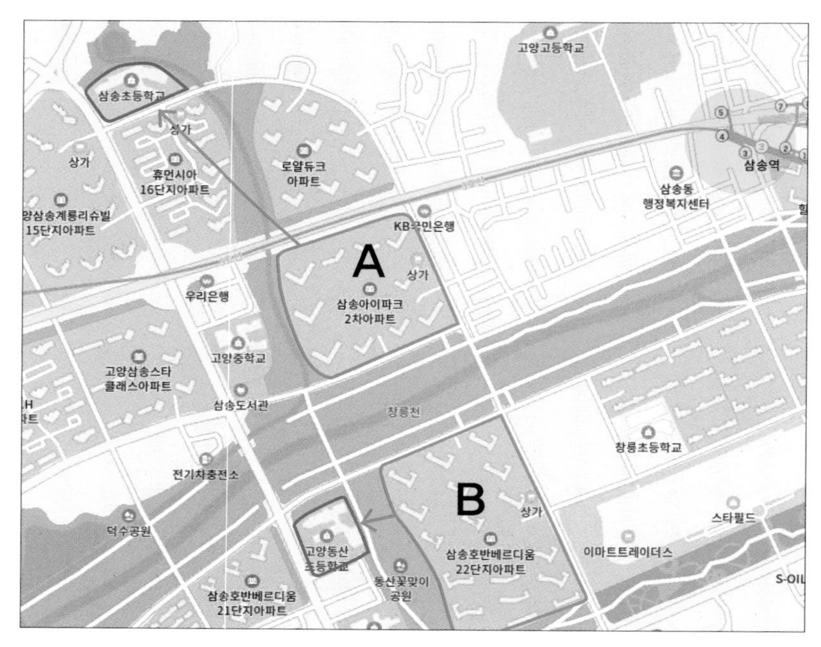

(출처: 네이버 지도)

A **삼송아이파크 2차**(2015년 9월 입주, 1,066세대)

- 삼송초등학교(도보 10분), 3호선 역세권(도보 10분)

  2013년 분양 당시 33평 기준 분양가 3억 9,000만 원, 현재 시세 7억 원 중후반

B **호반베르디움 22단지**(2012년 10월 입주, 1,426세대)

- 동산초(초품아), 스타필드 고양, 3호선 삼송역(도보 20분)

  2009년 분양 당시 33평 기준 분양가 4억 원, 현재 시세 6억 원 중후반

고양시 삼송동 삼송아이파크와 호반베르디움은 분양가는 비슷하게 시작했지만, 입지에 따라 가격 차등이 많이 벌어지고 있다. 이는 초품아와 역세권의 경쟁 결과를 보여주는 예이다. 삼송아이파크 2차는 초등학교가 멀다는 큰 단점이 있지만 아이파크라는 브랜드와 호반베르디움 22단지에 비해 3년 신축이라는 점, 삼송역까지 도보 10분이 소요되는 역세권이라는 장점 때문에 1억 원 가까운 가격 차이를 벌리며 대장주 역할을 하고 있다.

호반베르디움 22단지는 초등학교와 고등학교를 단지 내에 품고 있고, 길 건너 스타필드 고양점이라는 대형 상권을 품고 있음에도 불구하고 역세권이 아니라는 점과 브랜드 등에서 밀리고 있다.

다음으로 천안시의 사례도 살펴보자.

A **불당아이파크**(2004년 1,046세대)

– 상권(학원가) 품은 아파트, 브랜드, 34평 매매 시세 4억 원

B **동일하이빌**(2004년 1,203세대)

– 상권(학원가) 도보권, 지하주차장 연결, 커뮤니티&조경 우수, 34평 매매 시세 4억 3,000만 원

C **대동다숲**(2004년 791세대)

– 초중고 품은 아파트, 32평 매매 시세 3억 원 초중반

지도상으로만 보았을 때 초중고를 모두 품고 있는 대동다숲이 인기가 많을 것이라 생각했으나, 현장의 분위기는 달랐다. 상권과 학원

• 천안 구불당 3형제 아파트 •

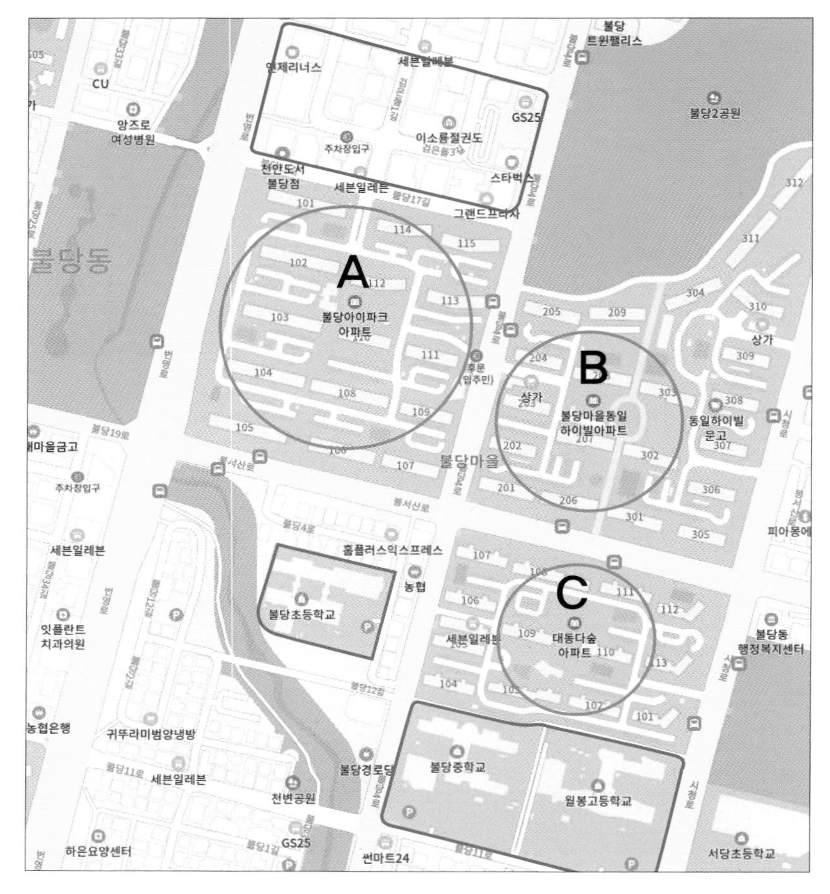

(출처: 네이버 지도)

가가 혼재하는 아이파크의 시세가 더 높았고, 화려한 불빛을 피한 조용한 동일하이빌이 가장 선호도가 높았다. 이렇듯 경쟁 상대보다 내 물건의 장점이 적다면 밀릴 수밖에 없다. 이 장점이 바로 입지이다.

입지를 결정짓는 다양한 조건들

1. 단일 평수보단 다양한 평수의 단지

지역별 특성에 따라 인기 있는 아파트 평형이 있다. 서울 및 수도권 역세권의 경우 24평 소형 아파트의 인기가 높다. 아파트 가격이 높으니 소형을 선택할 수밖에 없기도 하겠지만, 세대 구성원이 많지 않은 직장인들이 서울·수도권의 역세권 소형 아파트를 선호하기 때문이다. 학군이 받쳐주는 부촌 지역에는 중대형 평형의 인기가 높고 지방으로 내려갈수록 소형보다는 중대형을 선호한다. 그래서 어느 지역을 가든 가장 무난한 평형대는 30평대이다.

아파트를 선택할 때는 가급적 단일 평수보다는 다양한 평수를 가진 대단지 아파트가 좋다. 소형 평형으로 이루어진 아파트와 대형 평형으로 이루어진 아파트는 입구에서부터 차이가 난다. 건설사 입장에서 생각해보면 소형 아파트보다는 대형 아파트를 지어서 파는 것이 훨씬 수익률이 좋기도 하다.

시장 조사를 통해 지역 특성상 대형 평형의 수요가 있다면, 대형 평형을 중점적으로 구성하여 분양 이익을 챙길 것이다. 하지만 분양가가 낮은 중소형을 어쩔 수 없이 많이 배치하는 이유는 제도적 제한도 있겠으나 미분양의 부담을 줄이기 위해서다.

중대형 아파트들은 분양가가 높은 만큼 동간 배치도 넓고 내부 자재도 고급스럽다. 무엇보다 조경이나 커뮤니티 시설 등에서 차별화가 이루어진다. 소형 평형 중심의 아파트 단지들은 대형 평형 구성

단지들의 수준을 따라가긴 힘들다.

실거주자가 24평대 아파트를 사러 간다고 가정해보자. 24평 단일 평수로만 구성된 아파트가 좋을까, 24·33·48·55·62평 등 다양한 평수로 구성된 아파트가 좋을까. 24평 단일 아파트에 전세로 살다가 중대형 평형이 있는 아파트를 매수해서 이사할 확률이 높다. 소형 평수에 살면서 더 큰 평형으로 옮기는 단지 내 이동도 많다.

사람들의 인식도 무시할 수 없다. 아파트 단지별로 평형이 나뉘어진 동네가 있다. 예를 들어 1, 2단지는 초소형 구성, 3, 4단지는 24평 구성, 5, 6단지는 30평 이상의 중대형 구성이라고 한다면, 5, 6단지에 산다는 보이지 않는 자부심도 클 것이다.

2. 아파트 브랜드

서울 및 수도권 거주자들이 가장 선호하는 아파트 브랜드는 래미안과 자이다. '래미안과 자이가 지으면 조경이 우수하고 자재가 고급스럽다'라는 인식과 함께 신뢰도가 높다.

한발 더 나아가 자이는 홈네트워크 시스템을 도입해 첨단 아파트라는 위상을 세우기도 했다. 롯데캐슬, 푸르지오, 더샵, 힐스테이트, e편한세상 등이 그 뒤를 잇는다.

서울·수도권에 비해 지방 도시에는 1군 건설사들이 짓는 아파트들이 많지 않다. 2군 건설사들이거나 그 지역에 기반을 둔 건설사들이 지은 아파트들이 많다. 그러다 보니 지방 사람들의 1군 건설사 브랜드에 대한 선호도가 더 높다. 희소성과 자부심이 만들어낸 선호도로 같은 입지라도, 혹여 입지가 조금 빠지더라도 브랜드 아파트의 가격이 더 높게 형성되기도 한다.

결론은 브랜드 선호도는 서울·수도권·지방 모두 동일하다. 그래서 아파트를 선택할 때 브랜드도 함께 고려해야 된다.

3. 경사진 단지보다 평지 단지

대한민국은 국토의 70%가 산지로 이뤄져 서울, 수도권, 지방 나눌 것 없이 전국적으로 산지가 넓게 분포되어 있다. 집 근처에 산이 있으면 공기가 맑고 등산과 산책을 즐길 수 있으니 우수한 자연환경을 갖추었다 할 수 있으나, 경사도 측면에서는 자유로울 수 없다.

같은 거리를 걸어도 평지와 언덕길은 큰 차이가 있다. 마트에서 장을 보고 손에 장바구니가 들려 있는데 비탈진 길을 올라가야 집에 도착한다면, 게다가 하필 한여름이라면 어떨까. 겨울에 눈이 내리면 제설제를 뿌려줘야만 밖으로 나갈 수 있는 언덕 위에 집이 있다면 어떨까. 평지가 주는 편안함과 안정감은 살아본 사람만이 알 수 있다.

물론 요즘은 경사도가 심한 아파트들의 경우 입구부터 엘리베이터로 연결해서 무리 없이 집 앞까지 갈 수 있으나, 조경까진 해결할 수가 없다. 땅을 깊게 파서 평지로 만들거나 축대를 쌓아올려 아파트 단지를 2~3층 높이로 올려 조성하는 방법이 있으나, 비용이 많이 드는 일인지라 건설사에서 그런 선택을 하긴 쉽지 않다.

아파트 입구에 들어섰는데 평지에 확 트인 조경이 눈에 들어오고 중앙광장에는 분수가 설치돼 있다. 시냇물이 흐르고 나무들이 광장

• 부산 래미안 장전 아파트 지도 •

(출처: 네이버 지도)

주변으로 예쁘게 정렬되어 있다. 통일된 느낌의 조경과 깔끔하게 정돈된 단지 배치를 볼 수 있는 곳이 바로 평지에 위치한 아파트이다.

반면, 아파트 입구에 들어서자마자 엘리베이터와 계단이 보이고 고개를 들어 위를 쳐다보니 2~3층 높이 위에 동 배치가 되어 있다. 엘리베이터를 타고 올라가보니 입구에서 올라오는 아파트 단지 도로와 함께 놀이터와 나무들로 답답한 조경이 조성되어 있다. 평지를 보완하기 위해 계단식 동 배치를 해야 하고 조경은 소규모로밖에 할 수 없는 경사도를 가진 아파트이다.

부산 임장을 처음 갔을 때 수많은 산과 가파른 언덕을 보고 놀랐다. 바닷가든 도심이든 경사도가 심하냐 완만하냐의 차이지 대부분 기본적인 경사도가 있었다. 재개발이 활발하게 진행되는 지역들을 운전해서 가보면 이런 곳에 사람들이 어떻게 살고 있을까 싶은 곳이 한두 군데가 아니었다. 신축 아파트도 대부분 경사도가 있는 곳에 지어지다 보니 선택의 여지가 없다. 이렇게 경사도가 심한 지역에 사는 사람들은 평지가 동경의 대상이 될 수밖에 없다.

부산시 금정구 래미안 장전 아파트가 2018년 10월 입주 1년이 지

• 래미안 장전 아파트 전경 •

나면서 최고가 6억 8,000만 원에 거래되는 것을 보면서 매우 놀랐다. 이렇게 비싼 가격을 받아주는 사람이 있구나! 사방이 도로로 둘러싸여 있고 지상철인 1호선의 소음에서 자유롭지 못한 나홀로 단지 느낌의 아파트였다. 대로를 건너 초등학교가 있고 부산대역 역세권 상권을 도보로 이용할 수 있다는 장점이 있다.

그래도 여타 부산 아파트 가격 대비 너무 비싸다는 생각이 들었다. 그러나 막상 래미안 장전 아파트를 가보고 나면 생각이 달라진다. 입구부터 펼쳐지는 평지의 아늑함, 아파트 브랜드에 걸맞는 조경과 커뮤니티 시설, 주변에 경쟁 대상이 없는 신축 브랜드 대단지. 인기가 있을 수밖에 없었다. 이처럼 경사도가 있는 아파트보다 평지의 아늑함을 살린 아파트의 실주거 만족도가 훨씬 높다. 현재 이 아파트의 시세는 8억 원이다.

4. 특수 조망권 프리미엄

넓고 푸른 바다가 보이는 집, 해마다 열리는 불꽃축제를 거실 창문 너머 바라볼 수 있는 집, 한강의 야경을 밤마다 볼 수 있는 집, 아름다운 호수가 내려다보이는 집, 가을이면 단풍이, 겨울이면 눈 덮인 산이, 사계절 푸른 나무와 아름다운 꽃들로 꾸며진 공원이 보이는 집 등등.

이런 특수한 조망권을 가진 집들의 가격은 일반 시세와 차별화된 시세를 형성하고 있다. 비싼 프리미엄을 주고서라도 특화된 조망권을 가진 집에 살고자 하는 사람들이 생각보다 많기 때문이다. 이런 아파트들은 분양권 상태에서는 큰 차이가 없지만, 아파트 형태가 조금씩 나타나면서 가치를 알아보는 사람들이 늘어나면서 때론 부르는 게 값이 될 수도 있다.

최근에 가본 일산호수공원 전망이 그림같이 내려다보이는 GTX 역세권이 될 힐스테이트레이크뷰는 분양 가격이 5억 5,000만 원이었는데 전매 제한이 풀리자마자 프리미엄이 3억 원부터 시작했다.

이렇게 높은 프리미엄까지는 아니더라도 집을 선택할 때 조망권에 따라 가격 프리미엄과 인기도가 달라진다. 생활 수준이 높아지면 질수록 차별화된 조망권을 가진 아파트들과 일반 아파트들의 가격 차이는 앞으로 점점 더 커질 것이다.

5. 남향

아침에 일어나 동쪽에서 뜨는 해를 맞고 저녁에는 서쪽으로 지는 해를 하루 종일 볼 수 있는 방향이 정남향이다. 남향집은 난방비가 적게 들고 집 안이 밝다는 장점이 있다.

모든 집을 남향으로 짓는다면 굳이 동 배치를 볼 필요가 없으나, 같은 땅에 더 많은 세대수를 짓고 싶은 건설사 입장에서는 정남향인 판상형보다 남서향과 남동향 배치의 타워형 배치를 선호한다.

남동향은 아침에 뜨는 해를 볼 수 있어서 아침형 세대들이 선호하는 방향이고 남서향은 오후에 늦도록 해가 드는 집이라 저녁형 세대들에게 인기가 있다. 주로 남동향은 연령층 있는 사람들이, 남서향은 젊은 층들이 선호한다.

집을 선택할 때 남동향이든 남서향이든 아파트별로 선호하는 방향이 있으니 지역 부동산 중개소 소장님에게 정보를 얻으면 어느 방향이 로열라인인지 파악할 수 있다.

예컨대 바다가 보이는 남동향 대 해가 잘 드는 남향 중 선택하라면 사람들은 대부분 남향을 선택한다. 그만큼 햇빛이 드는 방향은 집 가격을 결정하는 중요한 요인이다.

발목을 잡는 걱정거리는 모두 불필요하다

부동산 투자를 해보지 않았거나 관심조차 두지 않는 사람들은 대부분 "투자할 돈이 없다, 세금이 무섭다, 가격이 떨어질까 두렵다"라고 말한다.

적은 투자금으로도 충분히 가능하다는 말은 앞서 수없이 했다. 돈이 없어서 투자하지 못하는 사람들에게 그럴수록 소액 투자를 시작하라고 말하고 싶다. 세금이 많이 나올까 봐 걱정돼서 투자를 꺼리는 사람들도 있다. 양도세에 대한 정확한 지식을 알게 된다면 그동안 세금이 무서워서 시작도 하지 못했던 과거를 후회하게 될 것이다. 가격이 떨어질까 두렵다면 앞으로 오를 지역, 덜 오른 아파트를 찾는 방법을 배우면 된다.

이 모든 것이 부동산 투자를 하면서 하지 않아도 될 걱정들이다. 이제 이런 걱정들에서 어느 정도 벗어나 정확한 정보와 지식을 쌓는 데 집중해보자.

레버리지를 똑똑하게 이용하라

나는 은행에 저금을 하러 가는 것이 아니라 대출을 받으러 간다. 은행의 적금이나 보험회사의 연금이 노후를 보장해줄 거라는 생각은 아예 접었다. 가장 큰 이유는 인플레이션으로 통장에 들어 있는 돈의 가치가 물가상승률을 따라가지 못한다. 소비자 물가상승률은 연평균 2% 오른다. 통화량은 무려 연평균 7%씩 증가한다. 1억 원이란 돈을 은행에 넣어두면 물가상승률만큼 2%씩, 통화량 증가율만큼 7%씩 내 돈의 가치가 하락하는 셈이다.

1억 원이란 돈으로 집을 한 채 내지 두세 채도 살 수 있다. 불과 2년의 시간이 지나 수익률이 100%만 돼도 1억 원이 2억 원으로 늘어난다. 은행 이자와는 비교할 수 없다. 마이너스 대출을 이용하는 사람 중에는 두 부류가 있다. 생활비가 모자라서 마이너스 대출에서 매달 조금씩 뽑아 쓰면서 원상복귀가 안 되는 사람과 아파트를 사기 위해 2년 동안 잠시 빌렸다가 2년 뒤에 큰 수익으로 갚는 사람.

나 역시 대출을 받으면 큰일이 나는 줄로만 알고 산 적이 있다. 신용카드의 현금 서비스도 단 한 번 받아본 적 없이 성실하게 살아왔고 집을 살 때는 온전히 집값을 다 가지고 있어야만 사는 줄 알았다.

예전에 들었던 어느 강의에서 강사가 "현재 내 집이 있는데 그 집에 대출이 한 푼도 없는 분은 손들어보라"고 한 적이 있었다. 몇몇이 자신만만하게 손을 들자 "인생을 잘못 사셨다. 왜 그 좋은 레버리지를 한 푼도 이용하지 않느냐"며 핀잔을 주었다.

자산을 늘리는 데 필요한 대출, 큰 무리가 되지 않는 범위 내에서라면 과감하게 실행하자. 나 역시 의왕의 집을 팔고 평촌으로 이사올 때 받은 대출금이 큰 부담이었던 적이 있었다. 얼른 돈을 벌어서 갚아버리고 싶었다. 그러나 투자를 시작하면서 '좋은 빚'에 대해 알게 되었고, 집 담보 추가 대출 5,000만 원을 밑천으로 자산을 몇 배나 증식할 수 있었다.

생활비로 쓴 5,000만 원과 자산을 증식하는 데 쓴 5,000만 원이 미래에 내게 가져다 줄 경제적 여유를 어떻게 비교할 수 있을까. 통장에 넣어둔 5,000만 원과 아파트를 사는 데 쓴 5,000만 원의 가치는 현저하게 다르다.

물론 무리한 대출까지 받으면서 투자를 하라는 뜻은 아니다. 여기서 말하는 대출은 감당할 수 있는 범위의 소액 대출이다. 지나친 욕심에 감당하기 힘든 대출까지 받으면서 집을 샀다가 혹여나 실패하게 되면 다시는 투자 세계로 돌아오지 못할 수도 있다.

수익금이 세금을 앞선다

내가 많이 받는 질문들 중 하나는 '다주택자가 되면 세금이 많이 나오지 않나요?'이다. 다주택자라고 해서 무조건 양도세가 중과되는 것은 아니다. 내가 파는 물건의 소재지가 어디에 있느냐에 따라, 그 물건의 소재지가 조정 지역이라면 중과가 되지만 조정 지역이 아니라면 중과를 적용하지 않는다.

또한 양도세는 말 그대로 팔고나서 수익이 남아야 내는 세금이므로 양도 차익이 났다면 그 차익에서 일정 부분을 세금으로 내야 하므로 세금을 낼 정도로 이익을 낸 것은 기뻐할 일이다.

비조정 지역에서는 1년만 보유(12·16 대책으로 2021년 1월 1일 이후 양도하는 주택부터 2년 이상 보유해야 기본 세율 적용)해도 일반과세가 적용되므로 내가 실현한 양도 차익에 맞는 구간만큼의 양도세를 납부하면 된다. 실제로 계산해보면 소액 투자로 벌어들인 소득 대비 그렇게 높은 수준의 양도세가 부과되진 않는다.

그러나 조정 지역은 다르다. 다주택자에 대한 양도세 중과는 감당하기 벅찬 세금 규제이기 때문에 조세 저항으로 조정 지역에서는 매물이 잠기기도, 비조정 지역으로 투자가 몰리기도 하는 현상이 일어난다.

1주택자 내지 2주택자라면 비과세 혜택까지 받을 수 있으니, 이 얼마나 큰 혜택인가. 매달 받는 월급도 꼬박꼬박 원천징수를 당하는데 1주택자가 집을 팔 경우 무려 9억 원까지는 세금 한 푼 내지 않아도 된다. 우리나라에 이만큼 큰 절세 제도는 없으니 비과세 혜택을 최대한 이용하는 것도 좋은 투자법이다.

오히려 수익이 나지 않을까 걱정해야지 수익이 났을 때 납부해야

실전 투자 예시

경기도 군포시 산본동의 역세권 소형 아파트를 투자금 3,000만 원을 들여 매입했다. 2년 보유 후 6,000만 원의 매도 차익을 실현했다. 다주택자임에도 불구하고 6,000만 원의 양도 차익에 대해 내가 낸 양도세는 700여만 원이었다. 모든 비용을 공제한 후 수익은 5,300만 원이다. 3,000만 원을 들여 세금을 내고도 5,300만 원이 남았는데 세금이 무서워서 투자를 못한다는 말은 '구더기 무서워 장 못 담근다'는 속담에 불과할 뿐이다.

매입 가격	1억 6,500만 원
전세 보증금	1억 4,500만 원
경비(취등록세, 등기비, 중개 수수료)	400만 원
수리비	600만 원
투자금	3,000만 원
매도 가격	2억 2,500만 원
양도 차익	6,000만 원
양도세	**700만 원**
순이익	5,300만 원
순수익률	176%

할 세금을 걱정할 필요가 없다. 부동산 시장이 꺾이지 않고서는 당분간 정부의 규제 정책에는 변함이 없을 것이 분명하니, 하락장을 넘어 다음 상승장을 준비하는 장기전이 될 수밖에 없을 듯하다.

위기론자들은 상승장에도 있었다

부동산 하락론자들은 항상 있고 금융위기설 또한 항상 존재한다. 그렇다고 해서 부동산이 하락할까 봐 아무것도 못하고 하락장을 기다리기엔 전문가들도 하락이 언제 올 것인지 정확하게 예측하기 어렵다.

2016년에도 많은 학자들이 2018년 부동산 위기설을 예고했지만, 2018년 서울 대상승이 일어났다. 위기론자들의 말을 믿고 아무것도 하지 않은 사람들은 최고의 부동산 상승장에 올라타지 못했다. 또다시 그들은 2021년 부동산 하락설을 주장하고 있다. 미래에 가보지 않는 이상 그 누구도 알 수 없는 일이다.

부동산 경기가 하락장에 들어서게 된다면 선택은 두 가지이다. 위기가 감지되는 순간 싸게 팔고 빨리 나오든지, 다시 상승 사이클이 올 때까지 묻어두든지. 본의 아니게 싸게 팔지도 못하고 묻어두는 선택을 할 수밖에 없다면 마음을 비우고 다시 때를 기다리자. 다시는 상승장이 오지 않을 것처럼 시장은 고요하고 잠잠해진다. 그러나 진정한 고수들은 그때 헐값에 나온 매물을 조용히 사들인다.

부동산은 상승과 하락을 반복하며 투자자를 울리기도 하고 활짝 웃게 만들기도 한다. 다행히 아파트는 주식처럼 갑자기 종잇조각이 되지 않는 안전 자산이다. 가급적 신축 아파트 내지 구축이라도 입지가 탄탄한 아파트를 골라 매입해서 보유하고 있다면 하락장이 온다 해도 그리 많이 흔들리지 않는다.

하락장이 무서운 사람들은 갭이 작다는 이유만으로 인구 30만 명이 채 되지도 않는 소도시에 가서 묻지도 따지지도 않고 오래된 구축들을 사 모은 사람들일 것이다.

여유가 된다면 아파트를 주기적으로 사고팔지 않아도 된다. 똘똘한 아파트를 사 모은다는 생각으로 장기투자를 해도 나쁘지 않은 선택이다. 독서모임 지인 중 한 명은 서울 성동구의 한강이 바라보이는 32평 아파트를 2000년 1억 8,000만 원에 매입했다. 또한 같은 성동구 2호선 뚝섬역 역세권 32평 아파트를 1억 6,000만 원에 샀다. 이분은 이 두 채의 아파트를 아직도 팔지 않고 보유하고 있고 현재의 시세는 총 10억 원이 넘는다. 흔들리지 않는 나만의 원칙을 세우고 꿋꿋하게 나아가는 사람은 마지막까지 승자로 남는다.

부동산 중개소에 자주 들러라

훌륭한 공부법 중 하나는 부동산 중개소에 자주 들르는 것이다. 부동산 중개소는 돈이 되는 정보를 알려주는 곳 중 하나이다. 물론 소장님의 말을 전부 다 믿어서는 안 되겠지만, 누구보다 그 지역을 잘 알고 있는 분들이다. 또한 해당 지역에서 투자 경험이 많은 소장님의 이야기는 어디에서도 들을 수 없는 고급 정보 그 자체다.

처음에는 중개소 문을 열고 들어가는 것도 쉽지 않다. 소장님의 얼굴을 보는 순간, 무엇을 물어봐야 할지도 생각나지 않는다. 마음속에 이미 '나는 아무것도 모르는 초보자'라는 두려움이 존재한다면 상대방도 금세 알아차린다. 나는 좋은 집을 좋은 가격에 사고 싶어 하는 손님이고, 소장님은 나에게 그런 집을 소개해주는 직업을 가진 사람이다. 그러니 주눅들 필요가 전혀 없다.

그저 솔직하게 말하면 된다. 나는 이 지역에 대해서 공부를 하고 있고 확신이 들면 투자를 하고 싶다. 지금 이곳의 분위기는 어떤지, 어떤 사람들이 살고 있는지, 어느 아파트들을 왜 선호하는지, 좋은 가격의 매물들이 나와 있는지 등을 꼼꼼하게 물어본다.

물론 하루에도 수십 명이 왔다 가는 곳인지라 지친 소장님을 상대로 브리핑을 이끌어내기가 쉽지 않다. 그러나 꼭 집을 살 사람이라는 간절함을 보여주거나 상대방에 대한 호의를 보이면 대부분의 소장님들은 간단한 설명이라도 해주려 애쓴다.

나는 부동산 중개소에 들어갈 때 밝게 인사를 하면서 시선을 집중시킨다. 그리고 테이블에 앉지 않고 지도 앞에 가서 선다. 시작은 "소장님 급매 있나요? 급매 좀 사러 왔습니다"이다. 그러면 소장님들은 몇 동 몇 호가 얼마, 몇 동 몇 호가 얼마… 물건을 브리핑하기 바쁘다.

관심을 살짝 돌려 아파트에 대해서 물어보고 나아가 그 동네에 대해서 물어본다. 나의 질문을 듣다 보면 이 동네를 전혀 모르는 손님이구나, 하고 소장님도 함께 답답해지기 시작한다. 손님이 자리에 앉지 않고 계속 지도 앞에서 이것저것을 물어보면 참다못한 소장님들은 30센티미터 자라도 들고 설명을 시작한다. 그 설명에 맞장구만 치면 된다.

실전에 나가면 말처럼 쉽지 않으니, 울렁증을 극복하는 가장 좋은 방법 중 하나는 자신이 살고 있는 아파트 중개소에 자주 가는 것이다. 적어도 내가 살고 있는 아파트라면 중개소 문을 열고 들어가는데 용기가 생기지 않을까? 내가 사는 집을 팔고 싶은 설정, 이 동네로 이사를 오고 싶은 설정, 전세를 구하는 설정, 전세를 내놓는 설정, 이 아파트를 투자로 사놓고 싶은 설정이든 무엇이든 좋다.

미리 대본을 짜놓고 대화법을 연습해보자. 내가 잘 아는 지역이니 소장님의 이야기가 귀에 쏙쏙 들어올 것이다. 이야기를 듣고 질문도 할 수 있을 것이고, 주거니 받거니 친해지는 연습을 자주 하다 보면 처음 가는 지역의 부동산 중개소 방문 또한 자연스러워지는 날이 올 것이다.

잘 모르는 지역을 가장 빠르게 이해할 수 있는 방법도 중개소를 몇 군데 돌아다니는 것이다. 여러 소장님의 브리핑을 듣다 보면 처음 가본 지역일지라도 전체적인 그림을 그리는 데 큰 도움이 된다. 그 지역이 좋은지는 알겠으나 세부적으로 그 지역 사람들이 어느 동, 어느 아파트를 선호하는지 모를 때에는 소장님의 아파트별 장단점들을 듣다 보면 현재 중심 주거지가 어디인지도 쉽게 파악할 수 있다.

"요즘 투자자들은 어디에 투자하나요? 소장님은 어디 물건 갖고 계세요?"라고 물어보면 내가 투자 리스트에 담아두지도 않았던 유망 아파트들을 소개해주기도 한다.

단, 이들의 말을 절대적으로 믿어서는 안 된다. 대부분 본인이 살고 있는 동네가 제일 좋다고 말한다. 그분의 입장에선 그 동네에 오래 살았기 때문에 살기 좋고 편하다고 말할 수밖에 없다. 또한 자기가 투자한 아파트가 최고라고도 한다. 반드시 근처 다른 단지에 있는 부동산도 들러 서로 다른 의견을 듣고 장단점을 비교해야 한다.

돈 되는 정보의 보고

2016년 여름, 용인의 신분당선 라인에 있는 아파트 임장을 나갔다. 아파트 매수를 결정하고 갔기에, 마음에 드는 중개소 소장님과 여러 집을 보러 다니느라 땀이 비오듯 쏟아졌다. 집주인과 흥정하는 통화 중인 소장님 앞에 시원한 냉수 한 잔을 올려놓았다. "영업 이래 물을 떠다주는 손님은 처음이네요!" 작은 정성과 배려가 그날 처음 본 사람의 마음의 문을 열게 했다. 그날 이후, 좋은 매물 정보뿐 아니라 그 지역의 상세 소식까지 알려주신다.

창원의 부동산 중개소 소장님은 전화통화만 수없이 하다가 처음으로 대면한 날, 빈손으로 갈 수 없어 달달한 커피와 블랙 아메리카노 두 잔을 사들고 갔다. 그날부터 나를 센스쟁이라 칭하면서, 물건이 잘 나오지도 않는 아파트의 급매 물건을 가장 먼저 알려주신다. 덕분에 그 핫한 지역에 적은 투자금으로 깃발을 꽂을 수 있었다.

천안의 한 소장님은 하루 종일 집을 보고 함께 밥을 먹으면서 친해졌다. 천안에 사활을 걸었던 시기였기에 집중적으로 내려갔고 좋은 물건을 많이 매수할 수 있었다. 바쁜 일정 탓에 매수 후에는 계약 및 잔금 날에도 참석하지 못했지만, 잔수리부터 세입자의 자잘한 요구사항까지 알아서 처리해준 덕에 시간을 벌 수 있었다.

지방에서 계약이 있는 경우 가계약금을 주고받지 않으면 움직이지 않는 게 철칙이다. 내려가는 사이에 상대방이 변심하면 시간과 차비를 버리게 된다. 울산까지 내려갔는데 매도자가 변심한 경우가 있었다. 분명 나는 가계약금을 보낼 계좌를 미리 받아달라 요청했으나, 한사코 그냥 내려와도 된다고 우긴 소장님 덕분에 바람을 맞았다. 화는 났지만 더 당황하는 소장님을 오히려 위로하고 함께 식사를 하면서 밥을 사드렸다. 미안해하던 소장님은 그날 내가 놓친 물건보다 훨씬 더 좋은 물건으로 보답해주셨다.

투자를 하면서 전국 곳곳에 많은 특파원들을 심어두었다. 직접 가지 않아도 나를 위해서 대신 일을 해주기도 하고, 때론 전세입자 이사 날짜가 어긋나 잔금을 못 치르게 되면 돈을 선뜻 빌려주기도 한다. 급매가 나오면 내게 가장 먼저 전화를 준다. 싸고 신뢰할 만한 인테리어 업체, 법무사, 대출상담사까지 전부 소개해주는 소장님들. 나는 이분들이 있기에 대한민국 어디의 어느 아파트를 사도 걱정이 없다.

세입자의 마음을 헤아리는 게 더 이익이다

집을 사고팔 때 가장 큰 영향력을 행사하는 사람은 바로 세입자다. 세입자의 협조에 따라서 제대로 된 가격을 받을지, 싸게 팔아버려야 할지가 결정되기도 한다. 대부분 집을 매도할 때는 세입자가 살고 있는 상황이므로 세입자가 집을 잘 보여주지 않으면 팔기가 쉽지 않다.

맞벌이 부부여서 집을 잘 보여주지 못하는 경우도 있지만, 의도적으로 이사를 가기 싫어서 집을 보여주지 않는 경우도 있고 집주인과의 사이가 좋지 않은 경우도 있다. 세입자가 칼자루를 쥐고 있을 경우가 많은데 내가 주인이라고 갑질을 하면 나중에 곤혹스러워지는 일이 허다하다. 그래서 세입자와는 처음 계약을 할 당시부터 신뢰도를 높여 놓아야 한다.

용인에 입주 10년이 조금 넘은 아파트를 매수한 적이 있다. 나온 매물을 여러 개 보았지만 가격이 마음에 들지 않아 고민하던 중 급매를 발견했다. 급매인 이유인즉, 만기는 다가오는데 집주인과 세입자의 사이가 좋지 않아 세입자가 집을 잘 안 보여줘서 거래가 힘든 집이라고 한다.

나는 소장님을 통해 왜 세입자와 집주인의 관계가 틀어졌는지, 세입자가 새 주인과 전세 재계약을 할 마음이 있는지에 대해 파악을 요청했다. 세입자는 그 집에 계속 살고 싶어 했고 집수리 문제로 말이 오가다가 싸움이 일어난 듯했다. 집주인도 세입자에 대한 인식이 좋지 않아 보였고 그래서 더욱이 집을 빨리 처분하고 싶은 마음이 큰 것 같았다. 나에게는 좋은 조건으로 집을 매수할 수 있는 기회였으므로 먼저 세입자를 공략했다.

"나는 집을 사서 전세를 놓을 예정이다. 기존 세입자가 계속 살고 싶어 한다면 재계약도 가능하다. 또한 집수리를 원한다면 올수리해 드릴 의향이 있다. 우선 만나서 집을 좀 보고 의논해보자"라고 제안했다.

케이크를 사들고 세입자를 만나러 갔는데, 생각보다 너무 쉽게 문을 열어주었다. 내가 직접 만나본 세입자는 주인의 말과는 달리 순수하고 곧은 사람이었다. 나는 그분이 원하는 것 이상으로 집을 수리해 주기로 했다. 세입자의 요구사항은 내 기준에 너무나 소탈해 보였는데 대체 무엇 때문에 집주인은 그 작은 바람을 무시해서 큰 손해를 보는지 이해가 가지 않았다.

집주인과의 사이가 좋지 않다 보니 내가 집을 보면서 놓친 하자 부분까지 꼼꼼하게 챙겨서 알려주었고 이 하자 부분 수리비를 매도인에게 청구할 수 있었다. 결과적으로 어부지리였던 셈이다. 일상생활을 하고 있는 집을 수리하는 일이 얼마나 불편한지 잘 알고 있기에 매번 불편을 감수해주셔서 감사하다는 표현을 잊지 않았다. 세입자 역시 내게 매번 즐겁고 행복하라는 인사를 아끼지 않았다.

수리가 끝난 후 세입자의 만족도는 최상이었고 나는 급매를 사서 최고의 가격에 전세를 놓을 수 있는 행운을 얻었다. 반면, 매도한 집주인은 아마 집을 시세보다 싸게 팔고 나서 세입자를 잘못 만났다고 남 탓만 하고 있을 것이다.

새 집이 아니라면 수리해야 할 부분이 많이 생길 수밖에 없다. 아주 무리한 요구가 아니라면, 나는 대부분 세입자의 요구사항을 다 들어준다. 내 집을 대신 맡아서 관리해주는 사람이 얼마나 깨끗하게 사용하고 비워주는지에 따라 집의 가치가 달라진다. 혹여나 세입자의 이사 만기일이 다 되어도 집이 팔리지 않거나, 새로운 전세입자를 못 구하게 되어도 내 사정을 봐줘가면서 움직여준다면 얼마나 고마운 일인가.

그동안 부동산 투자를 하면서 많은 분들의 도움을 받았다. 사람의 마음을 얻으면 일이 쉬워진다는 것도 깨달았다. 힘든 상황에 있던 내게 많은 도움을 준 그분들의 따뜻한 마음이 있었기에 나는 초심을 결코 잊지 않고 있다.

3장.

부동산 투자의 시작이자 끝, 임장의 모든 것

임장은 아무리 강조해도 지나치지 않다

제대로 된 임장이 왜 중요한지, 어떻게 해야 하는지를 여러 번 강조하고 싶다. 경매로 부동산 투자를 시작한 초보 시절, 전국에 나와 있는 수많은 경매 물건 중 어떤 기준으로 검색을 해야 할지부터 난감했었다.

지역에 대해 잘 모르니 경매에 나온 물건이 좋은 물건인지 아닌지 구별하기 어려웠다. 무작정 이곳저곳 법원을 기웃거리며 검색하다가 가격이 만만해 보이면서 권리관계도 쉬워 보이는 물건이 눈에 띄면 출력한다. 그리고 한번 가볼까? 하고 계획 아닌 계획을 세웠다.

그 지역에 가서 과연 무엇을 보고 왔을까? 물건만 달랑 보고 부동산 중개소에 가서도 해당 물건에 대해서만 열심히 물어보고 왔다. 정작 보아야 할 물건의 입지, 더 나아가 속해 있는 지역의 흐름에는 관심조차 없었다. 나는 거꾸로 하고 있었던 것이다. 관심 지역을 먼저 선정하고 그 지역 공부를 충분히 한 후, 매수를 결정하면 급매를 찾아보거나 경매를 검색해보는 것이 제대로 된 절차이다.

한 지역을 정확하게 파악하기 위해서는 시도별 중심지가 되는 지역부터 파악해야 한다. 중심지가 되는 지역은 대부분 그 지역의 부촌, 즉 1등 입지를 가진 곳이기 때문이다.

나무가 아닌 숲을 보라

거대한 서울이란 도시를 정확히 알기 위해서는 반드시 중심지인 강남에 대해서 파악해야 한다. 서울의 부촌인 강남의 변화와 흐름을 파악하는 일이 기본이다.

왜 그토록 많은 사람들이 강남에 집중하는지, 강남이 갖고 있는 탁월한 입지가 무엇인지, 강남 3구 중에서도 어디가 중심이며, 그 중심에 어떤 아파트들이 있고, 사람들은 어느 아파트에 살고 싶어 하는지, 그 아파트의 가격은 어떻게 변화되고 있는지, 강남의 흐름이 서울의 어디로 퍼져나갈 것인지, 서울의 흐름이 경기도 인근의 어느 지역으로 어떤 원리로 번져갈 것인가를 알아야 제대로 된 부동산 상승장에 올라탈 수가 있다.

그리고 이 모든 것을 이해하기 위한 첫걸음이 제대로 된 임장이다.

물론 정보의 홍수 시대를 사는 우리는 카페나 블로그에 분석해놓은 글들만 열심히 읽어도 어느 정도는 감을 잡을 수도 있을 것이다. 그러나 내가 서울에서 태어나고 자라 곳곳을 속속들이 아는 사람이 아니라면, 직접 가보지 않고 어디에 어느 아파트가 있는지, 그 아파트가 왜 살기 좋은지 과연 알 수 있을까. 하루아침에 얻은 정보와 직접 가서 보고 들으며 차근차근 단계를 밟아 알아낸 정보의 가치는 비교할 수 없다.

인구 250만 명의 대구광역시를 알고 싶다면 가장 먼저 수성구를 공부해야 한다. 대구의 부촌 수성구는 서울의 강남과 비슷하다. 2015년 정점을 찍고 잠시 주춤하던 수성구의 집값이 2017년부터 왜 끝없이 오르는 것인가. 단편적인 결론부터 말하자면, 부자들이 살 집이 부족했기 때문이다.

그럼 수성구의 열기가 어디로 번져나갈까. 수성구와 유기적인 관계를 갖고 있는 도시는 어디일까. 중구, 북구, 서구, 달서구 등 각각의 위상이 어떠한지 범위를 넓혀가면서 제대로 된 숲을 보는 임장을 하고 난 후 투자처를 고른다면, 그 나무가 얼마나 잘 자랄지, 언제 팔면 될지를 판단하기 쉬워진다. 수성구의 상승세가 어디로 퍼져나갈지 예측해서 선점할 수 있었다면 대구의 상승장에도 올라탈 수 있었다.

대부분의 초보자들은 대구 부동산 시장이 크게 상승할 것이라는 정보를 입수하면, 유명 강사가 찍어준 아파트만 보고 매수하고 온다. 전체적인 숲을 보는 것이 아니라 달랑 나무만 사 갖고 오는 셈이다. 물론 처음에는 대부분 그렇게 시작한다.

그렇게 매수한 아파트는 대박이 날 수도, 쪽박이 날 수도 있다. 그렇게 돈을 잃기도 벌기도 하면서 '제대로 된 공부를 해야겠다'고 결심하거나, '투자는 나하고 안 맞아' 하며 투자의 세계를 떠나버리기도 한다.

우선 질러놓고 나중에 공부하는 방법도 나쁘지 않다. 설사 나무만을 찍어 샀더라도 사후에 시간과 노력을 들여서 발품을 판다면, 내가 한 실수를 만회할 수 있는 방법을 찾게 된다.

투자할 지역들은 계속해서 바뀐다. 매번 지역 공부는 하지 않고 누가 어느 지역, 어느 아파트를 사라고 하는지 정보만 찾아다니느라 소중한 시간을 허비하다보면 실력은 늘지 않는다.

해답은 언제나 현장에 있다

현장에 답이 있다. 진심으로 좋아하는 말이다. 임장을 많이 다니면 다닐수록 부동산을 보는 눈이 달라진다. 나는 이제 절대 한 번 가보고 선불리 물건을 사지 않는다. 처음에 갔을 때는 미처 보지 못한 부분들이 두 번 세 번 다시 가서 보면 비로소 보이기 시작한다.

'가격이 많이 빠지고 있구나. 더 떨어질 시장이다. 매수하면 안 되겠다' '지금 이 가격이 바닥이구나. 최소 얼마까지는 가겠다' 등등. 열심히 발품을 팔면서 지역을 비교해보면 이런 판단 능력이 자신도 모르게 생겨난다.

스스로 판단하고 결정해 발견한 투자처에 깃발을 꽂는 뿌듯함을 느껴보고 싶지 않은가. 내가 아는 지역을 조금씩 넓혀가고 싶지 않은가. 아는 지역이 많아질수록 투자할 수 있는 곳도 점점 늘어난다. 제대로 된 임장을 통해서 지역 공부만 확실히 한다면, 투자금이 없을 뿐이지 투자할 지역은 무궁무진하다.

누군가 찍어주는 지역에 가서 막차를 탈 것이 아니라, 스스로 선택한 지역에서 자신감을 높여보자. 제대로 된 임장만 해낸다면 가능한 일이다.

멀리 내다보는 꾸준함이 아군이다

부동산 투자에 눈을 뜨기 시작한 초보자들 대부분 마음이 조급하다. 좋은 시장을 놓친 것 같고 지금이라도 남들이 사는 지역에 따라가서 얼른 사야 하는 게 아닌지 초조함이 생긴다. 이렇게 마음이 급해지면 판단은 흐려지기 마련이다. 이미 가격이 어깨선쯤 온 물건을 매수하거나, 선택에서 버림받은 못난이 물건을 매수하게 될 수도 있다.

물건을 사기 전에 한 번만 더 생각해보면 판단하기 쉽다. 이 물건이 나중에 잘 팔릴까? 내가 실거주자라면 사려고 할까? 부동산 매물 리스트에 오랫동안 남아 있는 매물, 왜 안 팔리고 나에게까지 기회가 왔을까? 싸고 투자금이 적어서 덜컥 산 물건이 나중에 매도 타이밍이 왔을 때 팔리지 않고 마지막까지 남아 있을 수도 있음을 생각해야 한다.

웬만한 투자자들이 다같이 매수한 지역을 덩달아 매수하고 나면, 그 많은 매물들이 이후 다시 전세 시장으로 쏟아져 나온다. 과연 나는 잔금 날짜에 맞추어 전세 세입자를 무리 없이 구할 수 있을까? 설사 전세를 잘 맞추어서 잔금을 무사히 치렀다고 해도 2년 뒤 매도 시점이 왔을 때 함께 진입한 사람들의 매물이 다시 시장에 쏟아질 수 있다.

내 물건을 먼저 팔고자 한다면 시장에 나와 있는 매물들보다 경쟁력을 갖춰야 한다. 물건이 좋거나, 가격이 싸거나. 이렇다 보니 매수 단계에서는 급하게 저지르기보다 좋은 물건을 싸게 구입하고자 하는 노력과 참고 기다리는 마인드 컨트롤이 절대적으로 필요하다.

투자에 관심을 갖기 시작했다면 장기 플랜을 세워야 한다. 꾸준한 지역 공부를 통해서 지역 전문가가 되어보자. 당장 관심 있는 한 지역만 깊게 파보자. 시간을 천천히 두고 그런 지역을 넓혀가면 된다. 10년 대계를 세우고 미래를 꿈꿔보자.

투자에 관심을 갖기 시작한 1~2년의 시간보다 앞으로 투자해야 할 시간들이 훨씬 길다. 지금의 활활 타오르는 시장에 내 몸을 던져 다 태워버리지 말고 투자금을 차곡차곡 모으면서 적시 적소에 확신을 갖고 계획적으로 투자하는 것이 롱런하는 방법이다.

꾸준함에는 장사가 없다. 한 달에 한 번이라도 제대로 된 임장으로 지역 공부를 한다면, 멀지 않은 미래에 스스로 선택한 지역에서 자신감을 키울 수 있을 것이다. 소중한 자산을 지키면서 튼튼한 나만의 성을 쌓아나가기를 바란다.

임장 준비의 시작점, 지도 만들기

임장을 나가기 전 반드시 사전 조사부터 해야 한다. 얼마나 많은 준비를 했느냐에 따라 실제 현장에 가서 보고 듣는 것이 달라진다. 아는 만큼 보이고 아는 만큼 들린다는 말은 임장에도 적용된다.

물론 나도 처음부터 모든 것을 완벽하게 준비해서 나가지는 않았다. 부동산 중개소에 가서 무엇을 물어봐야 할지도 막연하고, 제대로 시세 파악도 안 된 상태라 브리핑 받은 가격이 싼지 비싼지 판단하기 힘들었다. 가장 답답했던 부분은 방향감각도 뛰어나지 않다보니 지금 어디에 와 있는 건지, 어디가 어디인지 아파트 위치와 동네를 구분하는 일이 너무 어려웠다. 머릿속에 큰 그림을 그리려면 그 지역 전체를 머릿속에 넣어야 한다. 한 지역 한 지역 다니면서 지역별 특성을 기록하고 파악해야 미래를 예측할 수 있다.

또한 임장을 다녀온 당일에는 기억이 전부 남아 있는 것 같으나, 하루 이틀만 지나도 흐려지면서 한동안 가보지 않으면 다녀온 동네가 맞는지조차도 헷갈리게 된다. 결코 자신의 기억력을 믿으면 안 된다. 기록은 기억을 이긴다. 나는 그 기록을 내가 만든 보물 지도에 남긴다.

임장 지도만 잘 만들어도 절반은 성공이다

누구에게나 시행착오는 있고 처음부터 완벽할 필요는 없다. 할 수 있는 만큼만 준비해서 일단 나가보는 것이 중요하다. 나 역시 처음에 만들었던 지도를 보면 절로 웃음이 난다. 어찌나 크게 만들었는지 밖에서 도저히 펼쳐볼 수도 없을 정도였다. 그다음 버전은 크기는 조금 작아졌으나 '지도를 왜 만들었을까?' 하는 생각이 들 정도로 아무 기록이나 흔적이 남아 있지 않기도 했다.

일단 완벽하지 않은 지도라도 들고 나가면 스스로 궁금증이 생긴다. 시세라도 적어볼까? 아파트별 입주 연도는 어떻게 될지? 세대수는 얼마나 되는 거야? 주변에 뭐가 있지? 교통은 편리한 건가? 학교는 가까운가? 상권은 어디에 형성되어 있는 거지? 인근에 분양한 새 아파트가 있나? 재개발이나 재건축 이슈는 있나? 등등.

임장을 나가서 궁금해지는 사항이 많아질수록, '다음에는 이 부분을 더 조사해야겠다'라는 필요성을 느끼게 된다. 그렇게 임장 전 사전 조사는 횟수를 거듭할수록 진화하고 발전한다. 일단 시작해보자. 비록 빈손일지라도 나가지 않는 것보단 낫다.

지도 만들기는 임장 준비의 시작점이다. 나는 매번 임장을 나가기 전 내 손으로 지도를 만든다. 직접 지도 위에 표시할 내용이 너무 많기에 남이 만들어놓은 지도는 나에게 아무 쓸모가 없다.

지도를 만들기 위해 다음 지도를 들여다보는 순간부터 지역 공부가 시작된다. 가볼 지역의 위치가 어떠한지, 어떤 교통수단, 일자리,

• 실제 임장 지도 •

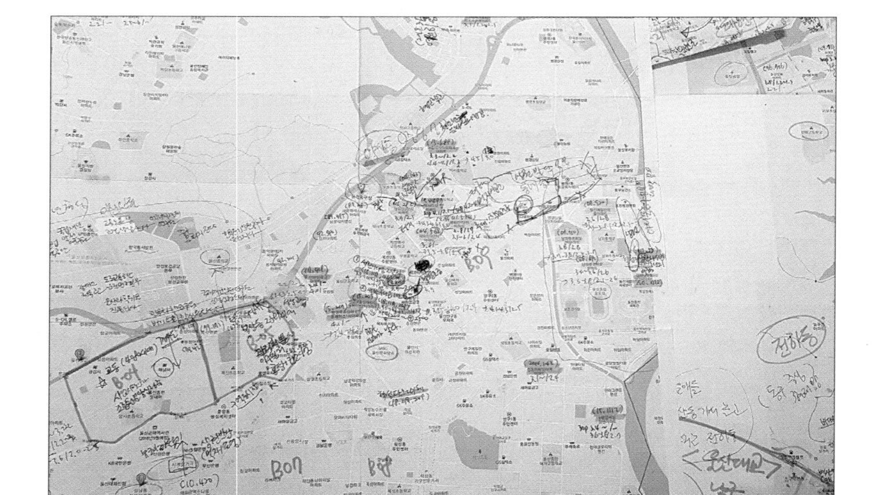

편의시설, 자연환경 등을 갖고 있는지 등 전체적인 큰 그림을 먼저 지도를 통해서 숙지해둔다.

예컨대 서울시 강남구의 아파트가 비싼 이유는 지도만 봐도 알 수가 있다. 대부분의 모든 지하철이 그물망처럼 연결되어 있으며, 고층 빌딩마다 일자리가 집중되어 있고, 모든 생활 인프라가 갖추어져 있는 데다, 학군까지 받쳐주고 자연환경인 한강도 끼고 있으니 대한민국 최고의 지역이 될 수밖에 없지 않은가.

지도를 만들어 색깔별로 입지를 표시하다 보면 형광펜이 모자를 정도로 표시할 내용이 많은 동네는 단연 그 지역의 중심지이며 대장 역할을 하는 곳임에 틀림없다. 그러니 지도를 만드는 사전 조사 과정에서 이미 어느 지역이 중심지인지, 사람들이 선호하는 주거지인지 정도는 쉽게 파악할 수 있다.

지도를 만드는 스마트한 방법들이 많겠지만, 누구나 따라하기 쉬운 가장 편한 방법으로 만들어보자. 내가 활용하는 방법은 단순하게 화면을 캡처해서 엑셀 파일에 이어 붙인 뒤 출력하는 방법이다. 컴퓨터를 잘 다루지 못하는 사람들도 누구나 쉽게 만들 수 있다.

임장 지도 만드는 순서

이제 실제로 지도 만들기를 시작해보자. 예를 들어 경기도 안양시 동안구의 임장 지도를 만든다고 가정한다.

1. 다음 지도(map.kakao.com) 사이트에 접속한다.

2. 안양시 동안구를 검색하면 빨간색 테두리로 동안구가 표시된다(축소나 확대를 해도 경계선이 없어지지 않기 때문에 가급적 다음 지도 사용을 추천한다).

3. 빨간색 테두리 안의 안양시 동안구를 확대 및 축소해가면서 이 지역에 무엇이 있는지 눈으로 익힌다. 전체적인 지리적 위치와 어느 도시와 경계를 두고 있는지, 어떤 교통수단, 자연환경, 편의시설을 갖추고 있는지 등에 대한 정보들을 간단한 사전 체크로 알아본다(네이버 지도의 최상단 오른쪽에 있는 지적편집도를 이용하면 공업 지역이나 중심 상업 지역 등을 확인할 수 있다).

4. 아파트 동까지 보이게 확대하면 지도가 너무 커지므로 이름까

• 다음 지도 캡처하기 •

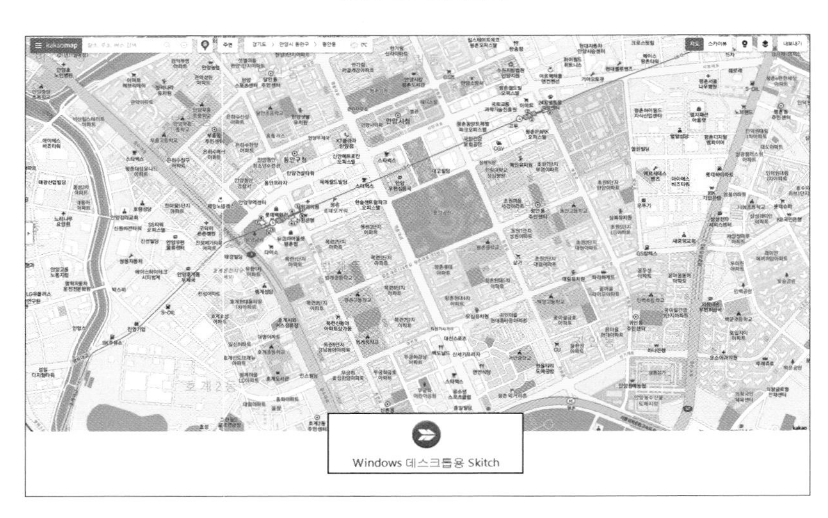

(출처: map.kakao.com)

지만 보이도록 확대 내지 축소한다. 화면을 캡처하기 가장 쉬운 프로그램이 스키치(SKITCH)이다. 스키치 프로그램을 띄워 놓고 캡처할 부분의 범위(+)를 정하여 담는다.

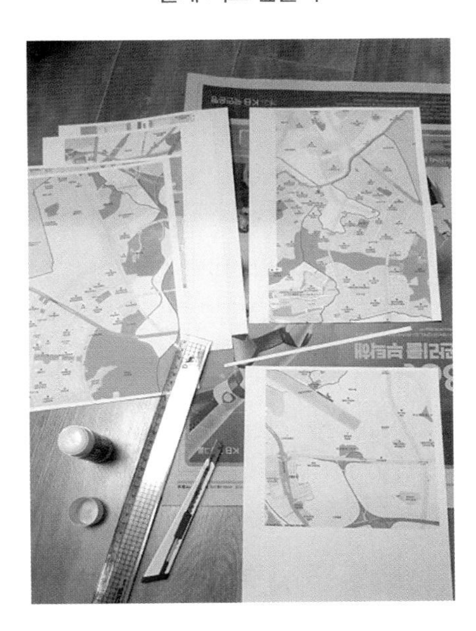
• 실제 지도 만들기 •

5. 지도의 가장 왼쪽 상단부터 순서대로 화면을 캡처해서 엑셀로 옮긴다. 'Ctrl + C(복사)'해서 엑셀 파일에 순서대로 기준을 잡아 'Ctrl + V(붙이기)' 이어 붙이기를 한다. 왼쪽 상단부터 차례대로 오른쪽 하단까지 순서대로 화면을 이어 붙이기를 완료하고 나면, 전체적인 안양시 동안구 지도가 엑셀 화면으로 옮겨지게 된다.

6. 출력을 할 때, 여백을 사방으로 5mm 정도만 준다. 지도를 너무 크게 만들면 실제로 임장 나가서 펼쳐 보기가 창피하다. A4용지 5장씩×2줄을 붙인 크기를 넘지 않도록 배율(70~80퍼센트 정도)을 줄여서 출력한다.

7. 이어 붙일 부분의 한쪽 면 여백을 칼로 자르고 풀칠을 하여 붙인다. 여백을 잘라 이어 붙일 때에는 반드시 풀을 이용해야 한다. 테이프로 붙이면 이음새 부분에 나중에 글씨를 쓸 수가 없게 된다.

임장 지도에 꼭 들어가야 할 정보

지도가 완성되면 다음과 같은 갖가지 사항들을 찾아서 표시해야 한다.

1. 교통수단(지하철, 고속도로, 특별 교통수단)

아파트 가격을 높이는 가장 큰 요인 중 하나가 바로 교통이다. 단순하게 말하자면, 강남에 얼마나 접근하기 쉬운가에 따라서 집값이 결정된다고 해도 과언이 아니다. 요즘 가장 핫한 교통 이슈인 GTX의 경우 그동안 교통 소외 지역이었던 곳에 강남 내지 도심으로 30분 안에 도착이 가능한 지하철이 들어온다고 하니 가히 교통 혁명이라고 부른다.

교통이 발달된 곳은 그만큼 많은 사람들의 수요가 있고, 그 수요에 의해 집값이 결정된다. 임장을 갈 지역에 지하철, 고속도로, KTX · SRT역, 버스터미널 등 어떤 교통수단이 있는지를 지도에 표시한다.

물론 지방 도시들은 지하철이 있어도 많이 이용하지 않는 경우도 있다. 지하철역이 아파트 밀집 지역과 멀리 떨어진 곳에 위치한 경우도 많다. 또한 지방 도시에 KTX가 생긴다 하더라도 서울 · 수도권 사람들이 그곳으로 이사를 결정하진 않기 때문에 편의성이 좋아질 뿐 서울 · 수도권만큼 큰 집값 상승은 기대하기 어려울 수 있다.

그러나 집값을 결정할 때 지하철의 이용 빈도수와는 상관없이 지하철역과의 거리에 따른 가격 차이는 분명히 존재한다.

2. 중심 상권(백화점, 마트, 병원, 상업시설)

네이버 지적도를 이용하면 지도에 토지 이용 용도에 따라 색깔이 다르게 표시된다. 임장을 가고자 하는 지역을 지도에 띄워놓고 지적도를 클릭하면 어디가 중심 상업지인지, 공업 지역인지, 주거 지역인지, 자연 녹지인지를 한눈에 볼 수 있다.

네이버 지적도를 기준으로 핑크색으로 표시된 중심 상업 지역을 임장 지도에서 찾아서 표시한다. 대부분 사람들은 중심 상업 지역으로 모이게 되고, 상권이 발달한 지역일수록 편의성이 우수할 수밖에

• 대전광역시 지적도 •

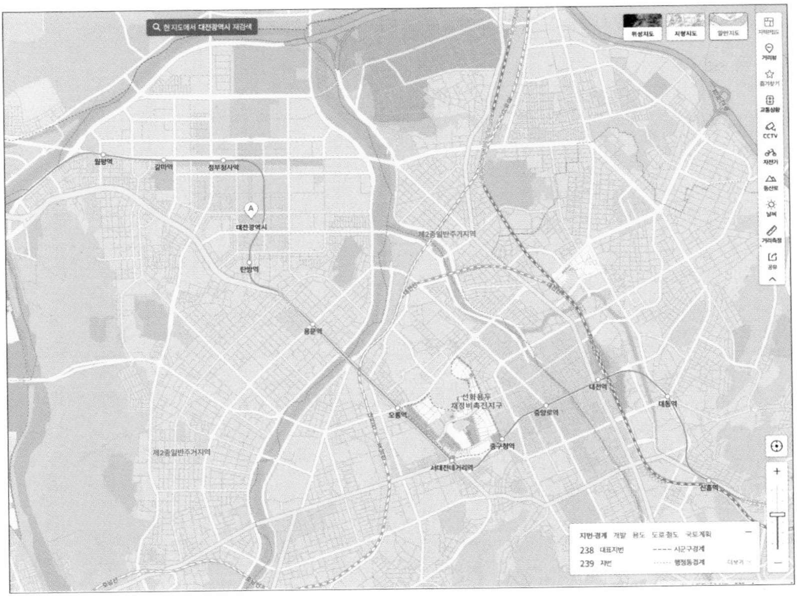

(출처: 네이버 지적도)

없다. 백화점, 마트, 병원 및 상권들이 발달된 중심 상업 지역을 도보로 이용할 수 있는 지역은 주거 만족도와 선호도가 높다.

3. 일자리(대기업, 산업단지, 법원, 검찰청, 시청, 구청 등)

네이버 지적도에서 일반 공업 지역은 하늘색으로 표시된다. 국가 행정기관들은 주로 도심에 자리잡고 있고 고급 일자리를 포함하고 있어 학군 수요를 동반한다.

유난히 대기업들이 많은 경남 창원시 같은 경우 행정, 산업, 주거

• 창원시 성산구 지적도 •

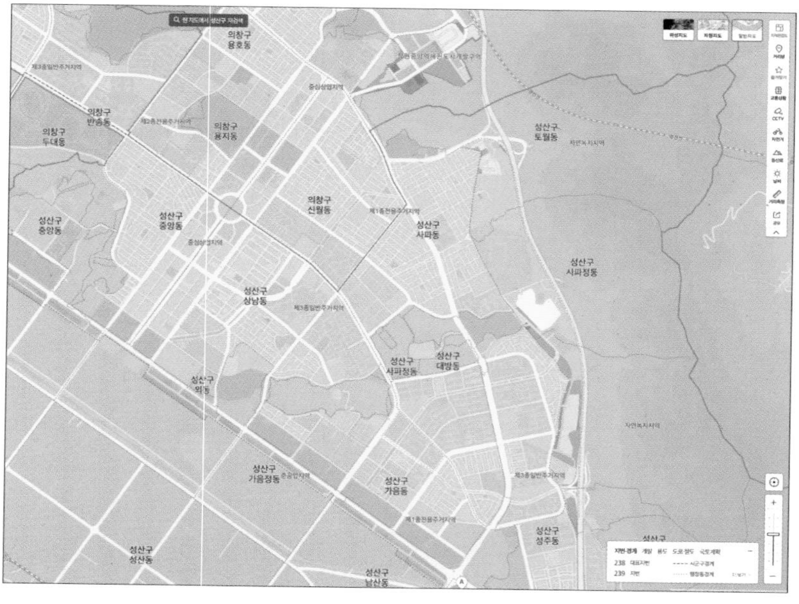

(출처: 네이버 지적도)

공간을 완벽하게 분리해놓은 한국 최초의 계획도시이다. 창원시 성산구 지적도를 보면 도시의 모습이 한눈에 들어온다. 중심 상업 지역을 도시의 정중앙에 배치하여 동서 양쪽의 주거 지역에서 골고루 이용이 편리하게 했다. 대기업 및 유망 중소기업들은 바로 남쪽에 배치하여 주거지와 분리되었으나, 주거지에서 멀지 않아 출퇴근이 용이하다.

대기업들이 많아 연봉 수준이 높고, 경상남도청을 주축으로 행정기관을 중심 상업 지역으로 배치하여 교육열 또한 높은 도시 중 하나이다. 따라서 학군이 좋아지고 학원가가 형성되면서 인근 신축 아파트들이 향후 승승장구할 것이라고 지도만 보아도 어렵지 않게 전망할 수 있다.

4. 랜드마크 아파트

랜드마크 아파트는 보통 그 지역을 대표하는 아파트를 말한다. 요즘은 신축 아파트들이 입주하게 되면 그 지역에서 가장 비싼 아파트가 되고 랜드마크 아파트로 등극하는 경우가 많다.

호갱노노 사이트에서 해당 지역의 지도를 띄운다. 검색 필터에서 아파트, 매매 · 평형에서 30평대, 입주 5년 이내를 선택하면 빨간색과 파란색으로 표시된 아파트들이 몇 채 나타난다. 파란색은 구축이고 빨간색은 입주 예정 아파트이다.

집 모양 위 왕관은 월간 방문자 1위 아파트로 그만큼 많은 사람들이 관심을 갖고 있다는 뜻이다. 34평 기준으로 비교해보면 가장 비

• 랜드마크 아파트 찾기 •

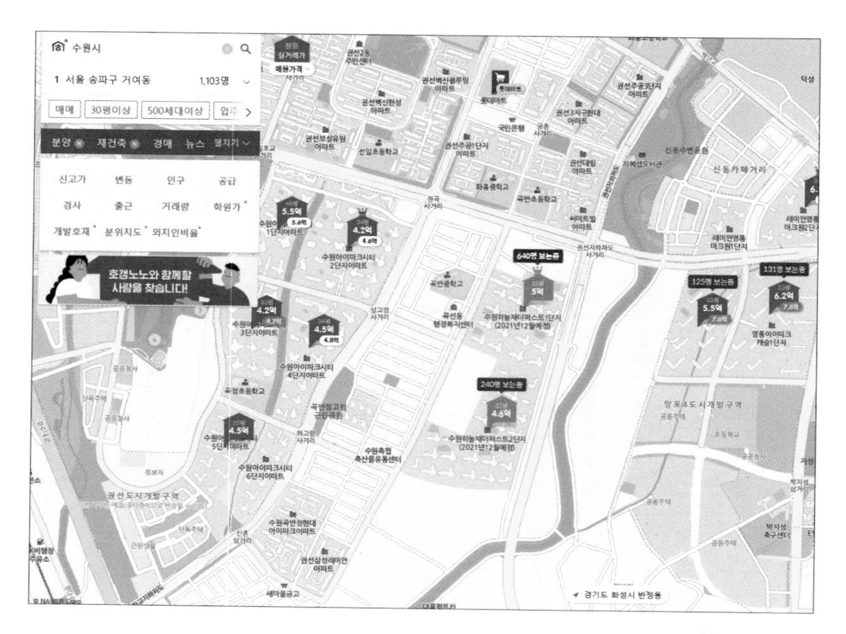

(출처: 호갱노노)

싼 아파트를 알 수 있다. 요즘 같은 경우 최신축 아파트이거나 입주 예정 아파트일 확률이 높다.

각 지역의 랜드마크 아파트가 왜 중요할까. 가장 비싼 아파트이기 때문에 해당 지역 부동산 가격의 기준이 된다. 그 지역에 분양 예정인 아파트가 있다면, 랜드마크 아파트와 분양 예정인 아파트의 입지를 먼저 비교한다.

분양 예정인 아파트의 입지가 훨씬 더 좋다면 분양 가격 책정 시, 랜드마크 아파트의 시세와 비슷하거나 높게 책정된다. 반대로 입지가 조금 빠진다면 랜드마크 아파트의 시세보다 낮은 분양 가격을 책정할 것이다. 재개발이나 재건축되는 아파트의 일반분양 가격을 산정할 때도 마찬가지다.

특정 지역 부동산 시세의 기준이 되는 랜드마크 아파트는 꼭 가봐야 한다. 무조건 새 아파트라고 해서 랜드마크가 되는 것은 당연히 아니다. 왜 그 아파트가 랜드마크가 되었는지 직접 가서 보고 주변 입지를 분석해보면 바로 지역 공부가 된다.

5. 입주 연도와 세대수

해당 지역의 나이(노후도)를 알기 위해서는 아파트들의 입주 연도를 파악해야 한다. 각 아파트별 입주 연도를 지도에 표시하면 해당 지역에 얼마나 오래된 아파트가 많은지, 또는 신축이 많은지를 알 수 있다.

신축이 대세인 요즘은 1년이라도 새것일수록 가격이 높게 형성된다. 그런데 연차가 더 오래된 아파트임에도 불구하고 가격이 높게 형성된 경우도 있다. 연식 대비 가격이 더 비싼 아파트는 그렇지 못한 아파트보다 입지가 좋기 때문이다. 입지가 곧 가격을 형성하는 좋은 예다.

임장을 가고자 하는 지역에는 수많은 아파트들이 있다. 시간이 다소 걸리더라도 그 지역의 노후도를 알기 위해서는 모든 아파트의 입주 연도와 세대수를 지도에 표시해야 한다. 세대수는 최소 500세대는 되어야 매매·전세 순환이 잘된다. 1,000세대 정도는 되어야 조경과 커뮤니티 시설도 어느 정도 갖출 수 있다 보니, 사전 조사 단계에서 세대수를 적어두면 현장에 나가서 아파트끼리 비교할 때 도움이 된다.

신축 아파트를 선호하는 큰 이유 중 하나가 조경과 커뮤니티이다. 넓은 잔디밭, 중앙광장, 실개천, 분수, 물놀이터, 산책로, 쉼카페 등 아파트 단지 자체가 삶의 휴식처가 된다. 이런 아파트에 처음엔 전세로 들어가 살다가 실거주로 매수하는 경우도 많다.

나의 임장 지도 만드는 노하우도 계속 진화해왔다. 어떻게 하면 그 지역을 한눈에 볼 수 있을까 고민하던 중 입주 연도별로 색깔을 칠해

• 지역의 노후도를 표시한 실제 임장 지도 •

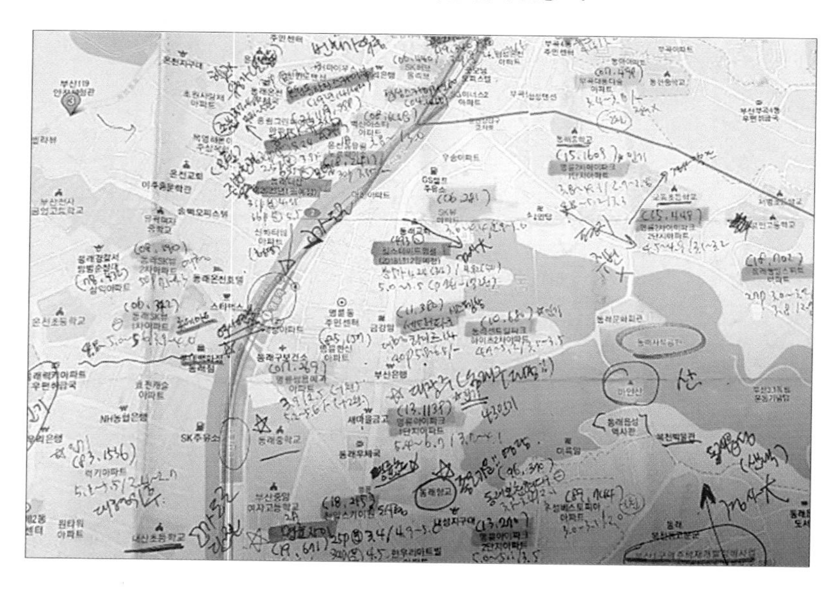

보았다. 예를 들어 신축(분양권)은 핫핑크, 2010년대 아파트는 녹색, 2000년대 아파트는 노란색, 1990년대 아파트는 색깔을 칠하지 않았다. 작업이 끝난 후 지도를 보니 그 도시의 나이를 한눈에 알 수 있었다.

핫핑크나 녹색이 많이 보이면 그 도시의 나이는 젊은 것이고, 다양한 색깔이 보이지 않으면 그 도시의 노후화는 심각한 수준이다. 핫핑크나 녹색이 많은 지역은 시세를 리드하는 중심 지역이 될 것이고 노후화가 심각한 지역은 점점 힘을 잃어갈 것이니, 사전 조사 단계에서부터 어느 지역에 중점적으로 임장을 가야 하는지 알 수 있다.

6. 주요 아파트 시세(매매 가격·전세 가격)

이제 본격적으로 아파트 가격을 조사해서 지도에 표시해야 한다. 해당 지역 주요 아파트의 매매 가격과 전세 가격을 찾아서 적는다. 네이버 부동산이 가장 정확하나, 시세 변동이 크지 않은 지역이거나 시간이 부족할 경우 호갱노노 시세를 이용해도 좋다. 주로 24평과 34평을 기준으로 적는다.

불과 몇 년 전만 해도 사전 조사 단계에서 모든 아파트의 시세를 조사했다. 몇 시간이 걸려 전수 조사를 했던 단 하나의 이유는, 소액으로 접근할 수 있는 아파트를 찾기 위해서였다.

요즘 나의 투자 패턴은 시대에 발맞추어 오래된 구축보다는 신축과 신축이 될 아파트에 더 관심을 두고 있으므로 이제 90년대 아파트는 시세 조사를 하지 않고 있다. 그만큼 오래된 아파트는 경쟁력이 없다는 판단을 내렸기 때문이다. 그러다 보니 사전 조사 시간이 예전에 비해 훨씬 줄어들었다. 대신 재건축과 재개발이 진행되는 지역 조사에 시간을 더 많이 할애한다.

지도에 시세를 적을 때는 색깔을 달리해서 두 가지 평형을 적어보자. 예를 들어 다음과 같다.

- 24평 매매/전세 3.0/2.5
- 34평 매매/전세 4.0/3.3

시세를 적다 보면 자연스럽게 가장 비싼 아파트도 알게 되고, 매매 가격과 전세 가격의 차액도 알게 된다. 대략적인 평균 가격과 함께, 이상하게 시세보다 비싸게 느껴지는 아파트와 반대로 시세보다 싸게 느껴지는 아파트도 보인다. 이런 내용들을 표시해두었다가 현장에 나가서 이유를 찾아보는 것도 투자 포인트가 된다.

네이버 시세를 조회하다 보면 같은 평형이라도 매물별로 가격이 천차만별이다. 이럴 경우에는 과연 어떤 가격을 적어야 할까. 우선 네이버 매물에서 가격순(높은 가격순 또는 낮은 가격순)으로 정렬한다.

첫 임장을 나가는 경우에는 대략적으로 지역의 전체 모습을 보고 가격이 어느 정도 선인지를 파악하는 단계이므로, 저층(1~4층)이나 탑TOP층을 제외한 중층 가격 중에서 평균 가격을 지도에 적는다.

집중 임장을 나가는 경우에는 실제로 매물을 보고 집을 매수하러 나가는 단계이므로, 급매 위주로 매물을 보게 된다. 이때는 저층이나 탑층을 제외한 중층 가격 중에서 가장 싼 가격, 즉 급매 가격을 지도에 표시한다. 급매의 가격 기준을 미리 알아둔 뒤 중개소에 가면 급매 가격에 나온 좋은 물건을 매수할 수 있다.

7. 아파트별 평형 구성

방금 전 주요 아파트 시세 조사 단계에서 아파트별 구성 평형을 함께 체크한다. 대형이 많은 동네인지, 소형이 많은 동네인지 지역 특성을 이해하기 위해 구별해볼 필요가 있다.

예를 들어 청라국제도시는 대형 평형이 중점적으로 많다 보니 소형 평형 비율은 13% 정도밖에 안 된다. 24평형이 있는 아파트 단지가 손에 꼽을 만큼 몇 곳 안 되다 보니 입지가 좋고 주거 만족도가 높은 청라힐데스하임은 꾸준히 실거주자와 투자자에게 인기가 높았다.

학군이 받쳐주고 학원가까지 형성되어 있는 부촌이라면 소형보다는 대형 평형이 인기 있을 수밖에 없다. 전국 10대 학원가에 속하는 평촌 신도시 내에서도 학원가와 인접하고 귀인중학교·범계중학교 학군에 속하는 대형 아파트 단지들의 인기가 높은 이유이다.

부자들이 살고 싶어 하는 지역에 대형 평형의 수요는 늘어났는데 신규 공급은 이루어지지 않다 보니, 구축 대형 평형의 가격 상승이 두드러지게 나타난 결과이다. 이런 현상을 뒤집어 생각해보면, 부자 동네에 지어지게 될 신축 아파트 대형 평형이라면 얼마나 인기가 많을 것인가. 수성구 범어동 신축 아파트의 대형 평형에 프리미엄이 기본 3~4억 원씩 붙어도 매물을 구하기 힘든 이유이다.

물론 40평대 이상 대형 평형은 30평대에 비해 팔기가 어렵고 투자금도 많이 들어가기 때문에 선불리 투자를 결심하기 쉽지 않으나, 부촌의 귀한 신축 아파트 40평대라면 한번 모험을 해볼 만하다.

아파트 평형 정보 확인하기

네이버 부동산 사이트에 들어가 찾아보고자 하는 아파트의 이름만 검색하면 단지 정보, 시세와 함께 평형 정보도 한번에 확인할 수 있다.

• 아파트 평형 정보 확인하기 •

(출처: 네이버 부동산)

8. 매물 현황 사전 조사

시세 조사를 하는 과정에서 네이버 부동산 매물 리스트에 관심을 가지고 매매 물건과 전세 물건 개수를 확인해보자. 단순하게 생각하면 매물이 많으면 공급이 넘쳐나는 것이고 매물이 적으면 공급이 부족한 것이다.

내가 청정 지역이라고 부르는 투자 지역에 선진입할 때는 매매 물건에 나와 있는 물건의 숫자가 꽤 많을 시기이다. 아무도 매수를 결심하지 않는 바닥인 시점에 가서 좋은 물건을 골라 싸게 살 수 있다는 장점이 있다. 그때는 반드시 전세 매물 개수를 먼저 확인한다.

매수를 하려고 하는 아파트 전세가 3건 이상 있으면 섣불리 매수하지 않는다. 전세가 거의 없거나 1~2개 있을 경우, 내가 사고자 하는 물건과 시장에 나와 있는 전세 매물의 점수를 비교한다. 내 쪽이 좀더 우위라면 큰 걱정하지 않고 매수를 결심한다.

시간이 흘러 전세 세입자를 구하고 잔금을 치러야 하는 시기가 도래할 때쯤 시장에 투자자들이 몰려오기 시작한다. 순식간에 그 많던 매물 리스트에 있던 매물들이 거래 완료로 뜬다. 거래 완료된 매물들은 전세 매물 리스트로 넘어간다.

이제 매물을 싸게 사는 전쟁이 아닌 전세 세입자를 구하기 위한 전쟁이 시작된다. 급기야는 전세 세입자를 구하지 못해서 잔금을 치르지 못하는 상황까지 이르면, 그제야 잔금 대출을 알아보느라 전전긍긍하고 계획했던 투자금보다 훨씬 더 많은 돈이 들어가게 된다.

이런 상황을 피하려면 시장에 나와 있는 매물 개수를 꼼꼼하게 확인해야 한다. 전세 세입자를 구하기 어려운 시장이라면 그때부터는 매수를 보류하고 인내심을 갖고 기다리면 된다. 어차피 내가 선택한 지역에 전세 성수기가 도래하면 거짓말같이 그 많던 전세들이 썰물처럼 빠져나간다. 다시 그 시기를 노려보는 전략을 짜면 된다. 그것도 실패하면 아쉽지만 그 지역은 더 이상 관심을 두지 않는다.

9. 신규 분양 아파트 조사

너도나도 신축 아파트에 관심이 많은 요즘, 신규 분양 아파트는 반드시 관심 있게 지켜봐야 한다. 특히나 완공이 되고 나면 랜드마크가 될 만한 아파트는 필히 지도에 표시를 한 후 직접 현장에 가서 입지 분석을 해둬야 한다.

다음 지도상에 이미 분양한 아파트들은 대부분 표시되고 있으나, 가끔 누락된 분양 아파트들이 있다. 분양 아파트 정보를 쉽게 확인하려면 호갱노노가 가장 편리하다. 호갱노노 지도에서 해당 지역을 펼쳐 보면 빨간색으로 표시된 곳은 전부 분양 아파트다. 평형별 분양가격 및 경쟁률도 한번에 볼 수 있으니 임장 지도에 분양 가격을 표시해두자.

전매가 가능한 물건들은 네이버 매물에서 분양권으로 찾아보면 현재 분양권 시세를 알 수 있다. 프리미엄이 얼마나 붙었는지도 함께 확인하여 임장 지도에 적어두면 그 지역의 신축에 대한 관심도를 측정할 수 있다. 랜드마크가 될 만한 입지의 분양 아파트는 향후 그 지역의 시세를 이끌어갈 것이 분명하니 지속적으로 분양권 가격 변화에 관심을 두어야 한다.

서울의 도심은 두말할 것도 없거니와, 대구 수성구 범어동처럼 피가 3~4억 원씩 붙는 곳이 있는가 하면, 넘쳐나는 과잉 공급으로 인해 마이너스피가 4,000~5,000만 원씩 되는 지역도 전국에 많다.

모든 분양권이 다 잘되는 것은 아니다. 분양권 하나 잘못 받아서 몇 천만 원씩 손해를 볼 수도 있음을 반드시 기억해야 한다. 활황인 부동산 시장에 건설사들은 앞다퉈 이미 오를 대로 오른 주변 시세에 맞춰 높은 가격으로 분양을 한다. 마지막까지 활활 타오르는 것이 바로 분양권이다.

서울뿐 아니라 일부 지방 대도시 부동산 시장은 몇 년간 활황이었던 적이 많았다. 분양만 하면 높은 경쟁률로 완판이 되고 피가 붙기 시작하니 떴다방이 기승을 부렸던 시장. 이런 시장이 지속되자 사람들은 너도나도 막판에 분양권 시장에 뛰어든다. 계약금 10%만 있으면 된다는 유혹에 빠져 내가 계약한 아파트가 10% 계약금만 필요한 아파트가 아니고 잔금 시 수억 원을 책임져야 함을 정확히 인지하지 못한다.

그래서 하나도 아니고 두세 개씩 분양을 받고 초피가 붙자 돈을 벌었다고 좋아한다. 물량 앞에 장사 없다고 이미 몇 년 동안 활황이었던 부동산 시장에 건설사들의 밀어내기 분양으로 공급은 점점 많아진다. 입주 시기가 다가온 아파트들은 여기저기 공급 폭탄이 떨어진 시점이라 세입자를 구하기가 어려워지게 된다. 갑자기 발등에 불이 떨어지자 전세 가격을 내려보지만 여전히 세입자를 구하기가 쉽지 않다.

설상가상으로 시장 분위기가 매우 좋을 때 분양한 아파트들은 건설사에서 폭리를 취한 경우가 많다. 계약금 20%에 중도금 유이자 조건, 이자 이율도 절대 싸지 않다. 중도금 이자를 매월 납부해야 하는 것도 부담이 큰 상황에 전세금까지 바닥을 치고 더더욱 세입자를 구하기도 어려운 상황, 더 이상 이 물건을 가져갈 수 없기에 '던지기' 시작한다.

부동산에 내놓아도 이런 물건들이 점점 많아지다 보니 동호수가 시원찮은 물건들은 무피가 나오기 시작한다. 초피 5,000만 원에서 시작했던 분양권이었지만 시간이 흐를수록 점점 마이너스피로 돌아서게 된다.

이런 물건 하나만 있어도 불면증에 시달릴 듯한데, 두세 개나 갖고 있으면 어찌 되겠는가. 한 곳은 내가 들어가 산다고 치고, 나머지는 하루라도 빨리 정리하는 게 낫겠다 싶어 큰 손해를 무릅쓰고라도 던지는 물건이 나오면서 마이너스 5,000만 원까지도 가는 분양권들

초피

초피란 분양권 당첨자 발표 이후부터 계약 전까지 형성되는 웃돈을 말한다.

을 보았다.

내가 들어가 살아야 되니 지금 살고 있는 구축이 팔려야 이사를 갈 수 있는데, 공급 폭탄이 지속적으로 떨어지고 있는 지역에서 구축들이 잘 팔릴 것인가. 내가 살고 있는 집도 안 팔리고, 분양권도 안 팔리고 그야말로 진퇴양난이 된다.

2019년 6월부터 입주를 시작한 경상남도 창원시 의창구 중동 유니시티가 이런 상황이었다. 2012년부터 무려 2016년까지 호황이었던 창원 부동산 시장. 2016년 정점에 분양한 중동 유니시티 1, 2, 3, 4단지. 39사단 군부대 부지에 들어서는 택지지구임에도 불구하고 결코 싸지 않았던 분양가는 35평 평균 4억 6,000만 원(평당 1,300만 원)에 달했다.

창원에서 제일 잘나가던 용지아이파크 34평 분양가가 5억 원이었으니, 그에 비해 입지가 떨어지는 서쪽 끝에 분양하는 아파트가 평당 1,300만 원이면 결코 싸지 않은 가격이었음에도 불구하고 높은 경쟁률로 완판 후 피가 붙기 시작했다.

마이너스피

마이너스피란 분양받은 금액보다 더 싼 금액으로 분양권을 매도하는 것을 말한다.

2017년부터 시작된 엄청난 과잉 공급과 함께 불어닥친 제조업 침체, 경기 불황, 인구 감소 등으로 2019년 상반기까지 창원시의 부동산 시장은 추락을 멈추지 않았다. 2017년 가을, 처음으로 창원 임장을 갔었다. 용지아이파크가 막 입주를 마무리하고 있었고, 이미 하락세를 탄 시장 분위기는 좋지 못했다. 2018년 5월, 공사가 한창 진행되고 있던 중동 유니시티 인근 부동산 중개소에 가면 마이너스 3,000~5,000만 원짜리 매물들을 골라서 살 수 있었다.

마이너스 5,000만 원에 분양권을 넘기면 5,000만 원만 손해를 보는 것이 아니다. 1억 원 가까운 계약금 20%의 기회비용이 날아가고, 그동안 납부한 중도금 유이자도 보상받을 수 없다. 중개 수수료까지 주면서 팔아야 한다. 그렇게 엄청난 손해를 보고 팔고 나간 사람들은 이제 1~2년 후에 중동 유니시티가 자리 잡은 후 가격 상승을 일구어 내는 것을 두 눈 뜨고 보기 힘들 것이다.

1, 2단지 입주가 마무리되자 이미 마이너스피는 사라지고 4,000~5,000만 원 이상의 호가로 거래되기 시작했다. 2019년 12월부터 시작된 3, 4단지의 입주가 마무리되고 나면 창원의 부동산 시장도 오랜 침체기를 끝내고 아주 높게 비상할 것이다.

그래서 부동산 투자는 타이밍이 중요하다고 말하는 것이다. 언제 매도와 매수를 결정하느냐에 따라 희비가 엇갈린다. 그 타이밍을 잡기 위해 현장에 가서 우리의 눈과 귀로 모든 정보를 직접 바라보고 들어야 한다.

현지에서 부동산 중개소를 운영하는 이들은 시장 움직임에 가장 민감하기 때문에 큰 손해를 보지 않는다. 떨어진다 싶으면 빨리 물건을 처분하면 되고 오른다 싶으면 얼른 급매를 사면 된다.

자주 갈 수 없는 곳에 물건을 사두고 방치하지 말고 화분에 물을 주듯 관심을 기울여야 한다. 자주 가볼 수 없으면 중개소에 전화라도 해서 최신 소식과 변화를 인지하고 있어야 골든 타이밍을 놓치지 않는다.

10. 재개발 및 재건축 정보

부동산 경기가 좋지 않을 때는 재개발 및 재건축 사업이 활발하게 진행되기 힘들다. 높은 분양가에 완판을 해야만 조합원들의 수익성이 좋아지는데, 경기가 나쁘면 분양조차 되지 않으니 사업 진행도 원활하지 않을 수밖에 없다.

2019년 강남발 부동산 상승 여파가 전국적으로 전해지면서 신축 아파트 열풍이 대한민국을 흔들고 있다. 새로 지을 땅은 없으니 기존의 건물을 허물고 새롭게 지어야 하는데 절차도 복잡하고 동의서 걷기도 힘들었다. 그러나 시대는 변한다. 이제 땅값도 올라가고 일반분양 가격이 높아도 완판을 하니 재개발 내지 재건축 성공 사례가 눈에 보이기 시작하면서 일의 진행 속도가 빨라졌다.

노후화가 심각해서 그동안 거들떠보지도 않았던 지역에 브랜드 대단지 아파트가 입주하면서 지역의 입지가 바뀌기 시작한다. 전국적으로 이런 현상이 많이 일어나고 있다. 부동산 상승장에서 가장 마지막까지 불꽃을 태울 수 있는 항목이 재개발 내지 재건축이므로 어떤 변화가 일어나는지에 대해서 반드시 알고 있어야 한다.

임장을 가려는 지역의 재개발 내지 재건축 정보를 임장 지도에 표시해보자. 서울시는 클린업시스템(재개발 재건축 클린업시스템), 서울 이외의 지역은 각 지역의 시청이나 구청 홈페이지에 들어가면 도시정비사업에 대한 관련 정보를 얻을 수 있다. 재개발이나 재건축의 절차도 알아두어야 한다. 현재 진행되고 있는 재개발 내지 재건축 사업마다 어느 단계까지 와 있는지에 대한 정보도 각 구청·시청 홈페이지에서 찾을 수 있다.

관리처분인가가 나면 이주 및 철거가 시작된다. 이주 수요가 움직이기 시작하면서 인근 지역 아파트 가격을 높이기도 한다. 물론 사업이 일어나는 지역이 어디냐에 따라 인근 지역 아파트 가격에 영향을 줄 것인지, 오히려 멀리 떨어진 다른 지역에 영향을 줄 것인지는 큰 차이가 있다.

강남 같은 부촌에 자리한 10평대의 소형 아파트 이주 수요가 인근 아파트 가격을 흔들지는 않을 것이다. 30년이 넘은 오래된 소형 아파트에는 집주인이 살기보다 낮은 전세·월세 가격을 찾아 온 사람들이 대부분이다. 이들은 다시 비슷한 수준의 지역으로 이주를 할 수밖에 없으니 서울을 벗어나 수도권으로 이주할 확률이 높다.

반대로 부촌의 중대형 아파트의 재건축 이주 수요는 인근 도심의 집값과 전세 가격을 올릴 수밖에 없다. 반포지구 재건축 이주 수요가 동작구의 집값을 움직인 이유가 바로 그것이다. 부촌 중의 하나인 과천 재건축으로 인한 이주 수요가 서울, 분당, 판교, 평촌 등으로 퍼지면서 평촌역의 더샵센트럴시티의 가격을 급등하게 만든 원인이 되기도 했다. 재개발은 인근의 빌라, 다세대 등으로의 이주가 많을 수밖에 없고 해당 지역의 전세 가격에 큰 영향을 미친다.

이들의 사업이 원만히 진행되어 일반분양을 하게 되면, 분양 가격은 인근의 가장 비싼 아파트 시세를 기준으로 책정된다. 입지가 좋다면 향후 그 지역의 최신축이 되면서 새로운 랜드마크가 될 것이다.

재개발 및 재건축이 어렵고 복잡하다고 등한시할 것이 아니라, 최소한 내가 공부하고자 하는 지역에 어떤 사업이 진행되고 어느 단계까지 와 있는지는 반드시 체크해야 한다. 사업성이 좋고 미래 가치가 뛰어나다고 판단되면 최소한의 투자금으로 매수할 수 있는 전략도 짜보아야 한다.

임장 동선도 꼼꼼하게 준비하라

지금까지 사전 조사한 내용들을 전부 지도에 표시했다면, 이제 임장 동선을 짜보자. 내가 만든 지도를 펼쳐놓고 어디부터 갈 것인지를 결정하는 단계이다.

아파트 가격대를 기준으로 크게 1군, 2군, 3군으로 나누어보자. 랜드마크 아파트 내지 신축 아파트가 많은 지역을 1군, 그다음 가격대를 형성하는 동네는 2군, 오래된 구축이 많은 동네가 대부분 3군이 된다.

1군부터 임장을 시작하는 것이 지역의 흐름을 이해하기 좋다. 크게 블록 단위로 나누어 차를 타고 돌면서 큰 숲을 먼저 본다. 도로망, 상권 형성 여부, 주변 환경 등을 살핀 후 랜드마크 아파트를 기점으로 두고 도보로 인근 주요 아파트까지 가볍게 돌아본다. 마지막으로 반드시 들러야 할 곳은 부동산 중개소다. 임장 동선을 짰다면 이제 실전으로 나가보자.

목적이 다른 단계별 임장과 사후 관리

본격적으로 실전 임장 방법에 대해서 알아보자. 임장은 크게 두 가지로 구분할 수 있다. 지역의 전체적인 흐름을 파악하기 위한 큰 숲을 보는 첫 임장과 실전 투자를 위해 집중적으로 나무를 찾는 집중 임장이다. 첫 임장의 목표와 집중 임장의 목표는 완전히 다르다. 한 번도 가보지 않은 대도시를 어떻게 한번에 이해할 수 있겠는가. 필히 구역별로 나누어 여러 번 가봐야 한다.

지역을 파악하는 첫 임장

첫 임장의 목표는 큰 숲을 보러 가는 것이다. 중심 지역이 어디인지 1군, 2군, 3군으로 나누어 지역별 가장 인기 있는 아파트, 랜드마크를 가본다. 왜 랜드마크가 되었을지 그 아파트가 갖고 있는 입지 경쟁력이 무엇인지 확인하는 것에 주안점을 두고 살핀다.

중심 상업 지역, 학원가, 공원 등을 가보고 나라면 과연 어디에 살고 싶어 할까, 직접 발로 뛰면서 그 지역 사람들의 선호도를 파악하고 동네를 알아가야 한다. 인기 있는 구축 아파트의 시세 변화를 현장에서 아파트 실거래가 앱을 찾아보면서 가격 흐름도 확인해보자. 나아가 인근에 신축이 들어오면 구축은 어떻게 될까 예측도 해본다.

가급적 많은 부동산을 들러 설명을 듣고 지역별, 아파트별로 비교를 해보자. 부동산 중개소 방문 시 많이 하는 질문을 미리 준비해두는 것이 울렁증 극복에 도움이 된다.

부동산에 가서는 가급적 많이 듣고 오길 바란다. 내가 아는 내용이라도 묵묵히 들어라. 어설픈 질문은 오히려 소장님의 입을 닫게 만들 수 있다. 나는 그저 맞장구와 추임새만 넣으면 된다. 혹여 내 의견과 다르거나 너무 앞선 개발 호재들을 바로 시행될 것처럼 브리핑한다손 치더라도 걸러서 들으면 된다. 소장님과 논쟁을 벌이느라 시간을 허비하지 말라는 뜻이다.

하루 종일 얼마나 많은 사람들이 찾아와서 이것저것 물어만 보고 가겠는가. 나를 문전박대하지 않고 귀한 시간을 내어 설명해주는 것만으로 감사한 일이다. 이 과정에서 마음이 맞는 소장님이나 일을 잘 할 것 같은 소장님을 만난다면 명함을 사진 찍어 임장 노트에 저장해 두자.

첫 임장은 사전 조사한 내용을 현장에 가서 꼼꼼하게 확인하고 소장님의 브리핑을 받으러 가는 과정이라 생각하면 된다. 데이터로 보

부동산 중개소 방문 시 질문 리스트

- 요즘 이 동네 분위기는 어떤가요?
- 투자자가 많은가요? 실거주자가 많은가요?
- 급매 있나요? 전세 매물은 몇 개나 있나요? 전세는 잘 나가나요?
- 이 지역 전세 성수기, 비수기는 언제인가요?
- 이 지역 혹은 이 아파트를 사람들이 선호하는 이유는 무엇일까요?
- 이 지역 사람들은 주로 어디로 출근하나요?
- 무엇을 타고 출퇴근하나요? 지하철역은 얼마나 걸리나요?
- 이 동네에 상권이나 학원가는 어디에 있나요?
- 로열동, 로열라인은 어디인가요?
- 선호하는 학군은 어디인가요?
- 이 지역에 호재는 뭐가 있을까요?
- ○○아파트 분양권 피는 얼마나 붙었나요?
- ○○재개발, 재건축 사업 진행은 어떤가요?
- 소장님은 이 지역 혹은 이 아파트를 어떻게 보시나요?
- 지금 사도 될까요? 사두면 오를까요?

는 세상과 실제 현장의 느낌은 분명한 차이가 있다.

그 지역 사람들이 가장 선호하는 아파트가 갖고 있는 입지를 정확히 파악해야 한다. 내가 투자하고 싶은 지역, 투자하고 싶은 아파트를 선정해 미래 가치 대비 투자금도 계획해본다. 선정된 아파트들은 나의 관심 아파트 리스트에 올려둔다. 그리고 주기적으로 매매 가격과 전세 가격의 변동을 주시한다.

남들보다 먼저 투자 유망 지역에 가기 위해서는 발빠르게 움직여야 하고, 누구보다 그 지역에 대해 손바닥 보듯이 알고 있어야 한다. 이기는 투자를 하기 위해서 미래의 투자 지역을 최소 1~2년 전에 가보고, 전체적인 모습을 익히는 게 중요하다.

첫 임장을 나가서 전체적인 숲을 볼 때는 아파트 내부를 자세하게 볼 필요가 없다. 입지가 더욱더 중요하기 때문에 아파트 조경과 외관 정도만 맛배기로 보고 온다.

구체적 투자처를 찾는 집중 임장

첫 임장을 다녀오게 되면 '만약 이 지역에 투자한다면, 이 동네 이 아파트에 투자해야겠다'라는 계획이 어느 정도 설 것이다. 타이밍을 잡기 위해 지속적인 모니터링을 하면서 때가 다가오는 것이 느껴지면 다시 출동해야 한다.

이 시기는 대개 해당 지역의 마지막 입주가 시작되고 있거나 끝나가는 시점이다. 매매 가격은 아직 바닥인데, 전세 가격의 반등 움직임이 조금씩 느껴지는 시기를 말한다. 이 시기에는 시장에 나와 있는 전세 매물의 개수도 확인해야 한다. 실제로 나무를 찾아 계약까지 연결이 되는 과정이므로 시장에 전세 매물이 많이 나와 있다면 원하는 가격에 전세를 맞추지 못할 수 있다.

초보자들에겐 이 때를 잡는 것이 가장 어렵다. 하루아침에 되는 일이 아니라 꾸준한 지역 공부를 하다 보면 서서히 익히게 된다. 머리로 이해가 안 된다면 자주 가보는 것이 가장 빠른 학습법이다.

실전 투자를 목적으로 집중 임장을 나갈 때는 비로소 아파트 내부까지 상세하게 살펴봐야 한다. 동별 배치도를 보고 로열동을 파악한 후 시장에 나와 있는 매물을 급매 위주로 샅샅이 훑어야 하는 단계이다.

부동산에 나와 있는 많은 매물들을 외부부터 내부까지 다 보아야 하므로 시간이 꽤 많이 걸린다. 한 집 한 집 보면서 매물의 상태, 장단점, 가격 등을 사진을 찍어 저장한다. 마음에 드는 물건을 바로 고를 수 있을 때도 있지만, 그렇지 못한 경우에는 시간적 제약이 있기 때문에 이 역시 한두 번 가서는 안 될 때가 많다.

단순히 물고기를 잡는 방법보다 물고기를 잡으러 어디로 가야 할지가 더욱더 중요하다. 물고기를 잡으러 언제 어디로 가야 할지, 그 방법을 터득하는 일에 집중해야 진짜 이기는 투자를 할 수 있다. 그것이 바로 제대로 된 임장의 목표이다.

발품을 돈으로 바꿔주는 사후 관리

임장을 다녀온 후 사후 관리도 중요하다. 다녀온 것으로 만족해버리면 그 지역은 머릿속에서 사라져버린다. 시간과 노력을 들여 미래의 투자를 위해 사전 공부를 하러 간 지역이 아닌가. 다녀 온 지역의 이후 가격 변화를 지속적으로 모니터링해야만 한다. 그렇게 했을 때에만 골든 타이밍을 잡을 수 있다.

임장을 나가기 전의 사전 조사, 실전 임장, 그리고 사후 관리까지 3단계를 잘 마무리해야 비로소 그 지역은 온전히 내 것이 된다. 지도를 펼쳐놓고 다녀온 동선대로 따라가면서 오늘 가본 지역 중 어디가 가장 좋았는지, 어디가 실제 대장 아파트인지, 나중에 내가 투자한다면 어느 아파트에 할 것인지 등에 대한 생각을 기록해두자. 지도에 표시해도 좋고 실전 임장을 하면서 급하게 적어놓은 메모를

• 관심단지 리스트 •

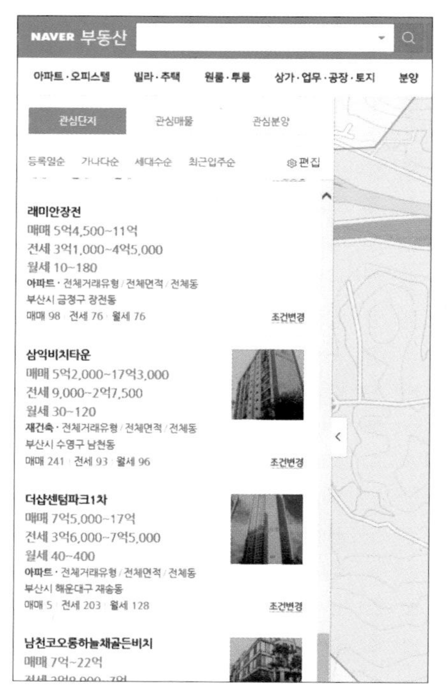

(출처: 네이버 부동산)

보면서 자신만의 종합적인 의견을 보충해도 좋다.

관심단지 등록하고 시세 추이 살피기

임장을 다녀와 투자하고 싶은 아파트들을 정했다면 네이버 관심단지 리스트에 등록해놓고 주기적으로 시세 변화를 체크한다. 네이버 부동산에서 아파트 이름 옆 별표를 클릭하면 관심단지로 등록된다.

부동산 중개소에 주기적으로 연락하기

인터넷에만 의존하지 말고 부동산 중개소에 전화해서 주기적으로 상황을 물어봐야 한다. 투자는 타이밍 싸움이다. 임장 후에 얼마나 관심을 갖고 지켜보는가에 따라 결과가 달라진다.

애써 들인 노력이 기억 속으로 사라지지 않도록 꼭 관심단지 리스트에 넣고 시세 변화에 주목해야만 타이밍을 잡을 수 있다.

꾸준히 임장을 간다는 것은 쉽지 않은 일이다. 주머니에 투자금이 있으면 그나마 신이 나서 나서게 되지만, 투자금이 떨어지면 등한시하게 되기도 한다. 임장 습관을 들이기 위해 소규모 스터디를 해보는 것을 추천한다. 항상 함께 갈 친구가 있다면 더없이 좋다.

스터디 친구와 주기적인 임장 날짜를 정하고 그 날은 무슨 일이 있어도 열일을 제쳐두고 가야만 한다. 둘이 가면 부동산 중개소 소장님과의 대화도 훨씬 편해지고 같은 집을 보고도 서로 다른 관점을 갖고 의견을 나눌 수 있다.

요즘은 나를 알릴 수 있는 홍보 채널이 참 많다. 블로그, 유튜브, 인스타그램, 페이스북 등 다양한 채널을 통해서 나를 알리고 브랜딩화한다. 블로그에 임장기를 쓰거나 활동하는 카페에 임장기를 공유하는 방법도 있다. 한 가지 일을 꾸준하게 하고 있음을 다양한 채널을 통해서 알리고 나를 상품화하다 보면 생산자의 길로 갈 수 있는 길도 열리게 된다.

처음에는 좌충우돌일지라도 소액으로 아파트 투자를 하고 심어놓은 아파트가 뿌리를 내려 수익이 나기 시작하면, 저절로 재미가 붙는다. 시작부터 완벽한 계획을 세우고 무게에 눌려서 중도 포기하지 말고 가볍게 주변 지역부터, 천천히 조금씩 범위를 넓혀가면서 부동산 지식이 늘어가는 기쁨을 느끼길 바란다. 그렇게 열심히 다니다 보면 돈은 저절로 따라온다.

더 나은 수익률을 만드는 투자 원칙

초보 시절 제대로 된 기준 없이 투자금이 적다는 이유로 아파트를 사고팔면서 꽤나 많은 실수를 했다. 아직도 내가 보유하고 있는 아파트 리스트엔 남들에게 보이고 싶지 않은 실수들이 남아 있다.

초보 때는 무엇을 잘못 생각했는지 몰랐기에 시간이 흐른 뒤에야 무엇이 실수였는지를 깨닫게 되었다. 재미있는 사실은 하물며 그렇게 잘못 산 물건도 오래 갖고 있으니 적게라도 오르기는 했다는 점이다.

비록 비싼 수업료를 내긴 했지만 같은 실수를 반복하지 않으면 된다. 내가 한 실수를 통해 세운 투자의 원칙은 처음 투자에 나서는 이들이 한번쯤 기억해두면 도움이 될 것이다.

어중간한 아파트 저층은 가급적 사지 말라

서울시 강서구가 9호선 개통 호재 및 마곡지구 개발로 뜨겁게 달아오르기 직전이었다. 투자금을 적게 들여야 한다는 강박관념이라도 있었던 듯, 강서구 방화동에 있는 매매가와 전세가의 차이가 작은 아파트 리스트를 들고 내가 투자할 수 있는 아파트를 찾으러 다녔다.

이미 투자자들이 많이 들어오고 있는 상황인지라 부동산에 나와 있는 매물이 많지 않았다. 동호수가 마음에 들면 가격이 비싸고, 매매 가격이 비싸지면 당연히 전세가와 차이가 커서 투자금이 많이 들어갈 수밖에 없다. 그나마 시장에 나와 있는 매물 중에 제일 가격이 저렴한 2층 남향이 있었다.

앞이 막히지 않은 남향이니 괜찮다고 부추기는 중개소 소장님의 말을 곧이곧대로 믿고 나는 덜컥 2층을 샀다. 그리고 수리도 하지 않은 채 바로 전세를 놓았다. 이 아파트에 들어간 투자금은 취등록세 및 중개 수수료까지 전부 포함해서 1,300만 원이었다. 나는 소액 투자를 했다는 뿌듯함으로 2년을 행복하게 보냈다.

2년 뒤 매도 시기가 도래할 무렵, 강력한 부동산 대책(2017년 8·2 대책)이 나왔다. 양도세 중과대상인 다주택자였던 나는 매도 계획을 세우고 시장에 매물을 내놓았지만, 얼어붙은 시장에 1층도 탑층도 아닌 2층은 아무도 보러 오질 않았다. 예쁘게 수리라도 되어 있었다면 그나마 싼 가격에 선택을 받을 수도 있었겠지만 수리도 하지 않은 오래된 아파트는 인기가 전혀 없었다.

결국 나는 세입자의 만기일이 5개월이나 지난 후, 여기저기서 전세 반환금을 마련해 오랜 시간 기다려준 고마운 세입자에게 이사비를 주고 내보냈다. 그야말로 자다가도 새벽에 절로 눈이 떠지게 된다는 공실이 났고 예산 이상의 돈을 들여 올수리를 했음에도 불구하고 시세보다 1,000만 원 낮춘 후에야 세입자를 구할 수 있었다.

이 집은 아직도 팔지 못하고 보유하고 있다. 다행히 전화위복이라 해야 할지 그때 팔지 못해서 오히려 가격이 많이 올랐다. 들어간 투자금 대비 수익률로 보면 나쁘지 않은 투자일 수도 있다. 그러나 팔고 싶을 때 팔 수 있을지, 매도 타이밍을 잘 잡을 수 있을지는 여전히 불투명하다.

이후 절대 2층을 매수하지 않는다. 1층은 어린 자녀들이 있는 세대들이 층간소음의 스트레스에서 벗어나고자 찾기도 하고, 탑층은 층간소음을 싫어하는 사람들의 선택을 받을 수 있는 특수 수요가 있지만, 2층은 다르다. 2층은 매매 가격은 싸면서 전세 가격은 큰 차이가 없기 때문에 투자금을 줄일 수 있는 방법으로 선택 받는다. 나 역시 2층을 매수한 이유는 단순히 투자금이 적게 들어갔기 때문이다.

부동산 상승장 때는 시장에 좋은 매물이 많이 없기 때문에 1층도 탑층도 2층도 잘 팔린다. 그러나 가장 늦게 팔리는 물건은 2층이니 매수할 때 심각하게 고민해야 할 조건임에는 틀림없다. 집을 선택할 때는 내가 팔고 싶을 때 잘 팔리는 물건을 매수하는 것이 현명한 투자다.

나홀로 단지는 가능한 피하라

경기도 부천을 넘어서 인천 부평구까지 시장에 따뜻한 바람이 불었던 때였다. 나 역시 훈풍에 동참하고자 인천 부평구 아파트 임장을 나갔다. 이미 좋은 매물을 구하기는 힘든 상황이었고 인근 동네에 발품을 팔러 한참을 걸어 올라가다 발견한 아파트 단지가 있었다.

우연히 지나가다 들어가본 아파트 단지는 녹지율이 좋고 조경도 우수한 2,000세대가 넘는 대단지였다. '쾌적하고 살기 좋아 보이네'라는 생각이 든 나는 중개소에 들러 시세를 물어보았다. 매매 가격과 전세 가격이 1,000만 원 차이였다. 원래 사려고 계획했던 아파트를 사지 못했던 나는 내심 부평구에서 아무도 모르는 갭 작은 아파트를 찾았다고 기뻐하며 덜컥 매수를 결정했다.

큰 문제없이 계획했던 가격에 전세를 놓고 혼자 뿌듯해하며 시간을 보냈다. 그러나 얼마 가지 않아 나는 내가 산 아파트에 무엇인가 문제가 있음을 알았다. 원래 사려고 했던 아파트는 부동산 상승 기류를 타면서 지속적으로 가격이 상승하고 있었지만, 정작 내가 매수한 아파트는 전혀 가격 움직임이 없었다.

도대체 내가 무엇을 잘못한 걸까? 시간이 흘러 다시 임장을 가보았다. 그제야 나는 숲은 보지 않고 나무만 보았음을 알게 되었다. 내가 산 아파트는 초등학교는 품고 있었지만, 나홀로 단지였고 주변은 온통 공업단지로 둘러싸여 있었다. 오래된 주택들이 즐비했고 재개발구역이 지정된 지 오래된 비선호 지역이었다. 단지 안은 더없이 쾌적했지만 주변 입지가 부족하다 보니 가격 상승에 한계가 있었던 것이다.

원래 사려고 계획했던 아파트는 아파트 밀집 지역으로 상권 및 역과의 거리도 나쁘지 않았으니 실거주뿐 아니라 투자자들의 관심 대상이었다. 상대적으로 입지가 약한 나홀로 단지는 전세 수요는 꾸준히 있어도 매수하기는 부담스러운 아파트가 되는 것이다.

단 무조건 1~2동짜리 아파트가 나쁘다고 단정할 수는 없다. 지역의 특성상 나홀로 아파트들이 많은 동네가 있다. 예를 들어 서울 강서구 염창동에는 1~2개 동밖에 되지 않는 세대수가 적은 아파트들이 밀집되어 있다. 그러나 이곳은 우수학군으로 유명해 주거 밀집 지역 안에 속한 나홀로 아파트들이 세대수가 적어도 나름 경쟁력이 있다.

단지 규모가 작은 아파트일지라도 상권 및 편의시설과 가까운 주거 지역에 몰려 있고 초등학교와의 거리가 가깝다면 실거주자들의 선택에서 제외되지 않는다.

그러나 주변에 아무것도 없이 상품만 좋아 보이는 나홀로 아파트는 상승장과도 따로 논다는 것을 기억하라. 가급적 주거 밀집 지역의 대단지를 선택해야 실패하지 않는다.

지역별 선호 평수와 지역 특색을 파악하라

2016년 늦은 봄, 전라북도 익산시에 관심을 갖기 시작했다. 지방 투자 경험이 없다 보니 수도권과 지방의 차이점을 잘 알지 못했던 시절이었다. 무작정 혼자 KTX를 타고 익산에 내려가 중심 지역인 영등동부터 임장을 시작했다. 매매 가격 대비 전세 가격의 차이가 거의 나지 않는 지역인 데다 향후 최소 2년간 공급 물량이 부족한 곳이었다. 적은 투자금을 들여 높은 수익률을 얻을 수 있는 곳이라는 확신이 들었다. 그래서 자리를 펴고 앉아 나와 있는 매물을 일일이 확인하고 마음에 드는 물건들을 매수하기 시작했다.

그런데 이상하게도 시세보다 많이 저렴한 소위 저평가라고 판단되는 아파트가 있었다. 위치가 조금 떨어져 있긴 했지만 초등학교, 공원, 도서관을 품은 아파트였다. 20평 아파트가 주류여서 조금 아쉽기는 했지만, 아직 전혀 오르지 않은 가격을 보고 매수를 결정했다. 그런데 같은 지역에 매수한 24평 다른 아파트들의 가격 움직임은 활발했는데 이상하게도 이 아파트 가격은 전혀 움직임이 없었다. 오히려 가격이 더 떨어지기까지 했다.

왜일까? 나중에서야 알게 되었지만, 인근 전주시와 군산시의 공급 물량 여파가 컸다. 익산시에만 공급이 없었을 뿐, 인근의 더 살기 좋은 전주시에 값싼 물량의 공급이 이루어지다 보니 익산의 오래된 아파트들은 경쟁력을 잃어가고 있었던 것이다. 가장 큰 문제는 그중에서도 내가 산 물건이 너무 형편없었기 때문이었다. 문제는 더 있었다.

첫째, 초소형 아파트가 먹히는 지역이 아니었다. 지방은 최소 24평 이상은 되어야 인기가 있다. 누구나 넓은 아파트에 살고 싶어 하지만, 서울과 수도권은 가격이 비싸기 때문에 대형을 매수하기가 버겁다. 그러나 지방은 아파트 가격이 그리 비싸지 않기 때문에 오히려 제일 무난한 평수가 24평과 33평이다.

초소형 평수는 실거주 수요보다 월세 수요가 더 많을 수밖에 없으니 매매가 원활하게 이루어지기 어렵다. 투자자 입장에서도 시세 차익을 보려는 전세 투자보다는 월세 수익을 기대하는 투자자들에게 나름 인기가 있다. 그러나 요즘처럼 대출 규제로 인해 거치기간 없이 바로 원금과 이자를 함께 상환해야 하는 시기에 월세 투자는 더 이상 장점이 없다. 시세 차익도 기대할 수 없고 월세 투자도 남는 게 없는 초소형 아파트는 팔려고 내놓아도 팔리지 않는다.

다행히 나는 이 아파트를 월세로 세팅해서 수익은 얻었지만, 시세 상승분에서는 마이너스였다. 매수할 당시 아파트 실거래가 앱을 이용해 과거에 어떤 평수가 많이 올랐는지 비교해보았다면 실수를 하지 않았을 것이다. 그러니 투자 전 조사는 아무리 강조해도 지나치지 않다.

둘째, 전라북도 익산 사람들은 '제일건설' 브랜드를 훨씬 선호한다고 한다. 함께 매수한 제일아파트 가격은 쭉쭉 올라가는데 왜 부영아파트는 고전을 면치 못하는 걸까? 부영건설이 임대 아파트를 지어 분양하는 건설사여서 일반 건설사보다 선호도가 떨어진다는 사실을 당시의 나는 전혀 알지 못했다.

처음부터 임대 아파트로 짓다 보니 내부 자재나 구조 등에서 일반 분양 아파트보다 품질이 떨어지기에 의무임대기간 만료 후 일반분양으로 전환하는 부영 아파트는 더욱더 사람들의 선택 대상에서 밀린다는 사실을 그때서야 알게 되었다.

물론 부영건설이라고 해서 다 그런 것만은 아니다. 애초부터 일반분양을 목적으로 지어진 아파트들에 대한 선호도는 다르다.

동탄 2신도시에 지어지고 있는 부영 아파트들을 보면 그동안의 이미지를 단칼에 날릴 만하다. 남동탄의 호수공원이 내려다 보이는 위치에 자리하고 있는 부영 아파트는 부실공사의 직격탄을 맞은 이후 공사기간을 넘겨 입주하면서 고품격 아파트로 거듭났기 때문에 오히려 프리미엄이 붙기까지 했다. 경산에 위치한 두리마을 부영사랑으로 아파트는 처음부터 일반분양으로 지어져 23평 구조가 방 3개, 화장실 2개로 구조나 자재면에서 우수해 인기가 많다.

• 아파트 평형별 가격 비교 •

(출처: 아파트 실거래가 앱)

문제는 애초에 임대 아파트

로 지어진 후 분양전환된 부영 아파트는 선호도에서 뒤처져 상승폭이 매우 작을 수밖에 없다는 것이다. 실거주자들의 선택을 받지 못하는 지방의 초소형 20평, 임대 전환된 20년 넘은 아파트, 투자금 대비 수익률을 계산해보니 오래 갖고 있을수록 손해다. 속이 쓰리지만 부동산 투자를 시작하고 처음으로 손절매를 경험한 사례이기도 하다.

너무 오래된 아파트는 피하라

투자금을 줄이기 위해 내가 할 수 있었던 노력은 전세가율이 높은 전국의 아파트를 찾아다니는 것이었다. 내가 처음 부동산 투자에 전념할 때는 전국적으로 새 아파트 공급이 그리 많지 않았던 시기였기에 20년 넘은 오래된 아파트들도 선택에서 제외되지 않았다.

향후 2년 내 공급이 부족한 지역을 찾아서 주변 입지를 살피고 매매 가격 대비 전세 가격이 높은 아파트를 찾는 것으로 원칙을 세웠다. 나 역시 새 아파트를 매수하고 싶었으나, 투자금을 줄이고 수익률을 높이려 하다 보니 최종적으로 선택하는 아파트는 구축일 수밖에 없었다. 공급이 부족한 지역은 선택의 여지가 별로 없어 구축도 상승 바람을 같이 타기 마련이니 그동안 보유하고 있던 구축 아파트들도 꽤 좋은 수익률을 낼 수 있었다. 하지만 이제 그런 시기는 끝났다고 봐야 한다.

전국적으로 공급량이 너무 많고 서울만 부족할 뿐이다. 대부분의 사람들은 신축 아파트의 장점을 알아버렸다. 사람들의 니즈는 신축이지 오래된 구축이 절대 아니다. 투자금이 적다고 해서 오래된 구축을 사 모으는 것은 더 이상 먹히지 않는 구식 투자법이다.

25년차 된 SH아파트를 투자금 1,000만 원을 들여 매수했다. 올수리 조건으로 전세계약을 하고 만족스럽게 인테리어를 마친 후 세입자를 들였다. 세입자가 이사 온 첫날, 늦은 저녁 걸려온 전화 한 통. 보일러를 트는 순간 거실 바닥에서부터 시작된 물기둥이 안방에 새로 깐 장판을 불룩하게 만들 정도로 엄청난 양의 물이 솟아올랐다가 꺼졌다고 한다.

노후화된 보일러 배관이 올수리하는 과정에 충격으로 금이 갔을 것이고, 보일러를 틀자 바로 누수로 이어진 것이다. 솟아올랐던 그 물들은 과연 어디로 갔을까? 바로 아랫집에서 물난리가 났다고 전화가 걸려왔다. 아랫집은 졸지에 봉변을 당한 것이다. 그날 밤 달려가서 본 풍경은 정말이지 다시는 겪고 싶지 않은 상황이었다.

다행히 원인이 확실한 누수였기에 해결은 쉬웠다. 다만 돈이 들 뿐이다. 그러나 대부분의 누수는 정확한 원인을 찾기가 힘든 경우가 많아서 한번 터지면 고질적인 문제로 남는다.

여름에 비가 샐 경우 베란다 외부 실리콘 작업으로 마무리되면 감사할 정도다. 아랫집 베란다로 물이 새서 내 집 베란다 방수공사와 아랫집 페인트 공사까지도 이제 괜찮다. 누수로 생긴 결로(곰팡이), 직접 가서 보면 처참하다. 물론 오래된 아파트라고 해서 모두 이런 문제를 겪는 것은 아니며 신축이라고 해서 전혀 문제가 없는 것 또한 아니지만, 확률적으로 구축은 누수를 포함한 여러 문제가 발생할 가능성이 높다.

오래된 구축을 많이 갖고 있는 나는 이제 여름에 비가 많이 오는 날이면 세입자에게 걸려오는 전화에 심장이 두근거린다. 추운 겨울이면 여지없이 보일러가 고장 났다는 전화가 걸려온다. 만기가 한참 남은 세입자에게서 걸려오는 전화는 솔직히 그다지 반가운 일이 아니니 덜컥 받기가 두렵다.

그러면서 나는 점점 오래된 아파트에 대한 관심을 잃어가고 있다. 상품 내부의 노후화로 인한 문제는 제쳐두고라도, 공급이 부족하지 않은 시장에서 앞으로 점점 더 사람들의 관심은 신축으로 가는 것이 당연하다.

세월이 흘러 어느덧 4~5년의 시간이 흐르는 동안 대한민국 부동산 시장은 발빠르게 변화했다. 지방은 말할 것도 없거니와 서울 수도권에도 신규 아파트 공급이 점점 늘어나고 있었다. 심지어 서울로 출퇴근이 가능한 인근 도시들의 경우 매년 엄청난 양의 아파트 공급이 지속적으로 이루어지고 있어 전세 가격이 매매 가격의 절반도 되지 않는 곳이 많다.

심지어 그런 곳이 향후 미래 가치도 있고 입지도 나쁘지 않다면, 20년 넘은 구축들은 과연 어떻게 될까? 오래된 구축보다 새 아파트의 전세금이 싸다면 당연히 약간의 불편함을 감수하고라도 새 아파트로의 이사를 계획할 것이다.

입지도 약한 구축들을 사 모아 월세 투자를 계획하고 있다면 다시

• 2000~2022년 전국 아파트 공급 물량 추이 •

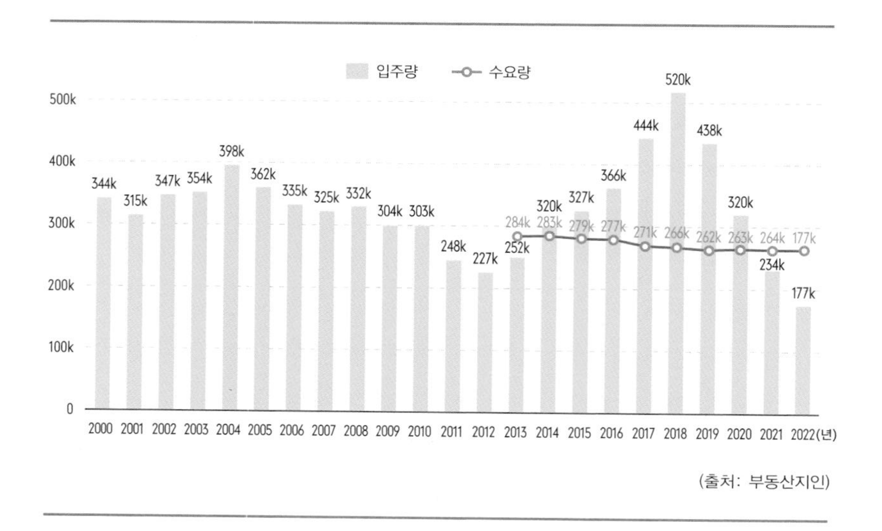

(출처: 부동산지인)

한번 생각해봐야 한다. 평생 팔지 않을 아파트는 서울 중심부에 사 모으는 것이지 지방의 듣도 보도 못한 지역에서 사 모으는 것은 위험한 모험일 뿐이다.

공급이 절대적으로 부족한 지역이나 입지가 훌륭한 곳이 아니라면, 너무 오래된 구축은 사지 않는 것이 좋다. 투자금을 줄이고자 하는 노력을 구축이 아니라 신축에 들여야 할 시기이다. 부동산 투자의 최신 트렌드는 신축 아파트와 신축이 될 아파트임을 기억하라.

리스크를 감당할 만큼의 여유 자금은 확보해둬라

특정 지역의 아파트를 매수하고자 결정했을 때는 이미 그 지역의 공급 물량을 철저하게 분석한 뒤다. 기본 원칙은 2년 뒤 매도 시점에 입주 물량이 없는 지역일 경우에만 매수를 결정하는 것이므로 전세 계약이 만료되는 2년 후 매도 시점이 오면 큰 고민할 필요 없이 매도하면 된다. 지방 시장은 이 원칙이 거의 맞아떨어진다.

그러나 수도권 시장은 공급 물량만으로 움직이지 않는다. 서로 영향을 주고받는 생활권의 범위가 너무 넓다. 다양한 호재가 발생하고 정부의 부동산 정책도 수시로 냉탕과 온탕을 오간다.

신분당선 라인에 집 한 채를 꼭 마련하고 싶어서 용인시 수지구에 관심을 갖고 있다가, 죽전 신분당선 라인의 24평 아파트를 총 투자금 3,000만 원으로 매수했다. 신분당선의 개통 호재에도 불구하고 아파트 가격 상승을 이끌어내지 못한 지역이라고 판단했고 2년 뒤 기대수익을 꽤 높게 잡았었다. 매수 후 지속적인 모니터링을 해보았지만, 생각처럼 단기간에 기대수익을 내지 못했다.

세입자의 만기가 돌아오는 시점에 용인에 들어올 입주 물량을 잘 알고 있기에 시간이 지날수록 불안했다. 2018년 한 해 동안만 연간 적정 수요량의 세 배가 넘는 입주 물량이 기다리고 있었다. 예상했던 대로 전세 가격은 1,000~2,000만 원씩 내려가고 있었고 전세 물량도 넘쳐나기 시작했다

기대수익이 반도 미치지 못하자 나는 고민하기 시작했다. 팔아야 할 것인가, 2년을 더 가져갈 것인가. 2년만 더 버티면 기대수익 이상을 벌 수 있으리라는 생각은 들었지만, 투자금을 1,000~2,000만 원 더 들여야 하는 역전세도 싫었고 혹시나 세입자가 이사 나간 후 맞게 될 공실이 두려웠다.

나는 서둘러 만기가 되기도 전에 부동산에 매물을 내놓았다. 두세 달이 지나도 아무 연락이 없자 마음이 더욱더 불안해지기 시작했다. 그러던 어느 날 매수자가 나타났다. 마음이 급한 나는 매수자가 원하는 가격에 최대한 맞춰 매도했다.

수익률은 100%였다. 기대수익에 많이 못 미쳤지만 팔고 나니 역전세나 공실 걱정을 안 해도 되어 속은 후련했다. 문제는 그 이후였다. 갑자기 내가 속해 있는 많은 카톡방에서 얼마 전 매도한 아파트 이름이 연일 거론되었다.

무슨 일인가 보았더니 부산에서 투자자들이 버스를 타고 와서 몇 채씩 사갔다는 것이다. 이유인즉슨 분당도 올랐고 광교도 올랐는데 중간에 끼어 있는 용인은 아직 너무 싸다는 것이다. 게다가 신분당선 라인에 있는 아파트의 가격이 낮다고 판단한 어떤 투자자 모임의 수장이 특정 지역을 찍었던 모양이다. 감사하게도 내 아파트는 버스 타고 온 투자자가 사간 모양이다.

그리고 한 달도 지나지 않은 잔금 날, 그 아파트 시세는 내가 판 가격에서 3,000~4,000만 원이 올라 있었다. 속이 쓰린 상황이지만 선택을 후회하지 않는다. 그때 팔고 나오지 않았다면 역전세는 당연하고 공실의 위험까지 감수해야 했기 때문이다. 기대수익에 많이 못 미친 데다 추가로 2년을 더 보유하면 좀더 확실한 시장이 올 것이라는 것을 알면서도, 나는 역전세를 감당할 여유자금이 없었기 때문에 매도할 수밖에 없었다.

투자를 하면서 항상 아쉬운 것이 투자금이다. 주머니에 조금의 여유도 없다 보니 작은 리스크조차 감당할 수가 없다. 빈 주머니를 만들면 안 된다는 것을, 언제 닥칠지 모르는 위기에 대비하기 위해서는 반드시 여유자금 내지 대출의 길도 열어놓아야 함을 깨달았다.

발품으로 일군 투자 성공 사례

이제부터는 내가 전국을 상대로 발품을 다니면서 투자한 실전 사례 이야기를 해보려 한다. 어떻게 그곳을 가게 되었는지부터 시작해서 가서 무엇을 보았는지, 왜 이런 결정을 내렸는지 그리고 최종적으로 가져온 결과에 대한 상세한 경험담이자 생생한 지역분석기다.

무엇보다 내가 실전 사례를 실은 이유는 투자를 하다 보면 그때그때의 상황에 맞는 선택을 해야 될 때가 있기 때문이다. 어떤 선택을 했느냐에 따라 결과는 천지차이가 날 수 있다. 확실한 근거 내지 기준이 바탕이 되어야 할 때도 있고 반대로 다급한 상황에서는 기지를 발휘해야 하는 경우도 있다. 투자를 하면서 다양한 경험이 필요한 이유가 바로 여기에 있다. 따라서 여러 투자 사례를 케이스 스터디 해두면 실전에 조금이나마 도움이 될 것이다.

공급 부족에 승부를 건 역세권 소형, 산본 C아파트

2014년 늦은 여름이었다. 경매 법정을 열심히 다니고 있었지만, 좀처럼 낙찰을 받기가 어려웠다. 이미 경매 법정은 아기를 업고 온 젊은 새댁, 학생처럼 보이는 젊은 청년들로 넘쳐났다. 낙찰가를 높게 쓰지 않고서는 도저히 낙찰 받기가 힘든 상황이었다. 아파트 낙찰률도 거의 100퍼센트를 넘겨서 낙찰이 되다 보니 이제 경매로는 힘들겠구나, 라는 생각이 들었다. '이러다 좋은 시장 다 놓치겠다. 급매라도 가서 사야겠다'라는 생각으로 발걸음이 분주해졌다.

같이 공부하던 한 분이 슬쩍 내게 정보를 주었다. "군포, 산본이 좋다더라." 그 이야기를 듣자마자 단 1분의 망설임도 없이 산본으로 달려갔다. 군포시 금정역은 2014년 한창 GTX 호재 바람을 타고 있었다. 당시 GTX가 뭔지도 잘 몰랐던 나는 금정역과 산본역을 비교해 보았다.

4호선과 1호선이 지나가는 금정역 주변은 개발이 전혀 되지 않은 상태로 환경이 매우 열악했다. 금정역 역세권이라 하기엔 상품만 훌

릉해 보이는 삼성래미안하이어스와 산본e편한세상의 가치가 제대로 평가를 받지 못하던 시절이었다.

금정역보다는 입지가 훨씬 좋은 산본역을 중심으로 임장을 시작했다. 4호선이 인기가 많은 노선은 아니지만 서울로 들어가는 지하철이며, 산본역 앞 산본 로데오 거리의 대형 상권이 발달되어 있어 젊은층들의 유입이 많았다.

서울의 비싼 집값에 4호선을 타고 밀려 내려온 신혼부부나 1인 가구들이 역세권의 소형 아파트로 선택하기에는 손색이 없는 지역이었다. 산본에도 물론 부자들이 사는 동네가 있다. 수락산 바로 밑자락에 위치한 민간건설사가 지은 아파트들이다(산본은 유난히 주공아파트가 많다). 역세권은 아니지만 학군이 받쳐주고 자연환경이 한몫

• 군포시 공급 물량 추이 •

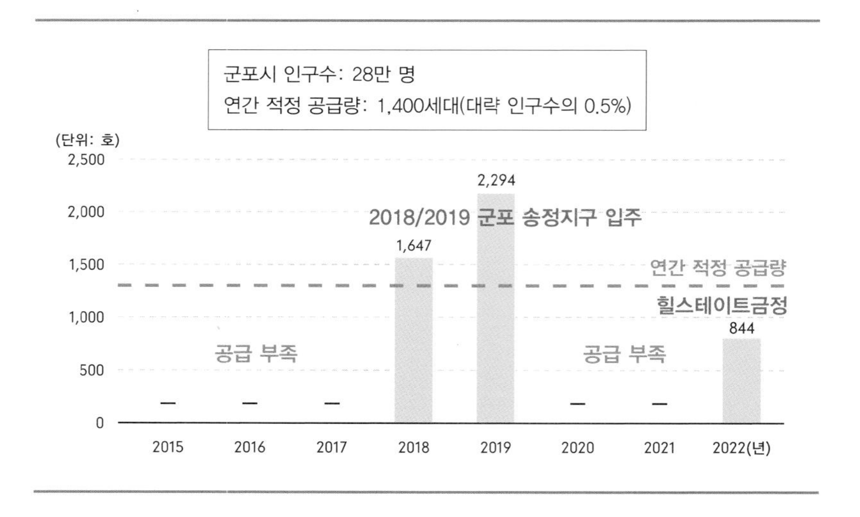

하는 곳이라 수요층이 다르다.

산본에 소액으로 투자하려면 무조건 역세권 아파트였다. 산본역 앞에 있는 주공 아파트들을 돌고 돌아본 후 내가 선택한 C아파트. 산본역 초역세권에 초중고가 인접해 있고 군포시민체육광장을 품은 아파트였다.

19평 로열동 로열층을 1억 6,500만 원에 매수했다. 그리고 바로 전세를 1억 4,000만 원에 계약했다. 심지어 수리도 하지 않은 채였다. 투자금은 2,500만 원이 들어갔다. 이 아파트를 보유한 2년 동안 산본의 공급 물량은 극히 부족했다. 전세매물이 귀하다 보니 아파트 가격이 급격히 오르기 시작했다. 입주 20년 차 오래된 구축에 고작 19평짜리 아파트가 얼마나 오를까 싶어 큰 기대를 하지 않고 있었다. 전세 만기가 되는 2016년 가을, 수리도 전혀 하지 않은 이 아파트를 2억 2,600만 원에 어렵지 않게 매도했다. 나에게는 매우 의미 깊은 물건으로 투자 인생 첫 매도 아파트였다.

• C아파트 가격 추이 •

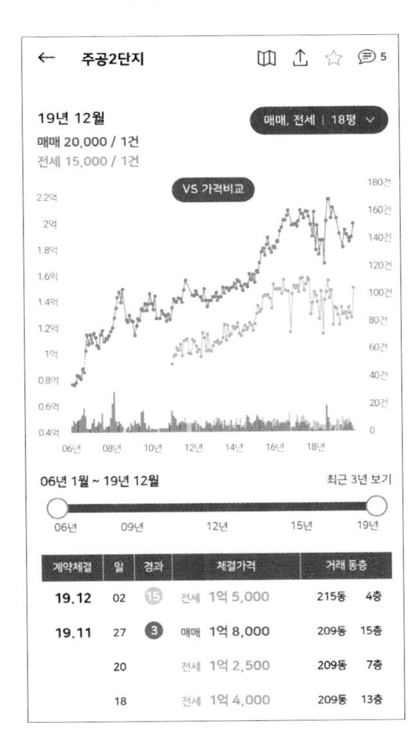

(출처: 아파트 실거래가 앱)

교통 호재를 찾아 떠난 서울 강서구 H아파트

2015년 여름 낮에는 공인중개사 공부로, 밤에는 부동산 강의 수강으로 열정을 불태우고 있었다. 당시 부동산 강의에서는 시장의 변화와 흐름을 읽기 위해 어떤 데이터를 주기적으로 보아야 하는지를 도표로 보여주며 유난히 서울을 많이 언급했다. "서울은 너무 싸다." 수업시간에 들었던 이야기 중 가장 임팩트가 큰 한마디였다.

서울 중 호재가 많은데 아직 오르지 않은 지역이 어디일까 곰곰이 생각해보았다. 9호선과 마곡지구의 조합이 떠올랐다. 집으로 돌아오자마자 강서구 지도를 펼쳐 그 핫하다는 9호선 라인을 따라 아파트를 찾아보았다. 9호선 급행인 가양역이 눈에 들어왔다.

올림픽대로 진입로와 인접해 있고 가양대교를 타고 넘어가면 상암이 가까운 위치였다. 무엇보다 강남으로 가는 9호선 급행 가양역. 다음 날 가양역 주변 임장을 시작했다. 아직 상권이나 편의시설이 발달되어 있지 않은 베드타운이었지만 인근에 이마트, 홈플러스 등 대형 마트들이 있고 무엇보다 마곡이 지척이다. 당시 아직 마곡 입주가 시작도 되지 않은 상태라 마곡 LG 입주 호재를 노려볼 만했다.

내가 투자할 수 있을 만한 아파트를 찾기 시작했다. 임대 아파트가 유난히 많아 보이는 가양동이 썩 마음에 들지 않았지만, 9호선의 역세권 아파트 위주로 임장을 했다. 단지 안에 초등·중학교를 품고 있고 세대수도 700세대가 넘는 역세권 아파트를 투자처로 선택했다.

마음에 드는 부동산에 자리를 잡고 앉았지만 마땅한 물건이 없었다. 벌써 시장은 매도자 우위였다. 투자금을 최소화하기 위해 24평 아파트를 선택할 수밖에 없었다. 3억 3,000만 원짜리 급매가 나와 있었는데 오후 2시에나 집을 볼 수 있다고 해서 부동산 사장님과 이런저런 이야기를 나누며 2시까지 기다렸지만, 끝끝내 나는 그 집을 볼 수 없었다.

어쩔 수 없이 33평으로 눈을 돌릴 수밖에 없었다. 나는 그날 무엇에 홀렸는지 반드시 계약서를 들고 집에 가리라고 마음 먹었다. 왠지 오늘 못 사고 돌아가면 다시는 이 가격에 살 수 없을 것만 같았다.

하루 종일 부동산에 앉아 있으면서 뜨거운 매도 우위 시장 분위기를 느꼈기 때문일까. 사실은 부동산에 앉아 있는 동안 그 아파트의 평형별 과거 가격을 샅샅이 비교해보았다. 24평과 33평을 보니 이미 24평은 어느 정도 상승의 기류를 타고 있었고 33평은 아직 가격이 바닥이었다.

과거 최고 가격이 6억 원 가까이 갔던 33평이 지금 4억 원 초반이니 상승 분위기만 타면 6억 원 이상은 가리라는 확신이 들었다. 소장님은 내 논리에 코웃음을 치면서 5억 원이나 가면 많이 간다고 답했다.

최초 계획은 24평을 급매로 사서 투자금 3,000만 원으로 세팅할 생각이었으나, 시장에 살 수 있는 물건은 없었고 가격은 점점 오르고 있으니 투자금을 2배로 들이는 과감한 선택을 해야만 했다.

당시 한 채당 3,000만 원 이상을 쓰면 큰일이 나는 줄로만 알았던 내가 서울 강서구 33평 아파트를 사면서 6,000만 원이라는 투자금을 지불했다. '6,000만 원이나 한 채에 투입한 것이 과연 잘한 일일까' 불안함과 후회가 교차했던 시기를 지나 드디어 서울의 대상승장이 시작되었다.

그리고 그 아파트는 내가 예측한 6억 원을 뛰어넘었고 7억 원도 뛰어넘었다. 물론 나는 적정 이익을 남기고 중도에 하차했다. 규제로 인해 오랜 시간 투자금이 묶이는 것이 꺼려졌기 때문이다. 한 채당 3,000만 원만을 고집하던 원칙을 깨고 두 배수를 투입하고 두 배수 이상의 이익을 얻은 고마운 아파트였다.

• H아파트 가격 추이 •

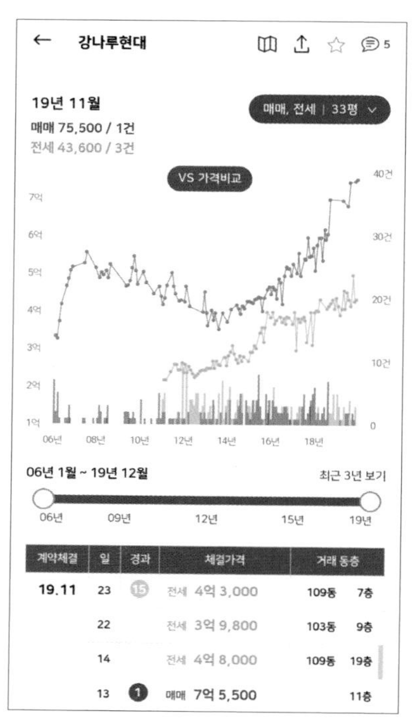

(출처: 아파트 실거래가 앱)

주변 개발 호재 속에 숨겨진 의왕시 D아파트

2016년은 안양시 인덕원의 해라고 해도 과언이 아닐 만큼 인덕원이 뜨거운 감자로 떠올랐다. 월곶-판교선, GTX, 인덕원-동탄복선전철, 안양-성남고속도로, 과천지식정보타운, 인덕원역 복합환승센터 역세권 개발 등 대형 호재 여러 개가 한번에 터지다 보니 투자자들이 인덕원 인근의 아파트들을 놔둘 리가 없었다.

인덕원역 지도를 펼쳐보면 초역세권인 삼성아파트가 가장 큰 수혜자이고 그 다음은 학의천 건너 푸른마을 인덕원 대우아파트이다. 삼성아파트는 초역세권이니 당연히 사람들의 1등 관심 대상이었고, 인덕원역의 화려한 네온사인을 피해 좀더 안전하고 쾌적한 환경에서 아이를 키우고 싶어 하는 사람들은 대우아파트를 선택했다.

• 월곶-판교선 •

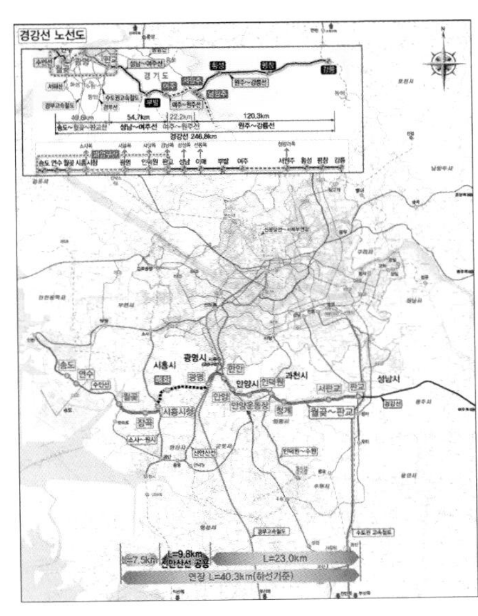

(출처: Rail+철도동호회)

인덕원에서 조금 떨어져 위치한 동편마을 3, 4단지(1, 2단지는 임대)까지 과천지식정보타운 개발 여파에 힘입어 과천의 영향권에 든다는 기대감으로 엄청난 상승을 시작했다. 이 아파트들이 지속적으로 관심을 받으면서 갭이 벌어지자 너도 나도 인근의 소액 투자가 가능한 아파트들을 찾기 시작했다. 그런데 여기서 재미있는 점은, 안양시와 의왕시의 경계선이다.

이 비밀을 인지하지 못한 사람들이 내게 많이 하는 질문들이 인덕원 삼성 아파트와 삼호 아파트의 차이, 평촌삼성래미안과 한일나래,

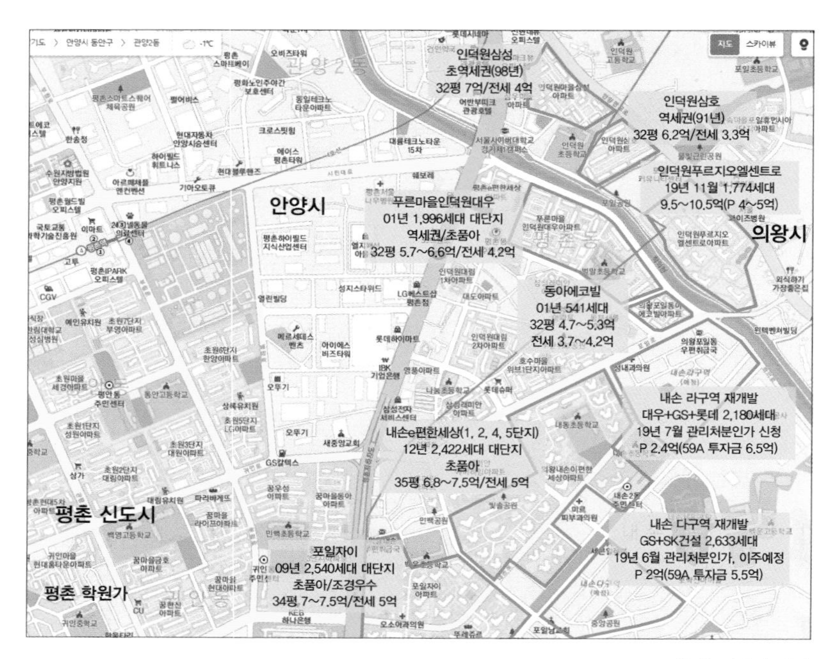

(출처: 네이버 지도)

동부새롬의 가격 차이 등이다. 초등학교 배정이 다르고, 설사 초등학교를 단지 안으로 같이 간다 해도 중학교 배정은 각각 안양시와 의왕시로 다르게 배정받는다. '시'나 '구' 브랜드는 아파트 가격에 큰 영향을 준다. 안양시 동안구와 의왕시 사이에는 오래전부터 지역 주민들이 느끼는 인식 자체도 있고 의왕보다는 안양을 더 선호하는 프리미엄이 작용한다.

그런데 이 시의 경계를 무너뜨리는 아파트가 있다. 바로 2019년 11월 입주를 시작한 인덕원 엘센트로 아파트다. 농어촌공사 자리에 분양할 당시부터 안양시, 의왕시 사람들의 뜨거운 관심을 받아온 의왕시에 속하는 아파트다. 이 아파트의 입주가 마무리되면 안양시의 랜드마크 자리에 오를 것이다. 34평 평균분양 가격이 5억 7,000만 원이었던 시세는 지금 10억 원을 넘어섰다.

사람들이 이미 많은 상승을 이뤄낸 인덕원 대우아파트를 지금이라도 가서 사야 하나 싶어 마음이 조급할 때, 나는 유유자적 포일센트럴푸르지오가 바로 건너편에 보이는 D아파트를 선택했다.

2001년식 500세대가 넘는 아파트로 학군도 좋고, 학의천 산책로를 품었고 인덕원의 개발 호재를 충분히 받을 수 있는 위치인데 의왕시이다. 맞은편에 인덕원 엘센트로가 무럭무럭 올라오고 있고 인근에 내손 라구역 재개발이 활발하게 진행되고 있었다. 인덕원 엘센트로가 당시 7억 원 정도였는데 이 D아파트의 32평 가격은 4억 원이 채 되지 않았다. 바로 옆 인덕원 대우아파트도 4억 7,000만 원 정도의 시세였다.

• D아파트 가격 추이 •

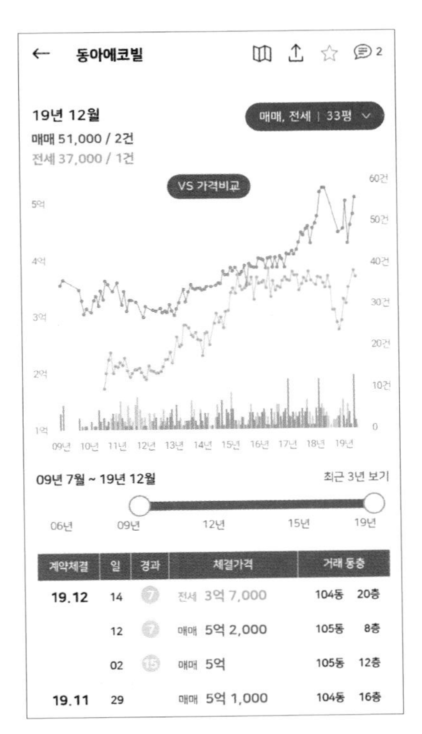

(출처: 아파트 실거래가 앱)

나는 이 아파트의 32평을

4억 원에 매수한 후 3억 8,500만 원에 전세를 맞추었다. 200만 원의 화장실 수리비만 들었다. 중개소 소장님은 의아해하며 도대체 왜 이 아파트를 사냐고 물어왔다. 나는 당당하게 "5억 원 이상은 가겠죠. 아님 말고" 하며 가볍게 웃으면서 계약서를 들고 나왔다.

나의 예상대로 인덕원 엘센트로 분양권의 피가 계속 올라갈수록, 인근의 다른 아파트도 동반 시세 상승을 했다. 솔직히 아파트를 매수할 때 조금 더 큰 꿈을 꾸고 있었다. 인덕원 엘센트로가 입주를 하고 내손 라구역 분양이 완판될 때까지 이 아파트를 오래 갖고 가고 싶었으나, 욕심을 버리고 계획을 수정해야 했다.

D아파트의 2년 전세 만기가 돌아오는 2019년 2월과 4월에 의왕 백운밸리 입주가 무려 3,000세대가 예정되어 있었다. 처음 백운밸리 분양 당시만 해도 돈이 될지 반신반의하는 사람들이 많았고 학교나 편의시설도 없는데 누가 가냐며 깎아내리는 분위기였다.

세월이 지나 막상 백운밸리 입주가 다가올수록 숲세권에 호수산책로까지 갖춰진 백운호수의 새로운 뉴타운에 관심이 급증되고 대형 평수에는 프리미엄이 2억 원씩 붙기 시작했다. 신축 아파트가 귀했던 안양, 의왕시에 백운호수와 청계산이라는 특화된 자연환경은 예상을 뛰어넘은 사람들의 수요를 일으켰다.

나는 이 시나리오를 어느 정도 예상하고 있었기에, 백운밸리 입주 몇 달 전부터 매도에 온 신경을 기울였다. 그리고 훌륭한 가격으로 매도에 성공했다. 바닥에 사서 꼭지에 팔고 나왔다. 예상대로 백운밸리의 입주가 시작되자 D아파트의 매매 · 전세 가격은 고전을 면치 못하고 있다. 그러나 장기적으로 봤을 때 입주 폭탄은 위기일 수도 기회일 수도 있다.

미분양 시장에서 미래 가치를 본 인천 청라국제도시

인천에는 경제자유구역이 송도국제도시, 청라국제도시, 영종국제도시 3곳이나 있다. 송도국제도시가 1등 주자로 나서면서 많은 사람들이 송도에 살고 싶어 한다. 국제도시라는 말이 무색할 만큼 국제건물 내지 외자투자 유치가 잘되진 않았지만, 삼성바이오가 송도를 살렸다.

서울 접근성이 어려워 철도교통 개선이 필요한 곳이지만, 도시 경관 자체가 글로벌하고 센트럴파크, 대형 쇼핑 상권을 갖춘 도시로 발전해가고 있다.

송도의 아파트 가격은 천정부지로 오르고 전세 가격은 과잉 공급에 고전을 면치 못하고 있으니 내가 진입하기엔 투자금이 너무 무거웠다. 청라국제도시로 눈을 돌렸다. 인구 10만 명의 작은 도시지만, 송도보다는 서울 접근성이 훨씬 좋고 호재 또한 많은 도시였다. 청라는 이미 공항철도가 다니고 있는데 이 공항철도를 9호선과 직접 연결하는 사업이 추진되고 있는 상황이라 앞으로 인천공항에서 9호선을 타고 종합운동장까지 환승 없이 한번에 갈 수가 있다.

7호선 부평구청역에서 석남역 연장공사가 진행 중인데 이에 더해 석남역-청라국제도시역까지 추가 연장이 확정되었다. 인천시에서 루원시티를 인천의 중심으로 개발하고자 하는 야심을 위해선 7호선 연장이 불가피하기 때문에 청라까지 수혜를 입은 듯하다.

청라에는 교통뿐 아니라, 일자리 호재도 가시화되고 있다. 이미 청라국제도시역 앞에는 하나금융통합데이터센터 본사가 들어와 있고 큰 규모는 아니더라도 LG전자 인천캠퍼스공장이 위치해 있다. 또한 국내 두 번째 규모의 복합 쇼핑몰 스타필드 청라와 차병원의료복합타운이 건설될 예정이다. 이들이 들어서게 되면 편의시설 확대 및 일

• 7호선 청라국제도시 연장 노선도 •

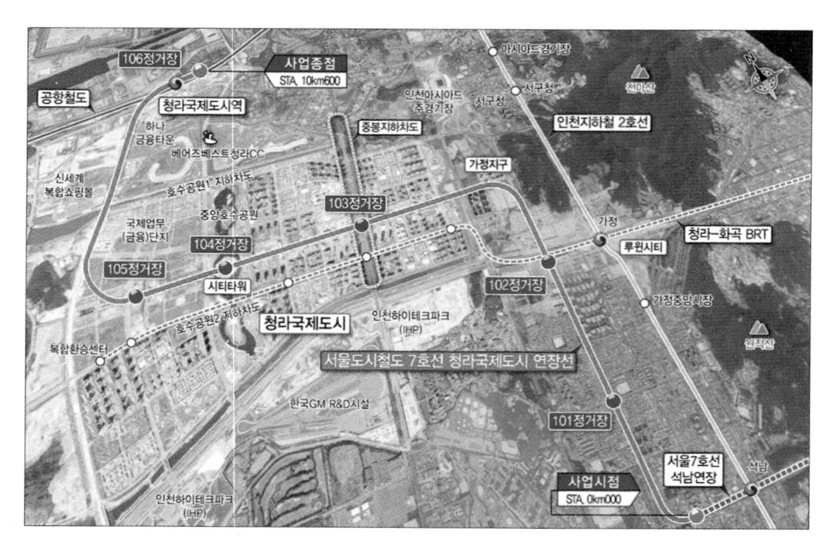

(출처: 인천광역시)

자리 증가로 인한 경제 파급 효과가 클 것이라 예상된다.

개발의 신호탄이 될 청라시티타워가 드디어 2019년 11월 기공식을 진행하고 본격적으로 공사에 착수했다. 높이 453미터 초고층 빌딩으로 대한민국에서 세 번째, 세계에서 여섯 번째로 높은 건물이다. 청라호수공원의 중심에 청라시티타워가 건립되면 청라국제도시의 위상이 한층 높아지리라 예상된다.

이렇게 많은 호재를 안고 있는 청라국제도시 아파트 가격이 2017년 봄, 4억 원이 되지 않았다. 2017년 송도국제도시 35평 아파트 가격은 5억 원 중반을 넘어서고 있을 때였다. 인천 서구 및 인근 신도시의 지속되는 과잉 공급으로 청라의 분양권 시장은 미분양에서 벗어나지 못한 채 바닥을 치고 있었다. 그러나 서서히 청라 및 가정지구의 공급은 마무리되어가고 있었다.

• 공항철도 9호선 직결운행노선도 •

(출처: 연합뉴스)

직접 가보니 청라의 중심 상권을 관통하는 커낼웨이는 청라호수공원까지 연결되어 도시 전체에 이국적인 환경을 선물하고 있었다. 상권도 이를 중심으로 발달되어 있었고 중심에 7호선 연장이 예정되어 있으니 지금이 바닥 가격이라는 생각이 들었다. 신축 아파트 위주로 관심을 갖고 돌아보니 눈에 보이는 두 채의 아파트가 있었다.

• 청라 시티타워 •

(출처: ct-tower.com)

제일풍경채 에듀앤파크2차(2017년 12월 입주, 1,581세대)와 청라센트럴 에일린의뜰(2018년 10월 입주, 1,163세대)이었다. 제일풍경채는 단지 내 초등학교를 품고 있는 장점이 있었고 에일린의뜰은 중심 상업지역과 가깝다는 장점이 있었다.

2012년 입주 당시 커뮤니티 시설에 수영장을 넣어 빅히트를 친 제일풍경채 1차의 인기에 힘입어 제일풍경채 2차 역시 단지 내 수영장을 설치하는 등 우수한 조경으로 입주가 다가오자 3,000~4,000만 원의 피가 형성되어 있었다. 에일린의뜰은 경명초등학교가 멀리 위치해 있다는 단점이 있고 제일풍경채 2차보다 분양 가격이 무려 4,000만 원이나 비쌌다. 제일풍경채 2차의 가격이 4,000만 원 이상 상승하기 전까지는 에일린의뜰은 계속 비싸다는 평을 받을 것이다(제일풍경채

2차 34평 분양가 3억 6,900만 원, 에일린의뜰 35평 분양가 4억 1,200만 원).

그럼에도 입지가 워낙 좋은 데다 7호선 연장 예비타당성 통과가 될 것이라는 기대심리로 피가 1,000~2,000만 원 붙은 상태였다. 마음속엔 제일풍경채2차가 들어와 있었지만, 자금 상태는 에일린의뜰을 선택해야 했다.

항상 투자금이 문제다. 현 상황에서 투자금이 적게 드는 것이 무엇인지 골라야 했고 시간을 더 벌고 싶은 마음도 있었다. 분양 가격이 싼 제일풍경채는 이미 피가 4,000만 원 가까이 붙은 상태이고 분양 가격이 비쌌던 에일린의뜰은 무피로 살 수 있는 물건이 있다면, 출발은 같다. 그러나 투자금에는 현저한 차이가 있다.

계산을 해보면 다음과 같다.

- 제일풍경채2차 34평 분양가: 3억 6,900만 원 + 확장비 1,300만 원
  = 3억 8,200만 원
- 계약금: 10% 3,690만 원 + 확장비 계약금 200만 원 = 3,890만 원
- 프리미엄 3,500만 원짜리 매물을 선택할 경우: 3,890만 원 + 3,500만 원
  = 현재 투자금 7,390만 원

여기에 입주 시기 전세 가격이 생각만큼 높지 않다면(전세 2억 8,000만 원 예상), 잔금을 치르기 위해서 최소 6,000만 원 이상은 추가로 들어간다. 그럼 총 투자비용은 1억 4,000만 원가량이 된다.

- 에일린의뜰 35평 분양가: 4억 810만 원 + 확장비 1,298만 원 = 4억 2,108만 원
- 계약금: 10% 4,081만 원 + 확장비 계약금 220만 원 = 4,301만 원
- 마이너스·프리미엄 제로 매물을 선택할 경우: 현재 투자금 4,301만 원

입주 시기에 전세 가격을 제일풍경채 2차보다는 높게 잡아 최소 7,000만 원 정도 추가로 들어갈 경우(전세 3억 1,000만 원 예상) 총 투자비용은 1억 1,000만 원 정도로 예상된다. 입주 2년 후 정상 거래가 되면 이 두 아파트는 서로의 장단점을 상쇄시켜가며 비슷하게 갈 것이라는 예상하에 계산해보면, 투자금 싸움이기에 당연히 나는 에일린의뜰을 선택해야 한다(투자금 7,390만원 vs 4,301만 원).

운좋게도 로열동에 정원이 예쁘게 내려다보이는 매물을 마이너스 피에 살 수 있었고 입주 시기 초등학생 자녀가 있으면 2달 연체 이자를 건설사에서 대신 내준다는 혜택까지 받으면서 전세를 주지 않고 버티기에 돌입했다.

입주 시기에 전세를 좋은 가격에 뺄 수 있는 방법은 가장 먼저 빼든지, 가장 마지막까지 버티든지 둘 중 하나를 선택해야 한다. 건설사가 중도금 연체 이자를 대신 내준다니 버티기에 돌입해서 전세 3억 2,000만 원의 최고가에 세팅을 완료했다. 총 투자금 1억 원이 들어갔다.

입주가 완료된 지금 어느 정도 예상한 대로 상권이 가깝고 미래의 역세권이 될 에일린의뜰 가격이 제일풍경채2차를 뛰어넘었다. 당시 상황에 맞는 최선의 선택이었기에 결코 후회는 없다. 이제 나는 청라

가 훨훨 날아가는 모습을 웃으면서 지켜보면 된다.

내 손바닥 위에 올려놓은 천안시 구불당

2017년 뜨거웠던 여름, 조정지역 이하 양도세 중과라는 엄청난 파장을 몰고 온 8·2 대책이 나온 상황이라 더 이상 조정지역 내 물건들은 팔 수가 없으니 실거주 아니고서는 추가로 살 수가 없겠다고 생각했다.

이미 지방 이곳저곳을 다니고 있는 시점에 공급 물량 데이터상 매력적인 천안 아산 시장을 중점적으로 파헤치겠다는 생각으로 천안 임장을 시작했다. 천안은 서북구와 동남구의 2개의 구로 나뉘는데, 동남구 쪽보다는 서북구 쪽 개발이 많이 이루어지고 있다. 천안시청도 서북구에 자리잡고 있고 행정구역상 아산시에 속해 있는 천안아산역(KTX·SRT)도 서쪽에 위치해 있다. 천안 아산을 책임지고 있는 삼성디스플레이시티 탕정과도 가깝고 일반 산업단지들도 모두 서북구에 위치해 있다.

천안의 중심인 불당신도시를 집중적으로 분석하다 보니 길 건너 위치한 구불당과 백석동에 위치한 신축 아파트들이 너무 싸게 느껴졌다. 불당신도시가 생활편의시설 및 쾌적함까지 갖춘 신도시인 것은 알겠으나, 부족한 것이 하나 있다. 바로 학군과 학원가였다.

불당신도시가 생기기 전까지만 해도 천안의 대장은 구불당 아이파크와 동일하이빌이었다. 불당아이파크 북쪽으로 대형 학원가와 상권이 발달되어 있고 남쪽으로 천안 제 1의 중학교인 불당중학교가 있다.

학원의 영향을 받지 않는 세대들은 신축 아파트를 찾아 얼마든지 이주가 가능하지만, 나를 포함한 학원 이용 빈도수가 많은 세대들은 주변에 아무리 좋은 신축이 생긴다 한들 이사를 갈 수가 없다. 아이들이 어리다 보니 도보권에 있는 학원가를 포기할 수 없다. 둘째아이까지 생각하면 앞으로 10년은 족히 이곳에서 살아야 하니, 학원가와 학군이란 어찌할 수 없는 필수 입지다.

이렇다 보니 불당아이파크나 동일하이빌은 학군과 학원가를 포기할 수 없는 세대들로 채워진다. 최고가 3억 4,000만 원씩이나 하던 구불당의 대장주가 불당신도시 입주가 시작되면서 2억 6,000~7,000만 원까지 내려갔고 전세 가격도 함께 추락했다. 2017년 당시 불당신도시의 대장주들이 5억 원 초중반의 가격을 형성하고 있는데 바로 길 건너 구불당의 대장주들이 반값이라는 사실이 참 아이러니했다.

불당신도시에만 관심을 갖고 있던 사이 백석동도 신축 아파트들로 채워지면서 조금씩 입지가 변해가고 있었다. 백석동이 어디에 있는지도 몰랐던 사람들이 백석동에 가서 브랜드 신축 아파트들이 줄지어 있는 모습을 보고 '이런 동네가 있었나' 할 정도로 놀라기도 했다.

입주 10년이 안 된 아이파크1차, 푸르지오, 계룡리슈빌 및 2016년 입주한 더샵까지 새 아파트들이 대거 입주하면서 주변으로 깨끗한

• 천안시 지역분석 •

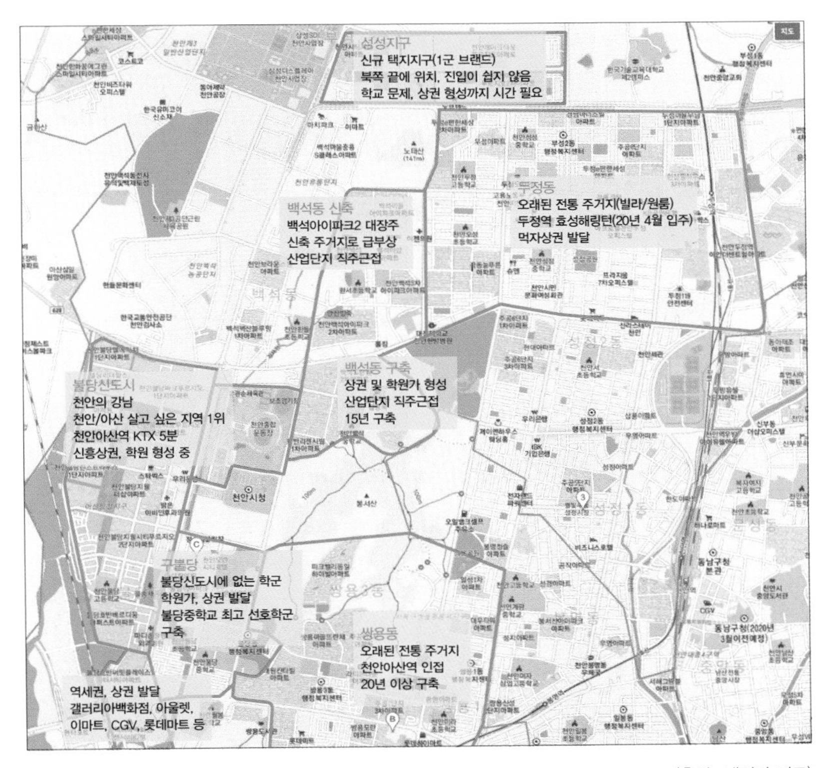

(출처: 네이버 지도)

상권과 작은 학원들이 생겨났다. 백석동의 대장은 아이파크2차로 백석동 입구에 자리잡은 2015년식 1,562세대 대단지 아파트이다. 그 다음으로 시세를 함께 이끌어 갈 아이파크3차가 2017년에 입주한 최신축이다.

이들까지 합세하면서 환서초등학교, 환서중학교 학군도 덩달아 새로운 인기 주거지로 떠오르고 있었다. 백석아이파크2차 길 건너 백석그린빌2차 오른쪽으로는 구도심 상권이 발달되어 있었고 나름 학원가들도 형성되어 있었다.

완벽하진 않아도 1등인 불당신도시 다음으로 선택받을 수 있는 2군 입지를 따져보았을 때, 원조 학원가 수요들은 구축이라도 구불당으로 갈 것이고 신축 아파트를 원한다면 신불당의 반값인 백석동으로 갈 것이라는 예측이 나왔다.

천안이라 하면 많은 사람들이 쌍용동이나 두정동을 먼저 떠올릴 만큼 20년 넘은 구축들이 많았고 두정동에는 특히나 아파트보다 원룸이나 빌라들이 많았다. 예나 지금이나 경매 시장에 많이 나오는 아파트가 대부분 쌍용동과 두정동에 있었다. 매매 가격과 전세 가격이 항상 붙어 있는 지역이라 그만큼 투자자들이 선호하는 지역이기도 하다.

내가 쌍용동이나 두정동을 투자 대상에서 제외한 이유는 바로 불당신도시의 오피스텔 때문이었다. 불당신도시를 제외한 천안 서북구의 구축 아파트들이 심하게 흔들린 이유 중 하나는, 불당신도시 아파트 입주와 함께 엄청나게 쏟아져 나온 오피스텔 입주 물량이었다.

불당신도시 내 주거용 오피스텔들이 아파트와 큰 차이 없는 3베이 구조로 방 2개짜리, 방 3개짜리가 저렴한 전세로 나오기 시작했다. 1억 원 초반대의 전세 물량이 불당신도시에 깔리자, 인근 소형 아파트에 전세로 살던 사람들의 관심을 불러일으키기엔 충분했다. 그것도 별도의 오피스텔만 있는 건물이 아닌, 일반 브랜드 아파트와 함께 조경과 커뮤니티를 누릴 수 있는 장점이 있는 그야말로 아파텔이었다.

불당신도시의 인프라를 누리면서 저렴한 전세 가격의 신축 아파텔로 이사를 하는 세대들이 많아졌다. 쌍용동 일대의 소형 아파트들의 매매·전세 가격이 무너진 이유이기도 하다. 이들은 학군도 학원가도 필요 없는 신축 아파트 전세 수요자들이니 불당신도시의 새 아파텔 전세가 좋은 기회로 보였을 것이다.

1년을 넘게 천안 서북구의 흐름을 지켜보았지만, 구불당 대장주들의 매매 가격과 전세 가격은 쉽게 좁혀지지 않았다. 어쩔 수 없이 내 투자금에 합당한 구불당의 2등 입지인 불당대원칸타빌을 노릴 수밖에 없었다. 수도권이 아닌 지방에 3,000만 원 이상의 큰돈을 투자하는 것이 부담스러웠다.

대원칸타빌은 초품아에 불당중학교 학군, 단지 앞 상권을 갖춘 25평부터 49평까지 다양한 평형으로 나름 인기 있는 2등 입지였다. 오랜 가격 줄다리기를 통해 25평 급매를 2억 원에 살 수 있었고 올수리 조건하에 극적으로 1억 8,000만 원에 전세를 맞추었다.

무엇보다 가장 기쁜 일은 전세계약 기간을 내가 원하는 매도 타이밍에 맞추기 위해 24개월이 아닌 30개월로 맞추었다는 것이다. 비어 있는 집이라 큰 비용을 들이지 않고 부분 올수리를 할 수 있었기 때문에 투자금은 3,000만 원을 넘기지 않을 수 있었다.

이후 나의 천안 임장과 투자는 계속 이어졌고 2017년 입주한 백석동 대장인 신축 아파트도 3,000만 원의 투자금으로 매수할 수 있었다. 누구보다 자신 있었던 이유는 천안시 서북구를 훤히 꿰뚫고 있었기 때문이다.

오랜 시간과 노력을 들여 작정하고 천안과 아산을 파헤쳤고, 지속적인 모니터링과 함께 누구보다 먼저 현장에 달려갔기 때문에 좋은 성적표를 받아들 수 있었다.

기지를 발휘해 급매를 잡은 대전시 유성구

2016년 겨울 처음으로 대전 땅을 밟았다. 인구 150만 명의 광역시로 5개(서구·유성구·중구·동구·대덕구) 구로 나뉘는 큰 도시다. 인구수가 많고 면적이 넓으면 시작부터 난항일 수밖에 없다. 당시 만들어갔던 대형 대전 지도를 생각하면 절로 웃음이 난다.

대전의 중심은 서구로 둔산동이 대전의 강남이라고 할 수 있다. 둔산동에는 없는 것이 없을 정도로 모든 것이 발달되어 있다 보니, 대전의 부자라면 누구나 둔산동에 살고 싶어 한다. 그러나 안타깝게도 둔산동에는 새 아파트가 한 채도 없다. 모두가 20년 넘은 오래된 구축이다. 부자들이 살 새 아파트가 없다보니 대전 둔산동의 크로바는 연일 최고가를 경신하며 랜드마크 역할을 하고 있다.

둔산동의 3형제 크로바·목련·한마루가 쉼 없이 가격 상승을 주도하다 보니, 주변 구축들도 덩달아 어느 정도 갭 메우기를 하리라는 기대감으로 많은 투자자들이 진입한 상태였다. 둔산동이 오르니 그 다음 소액 투자처를 찾아 월평동으로 투자 수요가 옮겨갔다.

4억 원에 분양한 서구 탄방동에 e편한세상 둔산 1, 2단지가 입지가 그다지 좋지 않음에도 불구하고 피가 2~3억 원씩 붙는 것을 본 대전 사람들은 그제야 신축 아파트의 열기를 느끼지 시작했다.

탄방동 e편한세상 둔산이 대전 아파트 가격 상승의 신호탄이라고 볼 수 있다. 이 신호탄은 대전의 신축 아파트뿐만 아니라, 입지 좋은 구축에도 영향을 주었고, 그동안 지지부진했던 재개발 사업까지 활발히 진행시켜주는 매개체 역할을 했다. 이제 대전은 분양만 하면 높은 경쟁률에 완판이 되니, 모두들 신축 아파트가 돈이 된다는 사실을 알게 되었다.

그다음 떠오르는 대전의 샛별이 유성구이다. 둔산동에 없는 신축이 유성구 도안신도시에 생겼다. 실제로 도안신도시의 트리풀시티

• 대전시 지역분석 •

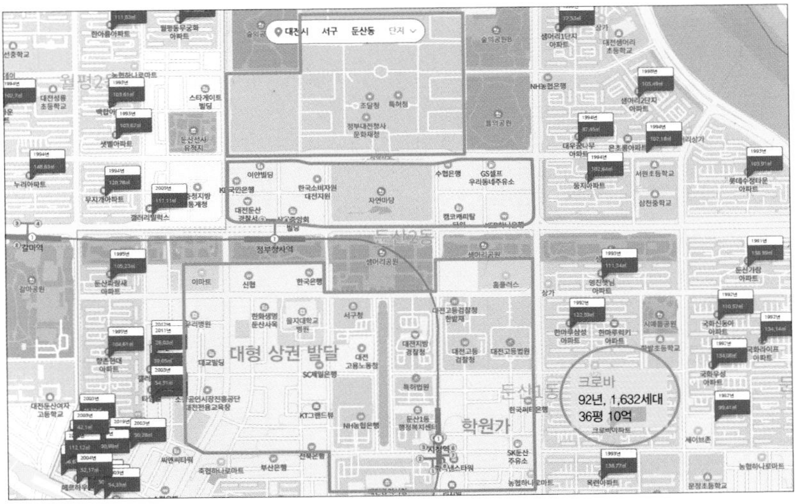

(출처: 네이버 지도)

9단지는 대형 평형으로만 구성된 1,828세대 대단지로 뛰어난 조경과 쾌적한 주변 환경을 자랑하고 있다. 비교하면 다음과 같다.

– 서구 둔산동 크로바(1992년 1,632세대): 40평 시세 12억 원
– 유성구 상대동 도안신도시 트리풀시티9단지: 45평 시세 11억 원

입지가 크로바를 따라갈 수가 없으나 새 아파트가 주는 쾌적성 또한 매우 크다는 증거이다. 유성구는 도룡동 개발 호재로 들썩이고 있는데 신세계사이언스콤플렉스 개발 호재 및 대덕테크노밸리 연구단지와 직주 근접이 가능한 신축 10년차 아파트들은 불꽃이 튈 정도로 달아오르고 있다.

2018년 9월 입주한 도룡SK뷰는 33평 분양 가격이 4억 8,000만 원이었는데 단숨에 시세 10억 원을 넘어서며 기함을 토해내고 있다. 그밖에도 유성구에는 충남대를 품고 있는 죽동지구에 신축 아파트들이 형성되어 있고, 대전의 서쪽 끝이라 오히려 세종시와 가까운 노은지구, 지족동 열매마을이 있다.

대전지하철 1호선 역세권을 중심으로 상권이 형성되어 있고 노은역과 반석역이 중심이다. 세종BRT의 출발역이 반석역이다 보니 세종시와 가깝고 충남대와 카이스트, 대덕연구단지와 직주 근접이 가능한 지역이다. 노은역 앞에는 학원가까지 형성되어 있어 예전부터 전세가율이 매우 높은 지역으로 생활편의성은 우수하나 노후화는 심화되고 있다.

그동안 잠잠하던 중구는 2019년 1월 대전도시철도 2호선 트램 예비타당성 조사 면제 대상이 되면서 서대전네거리역이 각광을 받기 시작했다. 서대전네거리역 인근에 있는 신축 아파트들부터 시세 상승을 시작하면서 중구의 재개발 예정 지역들에게도 온기가 전해지고 있다.

2016년 겨울 동구의 선비마을부터 시작된 대전 임장은 2017년, 2018년까지 계속되었다. 세종시의 지속적인 공급 과잉으로 대전광역시는 오랜 공급 부족임에도 불구하고 힘을 쓰지 못하고 있었다. 광역시임에도 불구하고 내로라하는 대기업이 있는 것도 아니고 미국의 실리콘밸리를 꿈꾸는 대덕연구단지와 충남대, 카이스트가 있을 뿐이다.

교통 호재 하나 없이 조용하던 대전에 트램 발표가 나고 신세계 개발 호재까지 겹치면서 공급이 심하게 부족한 2019년을 맞게 된다. 세종시의 공급도 어느 정도 마무리되어가고 있는 상황에서 대전은 그간 조용했다. '너무 싸다'라고 생각하는 사람들이 늘어나고 있었다.

2017년 가을, 유성구 지족동을 돌면서 시기적으로 전세매물이 부족한 상황을 보았다. 노은역을 중심으로 대로변에 학원가들이 즐비하게 들어서 있었고 뒤쪽으로는 먹자골목이 형성되어 있었다. 이어지는 현대아파트7단지. 평촌학원가를 연상케 할 정도로 유사한 패턴이었다.

노은대로를 건너오는 것이 쉽지 않아 보이니 아무래도 대전지하철 1호선을 중심으로 오른쪽 마을이 생활편의성이 우수해 보였다.

• 대전시 유성구 지역분석 •

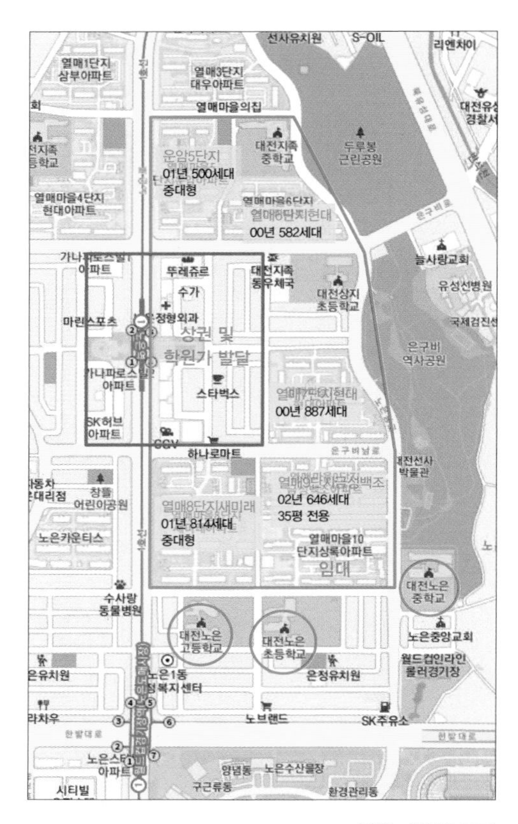

(출처: 네이버 지도)

노은역세권에서 멀리 벗어나지 않는 운암5단지부터 현대6단지, 현대7단지, 새미래8단지, 금성백조예미지9단지가 눈에 들어왔다.

뭐니뭐니 해도 입지면에서는 현대7단지가 최고였다. 상지초를 품은 초품아, 역세권, 상권과 학원가를 품은 데다 은구비공원까지 갖춰 실거주 만족도가 높아 보이는 아파트였다. 8단지, 9단지는 초중고를 모두 품고 있고 상권과 학원가를 품은 중대형 평형 구성으로 실거주자에게 인기가 많은 아파트였다. 유일한 단점은 전세가율이 높지 않아 진입하기 쉽지 않다는 것.

처음 느낌대로 열매마을 현대7단지로 마음을 정했다. 시장에 나온 물건 중에 가장 싼 매물이 있었는데 집을 잘 보여주지 않는다고 했다. 집주인임에도 불구하고 왜 집을 잘 안 보여줄까. 이상하게 생각한 나는 무작정 올라가보았다. 마침 엘리베이터에 함께 타고 올라간 분이 그 집의 방문교사 같아 보였다.

기회는 이때다 싶어 문이 열리자, 잠시 실례를 무릅쓰고 집안 내부를 급하게 볼 수 있었다. '집을 안 보는 편이 더 좋았을 걸'이라는 생각이 들 정도로 집안 정리정돈 상태는 심각했다. 안주인이 어디 몸이 안 좋으신 모양이었다. 이미 나와 있는 가격도 급매인데 나는 집

• 열매7단지현대 아파트 가격 추이 •

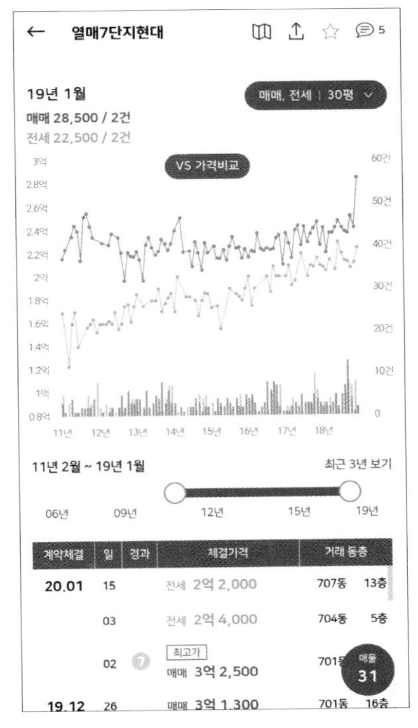

(출처: 아파트 실거래가 앱)

• 열매7단지현대 아파트 거래현황 •

열매7단지현대 거래현황

✓ 매매 ✓ 전세 ✓ 월세 전체년도

30평 428세대 32평 459세대 평풀기

최고가 매매 3억 2,500 전세 2억 5,000 그래프 보기

계약	일	경과	체결가격	타입	거래 동층
			매매 3억6천 (29평) / 매매 3억3천 (29평)		
20.01	02	7	최고가 매매 3억 2,500	77	701동 6층
19.12	26		매매 3억 1,300	77	701동 16층
	19		매매 2억 9,800	77	707동 13층
	19		매매 2억 4,450	77	709동 1층
	13		매매 2억 4,500	77	702동 1층
	10		매매 2억 9,900	77	707동 16층
19.11	27		매매 2억 8,200	77	709동 7층
	23		매매 2억 8,500	77	704동 15층
	23		매매 2억 8,900	77	704동 6층
	23		매매 2억 7,500	77	702동 16층
	20		매매 2억 7,400	77	704동 14층
	18		매매 2억 5,250	77	704동 2층
	16		매매 2억 8,000	77	707동 3층
	16		매매 2억 8,750	77	704동 14층

(출처: 아파트 실거래가 앱)

을 못 보는 대신 좀더 가격을 깎아달라고 요청했고 잔금을 내가 원하는 대로 4개월 뒤로 치르기로 합의했다. 아저씨는 매우 협조적이었고 어떻게든 집을 빨리 팔고 싶은 마음이 간절해 보였다.

원하는 가격에 계약서를 작성한 후 어떻게 전세 세입자를 구해야 할지 고민하기 시작했다. 지금 상태로 집을 보여주지도 못할 뿐더러, 저런 집 상태는 차라리 안 보는 게 도움이 될 듯했다. 투자금을 줄이기 위해선 전세 가격이 중요하기에 겨울 방학철까지 기다릴 요량으로 잔금 4개월을 요청했고 부동산에 전세 구하는 사람이 있어도 절대 집을 보여주지 말라고 부탁했다. 어떻게 집을 안 보고 전세 계약을 한단 말인가. 그러기 위해선 인테리어 해놓은 집 샘플이 필요했다.

여러 인테리어집을 소개받았는데 가격도 저렴하고 센스가 있는 곳을 찾았다. 다행히 인테리어 사장님이 수주 받은 공사가 현대7단지에 한두 개 더 있다며 샘플로 집을 보여주겠다 했다. 가급적 많은 사진을 찍어서 부동산에 보내주면서 "이 사진과 똑같이 올수리할 예정입니다"라고 알려주고 계약 의사가 어느 정도 있는 세입자에게만 샘플 집을 보여주라고 요청했다.

그리고 얼마 되지 않아 원하는 날짜, 원하는 가격에 전세 세입자를 구할 수 있었다. 일이 잘 되려니 여기저기서 도와주나 싶을 정도로 집주인은 잔금 날짜가 한 달이나 남았는데 먼저 이사를 나갔고, 수리를 해도 된다고 허락해주었다.

은구비공원이 바로 내려다보이는 전망 좋은 로열동 로열라인 29평을 2억 2,700만 원에 매수해서 2억 2,000만 원에 전세를 놓았다. 수리비까지 포함해서 투자금 1,600만 원이 들어갔다. 2년이 지난 2019년 말 무려 4,000만 원의 순양도 차익을 거둘 수 있었다. 250퍼센트의 수익률이다. 짧은 순간의 기지를 발휘하여 급매를 살 수 있었던 사례다.

사람을 얻어야 투자도 성공한다

인천 연수구에 꽂혀서 열심히 인천 법원을 다니던 시절. 초보 경매 투자자였던 나는 특수 물건을 낙찰 받아놓고 어떻게 해결해야 할지 잠이 오지 않았다.

낙찰을 받으면 무조건 낙찰 당일 해당 물건지에 가서 점유자를 만나 낙찰자 연락처를 주고 실제 내가 명도해야 될 사람의 연락처를 받아 오라는 공식이 있었다. 대부분 경매로 넘어간 집에는 폐문부재가 많지만 세입자가 살고 있는 경우도 많다. 경매로 넘어간 집에 살고 있는 사람은 집주인이든 세입자이든 낙찰자가 반가울 리가 없다. 낙찰자가 죄인도 아닌데 잘 만나주지 않는 것은 기본이고 갖은 욕설을 듣기도 했다.

나 역시 그 집 대문을 두드리는 일은 두렵고 피하고 싶다. 더욱이 왜소하기 짝이 없는 여자 혼자서 위장 세입자를 만나러 가야 했기 때문이다. 체격 조건이 좋은 건장한 남편을 두고 있었으나, 당시 명도할 때마다 함께 가줄 만큼 협조적이지 않았으니 어쩔 수 없이 혼자 힘으로 해결해야만 했다.

진심으로 도움을 구하면 얻을 수 있다

매번 명도를 하러 갈 때마다 건장한 남자를 데려갈 수도 없는 일이기에 나는 인근 중개소에 들렀다. 부부가 운영하고 있는 중개소에서 솔직한 사정 이야기를 하고 도움을 요청했다. 대부분 오래 중개소를 운영한 소장님들은 경매 경험이 있기에 많은 조언도 얻을 수 있고 명도를 대신 해주고 수수료를 받는 분들도 있다.

"이곳 아파트 몇 동 몇 호에 낙찰을 받았는데 혼자 명도를 하러 갈 자신이 없다. 명도를 하러 갈 때 함께 동행을 해주실 수 있는지 요청드린다. 당연히 매물을 이 부동산에만 내놓을 것이고 수수료 역시 두 배 이상으로 드리겠다"고 약속했다. 간절히 구하면 이루어진다는 말이 있듯이, 상황을 솔직히 말하고 나니 흔쾌히 도와주시겠다고 하셨다.

매번 소장님과 함께 명도를 하러 갈 수도 없고 나 혼자 가야 할 때를 대비하여 처음부터 나를 낙찰자의 대리인이라고 소개했다. 변호사 사무실 직원쯤으로 소개하면 낙찰자에 대한 감정 악화를 반감시킬 수 있고 요구사항을 바로 들어주지 않고 생각할 시간을 벌 수 있었다. 핸드폰 번호는 투넘버 서비스를 이용하는 것이 사생활을 보호받을 수 있는 보완책이다.

위장 세입자는 만만치 않은 사람이었고 채권은행 역시 내게 우호적이지 않았다. 잔금을 납부해야 하기에 경락 잔금 대출을 신청했지만, 위장 임차인이라는 확실한 증거를 제출하지 않으면 대출이 불가하다는 통보를 받았다. 수단과 방법을 가리지 않고 어떻게 해서든 세입자의 정보를 얻어야 했고 채권은행에 협조를 요청해야 했지만 뜻대로 진행되지 않았다.

내가 낙찰자 본인임에도 불구하고 동사무소에서는 세입자의 정보는 개인정보라 알려줄 수 없다 하고, 채권은행 역시 개인정보뿐만 아니라 문서 외부 유출이 안 된다는 이유로 내가 요청한 서류를 보여줄 수 없다고 한다. 당시에 내가 의지할 수 있는 사람은 법원의 담당 경매 계장님뿐이었다. 그러나 계장님 역시 호락호락하지 않았다. 책상에 쌓인 엄청난 서류더미에 갇혀서 내 사정을 일일이 다 들어줄 시간도 없을 뿐더러 원리원칙을 중요시해 친절함을 기대하기는 어려웠다.

나는 밤새 고민을 했다. 계장님의 동정표라도 얻어야겠다. 새벽에 손수 김밥을 싸고 손 편지를 썼다. 무엇인가를 부탁하는 청탁의 글이 아니었다. "나는 어린 자녀들을 두고 학원비라도 보태볼까 싶어서 세상에 나온 초보 아줌마다. 요즘 매일 법원을 드나들며 만나는 분이 계장님인데, 책상의 서류더미에 쌓여 점심시간도 없이 일하시는 모습이 안타까워 보였다. 오늘 유치원생 딸 소풍 가는 날이라 김밥을 싸면서 계장님 생각이 나서 한 줄 더 싸왔다. 정성으로 싼 김밥이니 맛있게 드시고 오늘 하루 웃음 가득하시길."

일부러 자리를 비운 틈을 타서 김밥과 편지를 두고 나왔다. 오후에 아무 일도 없었다는 듯 계장님을 찾아가 "김밥 맛있게 드셨어요?" 물어보았더니 나를 보시는 계장님의 눈빛이 달라져 있었다. 인지상정이 통했다. 그때부터 내 사건 해결에 적극적으로 협조해주신 덕에 빨리 마무리할 수 있었다.

경매의 한 사이클은 무조건 직접 해봐라

그렇게 욕을 해대던 사람들도 시간 앞에는 장사가 없고 법원의 판결문 앞에서는 어찌할 도리가 없다. 4개월간의 힘든 명도를 마치고 그 집에 입성하는 날은 실로 감동 그 자체였다. 그동안 힘들었던 일들이 주마등처럼 지나가기도 하고 이 집을 어떻게 예쁘게 수리해서 세를 놓을까 하는 설렘으로 가득했다.

첫 명도 아파트에서는 애정이 넘치다 못해 밤을 새워 청소를 했다. 스칼프라는 곰팡이 제거제를 사다가 마스크를 쓰고 뿌리고 닦아내고 직접 페인트칠을 했다.

주방 앞 베란다에 썩어가는 데크를 걷어내고 곰팡이균을 다 들이마시기도 하고 벽돌과 모래, 시멘트를 사다가 직접 미장도 해보았다. 데코 타일도 입혀보고 실리콘도 쏴보고 전등과 스위치도 갈아보았다. 도배지와 풀을 사다가 우둘투둘 서투른 도배를 해놓고 다음날 가보니 전부 다 떨어져 있는 것을 보고 어이가 없기도 했다.

마트에 가보니 셀프 홈인테리어 용품들이 많았다. 모든 것이 처음이라 이것저것 사다가 내 손으로 직접 해보면서 많은 경험을 했다. 잘못 손대어놓은 부분들은 돈을 더 들여 전문 인테리어 업체에 의뢰해야 하는 사태도 발생했다. 고생은 고생대로 하고 돈은 돈대로 들어간 경우였다. 인테리어 사장님 역시 혼자서 애쓴 흔적이 보이는 집과 온몸에 먼지를 뒤집어쓰고 발을 동동 구르는 나를 번갈아 보시더니, 원 재료값에 수고비만 조금 붙여 저렴하고 깔끔하게 마무리를 해주셨다.

부동산 투자 초보였던 내가 한 건 한 건 어려운 일들을 처리해나가면서 수많은 경험을 했다. 첫 낙찰 받은 아파트를 강제집행까지 실행하면서 경매의 A부터 Z까지 온전히 공부해볼 수 있는 좋은 기회였다. 이렇게 경매의 한 사이클을 돌려보면 많은 것을 직접 배울 수 있다. 난관이 많을수록 얻는 것 역시 많다는 걸 기억하라.

실전 임장
체크 리스트

임장을 나갈 때 체크할 추가 사항들을 짚어보자. 임장할 때 필수 프로그램은 에버노트EVERNOTE다. 무료로 사용이 가능하니 간단한 노트 작성, 사진을 찍고 저장하는 방법 정도는 익혀두면 유용하다. 어디서든 필기, 촬영, 녹음까지 다 되고, 컴퓨터에서 동기화가 가능하므로 때와 장소를 가리지 않고 쓸 수 있는 대용량 노트라는 느낌을 받았다.

하루에 많은 지역을 다니고 수많은 아파트들 돌아다니다 보면 그때그때 기록하지 않으면 기억이 뒤섞여버린다. 나중에 정리하려 하지만 쉬운 일이 아니다. 그러니 임장을 다니면서 그때그때 즉시 적는 것이 가장 좋다.

임장을 시작하면 에버노트에 제목부터 작성해두자. '대전시 서구 둔산동 크로바/목련/한마루 아파트 191010'와 같은 식으로 제목에 임장 간 날짜를 적어놓아야 추가 저장 후 날짜가 바뀌어도 내가 언제 임장을 다녀왔는지 정확히 알 수 있다.

첫 임장 시 기록할 것

1. 지역의 전반적 분위기와 주변 환경

동네를 걸으면서 느껴지는 분위기나 주위 환경 등을 에버노트에 기록한다. 상권(편의시설) 형성 여부, 학원가 인접 여부, 전철역과의 거리, 학교, 공원 존재 여부 등을 전부 메모한다.

2. 개별 아파트의 환경 및 입지

개별 아파트들을 돌면서 조경 수준, 커뮤니티 시설, 동간 거리 및 배치, 경사도, 주차난 상태, 아파트별 특이한 점 내지 장단점을 적는

• 세부 정보를 표시한 실제 임장 지도 •

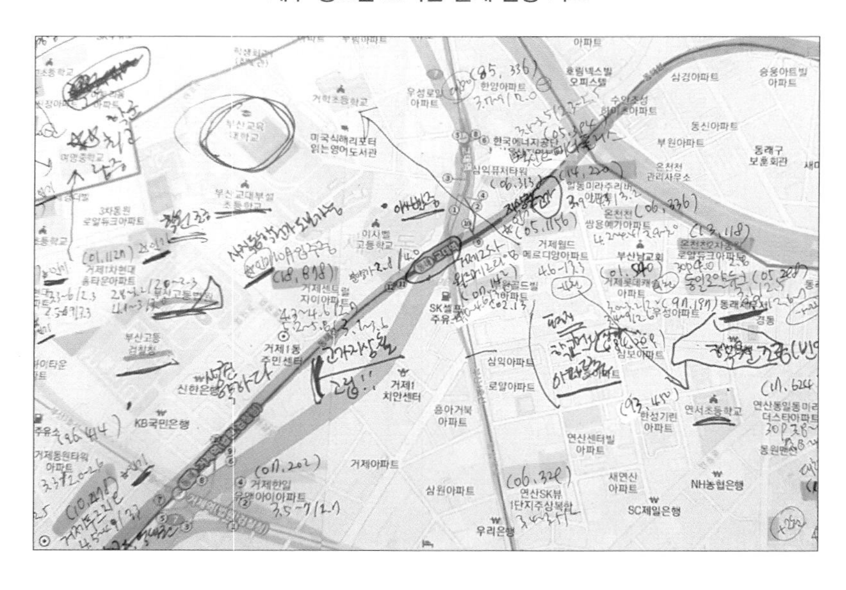

다. 사진도 가급적 많이 찍는다. 랜드마크 아파트라면 왜 이곳이 가장 비싼지 입지를 자세히 살핀 후 기록한다.

3. 부동산 중개소에서 얻은 정보

가는 곳마다 중개소 방문을 소홀히 하지 마라. 소장님에게 들은 설명을 요약하여 적는다. 생각보다 많은 정보를 들을 수 있고 서너 군데 들러 다양한 지역 설명을 듣고 나면 그 지역을 빠른 속도로 품을 수 있다.

4. 나만의 평가 포인트

내가 만든 지도에 지금 다녀온 아파트 내지 동네가 기억에 확실히 남도록 임팩트 있는 느낌을 짧은 코멘트로 적어본다. 많은 지역을 다니다 보니 기억이 가물거릴 때가 많아서 나중에라도 기억을 떠올리는 데 도움을 얻을 수 있도록 당시의 느낌을 적어두자.

집중 임장 시 기록할 것

집중 임장 시에는 아파트 내부를 꼼꼼하게 보아야 하므로 다음 양식의 체크 리스트를 참조하도록 한다.

아파트를 내부적 요소와 외부적 요소로 나누어서 체크해보자. 외부적인 요소는 내가 바꿔볼 수 있는 사항들이 아니니, 이미 가격에 반영되어 있다. 내부적 요소는 나중에 수리를 해야 될 경우에 필요하니 꼼꼼하게 체크해야 한다. 오래된 아파트라면 반드시 앞, 뒤 발코니 벽과 천장에 결로가 있는지 누수의 흔적은 없는지 등을 체크해야 한다.

최종 점검

실전 투자를 위한 임장 시 반드시 체크해야 하는 사항은 현재 시장에 나와 있는 전세 매물 개수다. 전세 매물의 개수가 많다면 나의 경우 투자를 보류한다. 전세 매물이 몇 개 되지 않으면 내 물건과 비교를 해본다. 로열동, 로열라인 여부, 층수, 집 내부 상태 등 내 물건이 더 우수하다면 경쟁력이 큰 것이므로 계약을 진행한다.

첫 임장과 집중 임장을 마무리하고 나면 그 지역은 이제 내 손안에 있다. 비록 내가 들인 노력과 정성에 비해 당장 큰 수익으로 다가오지 않더라도 미래에 대한 투자라고 생각하면 뿌듯하다. 잘 아는 지역을 한 곳 더 추가함으로써 경쟁력을 갖춘 셈이다. 지금 때가 아니더라도 반드시 또 기회가 온다. 부동산은 돌고 도는 사이클을 탄다.

• 아파트 실전 임장 체크 리스트 •

날짜		지역명			
아파트명		입주연도		세대수	
동 / 호수		기타			
외부적 요소					
☐	초품아 / 공품아 / 역세권 / 물세권 여부				
☐	동 위치(로열동:　/ 정문 위치:　/ 초등학교 거리:　/ 편의시설 거리:　)				
☐	남향, 동향, 서향 방향 확인 (전망:　　　　)				
☐	라인(호수)　 / 층수　 (끝집 / 탑층)				
☐	복도식 / 계단식				
☐	지하주차장 연결 여부				
☐	주차공간 확인(세대당 몇 대)				
☐	조경 수준(주거 만족도) 및 커뮤니티 시설				
☐	경사도 여부				
☐	단지 배치(동간 거리)				
☐	기타 특이사항				
내부적 요소					
☐	거실 앞 베란다에서 뷰 확인(앞이 막혔는지, 일조권 상태)				
☐	베란다 곰팡이 / 결로 확인				
☐	누수 천장 확인				
☐	수리 여부(확장 및 새시 여부 확인)				
☐	수리된 부분과 수리가 필요한 부분 확인				
☐	욕실(UBR인지 확인 / 수리 여부)				
☐	싱크대 ㄱ자 / ㄷ자 / --자				
☐	신발장				
☐	장판 및 바닥 상태				
☐	도배 상태 및 몰딩 여부				
☐	페인트 상태				
☐	등과 스위치 상태				
☐	기타 특이사항				
매물 가격					
예상 전세금					
최종 결론					

4장.

아파트 실전 투자의 필살기

아파트 가격, 얼마가 적당할까

부동산 중개소에 들어가 집을 사러 왔다고 하면, 보통 소장님들은 앉으라고 하면서 동호수와 가격을 줄줄이 불러댄다. 정신을 제대로 차리지 않고 가면 그중 제일 싼 가격이 제일 좋은 물건이라는 착각을 하게 된다.

다음과 같은 기준을 잡고 시작부터 차근차근 단계를 밟아나가야 한다. 매물을 볼 때는 반드시 한 건 한 건당 장단점을 메모하고 사진도 함께 찍어두자.

가격 기준부터 잡아라

1. 주변 환경

가격의 기준점을 잡기 위해서 로열동과 로열라인의 가격을 파악해야 한다.

동 배치도를 살펴본다. 남향이 어느 동인지, 일조권이나 조망권은 이상 없는지 확인한다. 대부분의 사람들은 해가 잘 드는 남향을 선호

• 아파트 동 배치도 •

(출처: 닥터아파트)

한다. 남동향은 아침에 해가 들어오니 오전에 밝고 남서향은 오후까지 해가 들어오니 오후에 밝다. 연령층이 젊으면 남서향, 연령층이 높으면 남동향을 선호한다고 하니 남향 중에서는 특별히 어느 방향이 더 좋다고 결론 짓기 어렵다.

동향 같은 경우 아무래도 선호도에서 밀릴 수밖에 없다. 가급적 동향은 피하라고 하고 싶지만 투자금이 적게 들어간다거나 가격이 정말 싼 급매라는 장점이 있다면, 고층으로 앞이 확 트인 동향도 고려

• 창원 용지더샵레이크 vs 용지아이파크 •

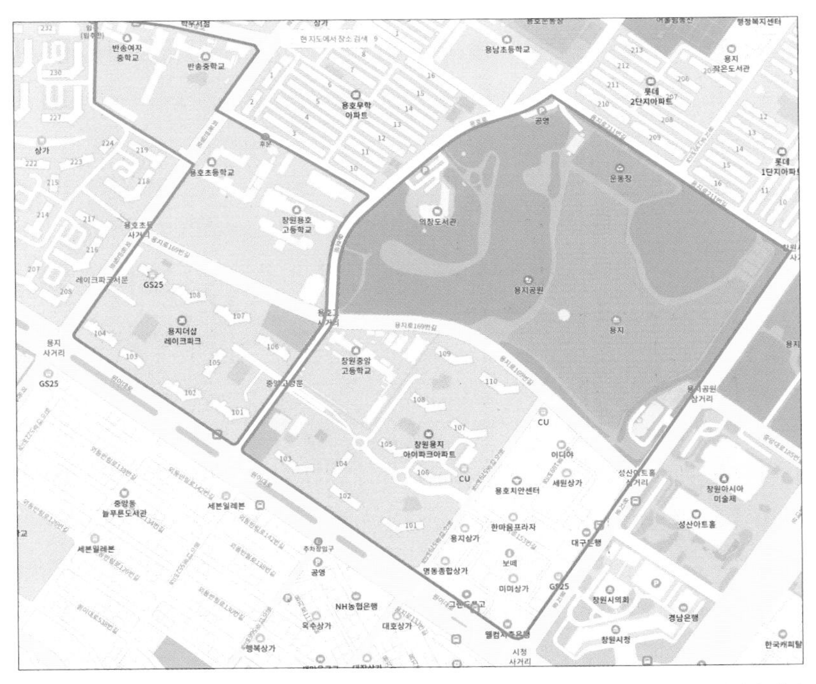

(출처: 네이버 지도)

대상에 넣을 수 있다. 대신 매도할 때는 나 또한 싸게 팔아야 한다.

동 배치도를 보면서 주변 동선과의 거리를 본다. 지하철역이나 상권과의 거리, 초등학교와의 거리, 길가 도로 등을 확인한다. 동별로 장단점을 꼼꼼하게 따져본다. 이 동은 초등학교와 가까워서 인기, 이 동은 상가 근처라 인기, 이 동은 도로와 인접해서 시끄러워 비인기 등등을 확인하자.

앞의 지도에서 용지더샵레이크파크는 초, 중, 고등학교와 인접해 있어 인기가 있으며 창원용지아이파크 아파트의 경우 상권과 공원이 인접해 있어 인기가 있음을 확인할 수 있다.

• 아파트 판상형 구조도–맞통풍 •

(출처: 네이버 부동산)

• 타워형 구조 1-환기 문제 발생 •

(출처: 네이버 부동산)

• 타워형 구조 2-환기 문제 발생 •

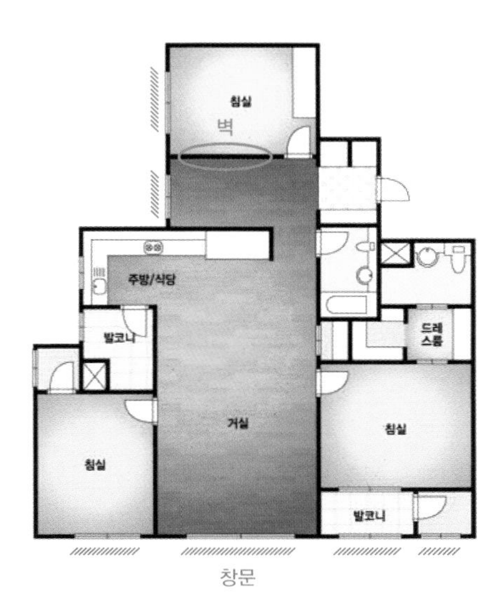

(출처: 네이버 부동산)

그다음으로 아파트 구조도를 본다. 판상형 구조가 인기가 훨씬 많고 타워형 구조는 호불호가 갈려 가격이 더 저렴하다.

• 판상형 vs 타워형 •

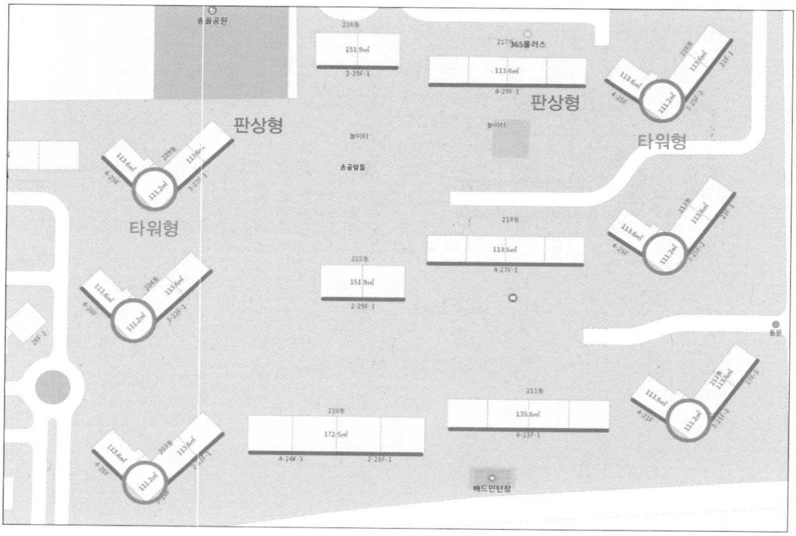

(출처: 네이버 부동산)

판상형과 타워형

판상형: 네모 반듯한 구조, 거실과 주방이 맞통풍이 되는 구조

타워형: 방이 탑처럼 쌓여져 있는 구조, 거실과 주방 맞통풍이 안 되는 구조

층수에 따라서도 가격이 달라진다. 저층보다는 5층 이상이 좋고 아파트 최고층에 따라서 로열층이 달라진다. 10층짜리 건물이면 5층이 로열이 될 수 있으나, 요즘 아파트 높이가 30층 이상인 경우가 많으니 일조권을 고려해서 각 동별로 로열층이 몇 층인지 확인해야 한다.

2. 매물 내부 환경

그다음 집 안으로 들어가서 내부 상태를 꼼꼼하게 체크한다.

- 집안 거실에서 내려다보는 전망이 어떤가, 해는 잘 들어오는가
- 수리가 어느 정도 되어 있는가, 수리 상태는 어떤가, 수리가 되어 있다면 어느 부분이 되어 있는가(내가 수리를 해야 한다면 어느 정도 해야 하는지도 미리 체크)
- 확장은 되어 있는가, 새시는 설치되어 있는가
- 집에 누수나 결로 등 문제는 없는가(집의 호수가 제일 끝집은 아무래도 결로가 생기기 쉽다. 특히 앞뒤 베란다 및 북쪽 작은방 쪽 벽이나 천장에 결로가 없는지 꼼꼼하게 살핀다)
- 엘리베이터가 지하주차장까지 연결이 되어 있는가, 주차난은 어떤가

이 모든 것을 나열하여 물건별로 점수를 매긴다. 그럼 1등 매물 가격과 꼴등 매물 가격이 대강 정해진다. 1등이기에 비싼 가격인 것이고, 꼴등이기에 저렴한 것이다.

이렇게 시장에 나와 있는 매물끼리 비교하는 과정을 거쳤다면, 과거의 가격도 검토해보자. 과거 최고가가 얼마였으며, 지금 가격은 어

• 아파트 실거래가 사이트 •

(출처: http://aptpr.co.kr/apt/index.jsp)

• 실거래가 그래프 보기 •

(출처: 아파트 실거래가 앱)

• 실거래가 테이블 보기 •

귀인마을현대홈타운 거래현황

✓ 매매 ✓ 전세 ✓ 월세 전체년도

25평 56.06㎡ 25평 56.07㎡ 28평 65.32㎡ 33평 80.37㎡ 평형묶기

매매 8억 (33평) 전세 6억3천 (33평)

계약체결	일	경과	체결가격	거래 동층
19.12	17	3	매매 7억 5,000	105동 15층
19.11	29	15	매매 7억 4,500	202동 17층
	27	7	매매 7억 3,000	205동 2층
	26	3	매매 8억 600	105동 14층
	23	15	매매 7억 2,000	102동 7층
	22	7	매매 7억 6,500	105동 9층
	22	7	매매 7억 3,000	203동 3층
	22	7	매매 7억 4,500	202동 15층
	21	15	매매 7억 3,000	202동 5층
	12	3	매매 7억 4,000	105동 4층
	11	15	매매 7억 2,000	205동 7층
	10	15	매매 7억 3,500	202동 20층
	09		매매 7억 6,500	204동 14층

(출처: 아파트 실거래가 앱)

느 정도 선인지 최근에 거래된 가격을 확인해보자. 동과 층이 나오니 로열인지 비로열인지 바로 알 수 있다. 그럼 실제 시장에 나와 있는 매물 가격과 비교가 가능하다. 아파트 실거래가 앱에서 가격 변화 그래프를 제공하니 현장에서 앱을 이용하여 과거 가격 및 최근 거래 가격을 확인하는 습관을 갖자.

물건의 히스토리를 알고 가격을 협상하라

마음에 드는 매물을 골랐다면 가격 협상이 시작된다. 사는 쪽은 더 싸게 사고 싶고 파는 쪽은 더 받고 싶은 것이 사람의 마음이니 어느 한쪽이 양보하지 않고서는 거래가 성사되기 어렵다. 이때 투자자라고 굳이 밝힐 필요는 없다. 가급적 실거주자라고 본인 소개를 하는 것이 유리하다.

무엇보다 시장 상황을 정확히 파악해야 한다. 매도자 우위인 시장에서는 잠시 고민하는 사이에도 가격이 올라가 매물을 거두어들이기도 하고 심지어 계약 파기까지 일어난다. 탐나는 매물이 있다면 가격을 깎으려는 노력보다 계좌를 먼저 받는 쪽이 유리하다. 반대로 매수자 우위 시장일 때는 넘치는 매물 중에 마음에 드는 물건을 골라서 살 수 있는 시기이므로 가격 협상에서 주도권을 쥐어볼 만하다.

가격 협상을 위해서는 중개인을 전적으로 내편으로 만들어야 한다. 소장님으로부터 내가 사고자 하는 매물에 대한 비하인드 스토리

정보를 얻어야 한다. 매물이 최초로 나온 날짜를 확인한다. 시장에 나온 지 얼마 안 된 물건은 집주인의 마음이 아직은 급하지 않기 때문에 가격 협상이 쉽지 않다. 반면 시장에 나온 지 꽤 되는 물건은 지칠 대로 지친 집주인이 '그냥 던진다'라는 표현을 쓸 만큼 매물에 대한 애착이 줄어들어 있는 상태이다.

지금 흥정하고 있는 매물이 혹시 이전에 매수세가 붙었는지, 흥정에 실패해서 거래가 성사되지 못했는지, 사연이 있는 물건인지에 대한 정보를 알 수 있다면 심리전에서 유리하다.

예를 들어 이전에 매수자가 요구한 가격이 터무니없다고 생각한 매도자는 "그 가격에는 절대 못 팔겠다" 해서 거래가 성사되지 못했다. 이후 어느 정도 시간이 흘러도 집을 사겠다는 연락이 뜸해지면 매도자의 마음은 흔들린다. '그때 그 가격에라도 팔 걸 그랬나' 하는 후회가 든다. 그럼 중개소에 전화를 해 동향을 파악하는 척하다가 그 가격에라도 살 사람이 있으면 알아봐달라고 부탁하는 경우가 있다. 그다음 나타난 매수자는 앞사람이 흥정해놓은 가격으로 큰 저항 없이 급매를 살 수 있게 된다.

매도할 때도 이런 심리를 잘 알고 대응해야 한다. 버티다가 시간만 버리고 매도 시기를 놓치면 오히려 장기전으로 갈 수도 있다. 집을 살 때는 싸게 사려는 노력을 최대한 많이 하되, 팔 때는 과감하게 던질 필요도 있다.

공실 기간을 줄이는 게 더 이익이다

부동산 투자를 하다보면 공실과 마주하게 되는 경우가 있다. 여러 조건이 딱 맞아야 하기 때문이기도 하고 내가 보유한 집의 내부적 환경이 열악하기 때문이기도 하다. 그런데 투자금을 최소화하기 위해서 선택한 전세 레버리지 투자의 가장 큰 문제점은 수리할 시간이 없다는 것이다. 새 아파트를 살 경우 전세입자를 구하는 일에만 몰두하면 되지만, 아파트가 입주 10년이 넘어가기 시작하면 어느 정도 수리가 필요해진다.

보통 신축 10년 이내에는 수리를 하지 않아도 세입자를 구하는

데 큰 문제가 없으나, 10년 정도 지나면 주변에 신축이 늘어나고 상대적으로 내 아파트는 낡아 세입자를 구하기 힘들어진다. 수리를 해 놓으면 세입자도 쉽게 구할 수 있을 뿐더러 나중에 집을 팔 때도 경쟁력을 갖추고 있어 좋은 가격에 먼저 팔릴 확률이 높다.

수리 기간을 벌어라

보통 이사를 내보낸 후 최소 10일 정도의 수리 기간이 필요하다. 집주인이 살고 있든, 세입자가 살고 있든 잔금을 다 치르지 않고서는 살고 있는 사람을 내보내기란 쉽지 않으니, 수리가 필요한 구축 아파트를 사러 갈 때는 다음의 다양한 방법을 이용하자.

1. 공실이거나 월세 만기인 집

부동산의 매물 리스트 중 빈집이 있는지 여부를 먼저 확인해보자. 집이 비어 있는 건 대부분 집주인이 돈을 마련해서 세입자를 먼저 내보냈거나, 집주인이 인근의 다른 아파트로 이사한 경우이다.

조건은 다 괜찮은데 빈집이라면 금상첨화다. 매도자와 잘 협의하면 계약금만 치르고 바로 인테리어 공사를 할 수 있으니, 잔금을 다 준비하지 않아도 된다. 올수리를 해주는 조건으로 세입자를 구하면 10%의 계약금만 지불하고 인테리어 공사를 할 수 있다는 이점이 있다. 때론 인테리어 공사를 허락하는 조건으로 소액의 중도금을 요구하는 매도인도 있다. 자금 사정이 괜찮다면 중도금을 주거나, 세입자를 구하게 되면 바로 10%의 전세 계약금이 들어오니 그것으로 중도금을 대신하기도 한다.

단, 계약금을 넣기 전 매수 조건을 제시할 때 반드시 '잔금 전 인테리어 수리에 협조한다'라는 문구를 넣어야 분란을 피할 수 있다.

일차로 빈집이 있는지를 확인한 후, 그다음 월세 세입자가 있는 집을 확인한다. 월세 보증금이 대부분 1~2,000만 원 정도이므로 보증금만 해결된다면 세입자를 1~2주 정도 일찍 내보낼 수 있다. 물론 세입자를 일찍 내보냄으로써 손실된 월세 내지 대출 이자 정도는 보상을 해주어야 일이 순조롭게 진행된다.

2. 신혼부부를 세입자로 들이기

잔금 날 바쁜 이유는 이사를 들어올 세입자가 기존 살던 집에서 매매 대금 혹은 전세 보증금을 받아와서 나에게 다시 전세 보증금을 보내주어야 잔금을 치를 수 있기 때문이다. 매도자 역시 나에게 잔금을 받아들고 또 어디론가 잔금을 치르러 간다. 이러다 보니 앞 단계에서 문제가 생겨버리면 줄줄이 시간이 오버되기도 한다.

이렇게 돈을 받아서 와야 하는 세입자 말고 결혼을 앞둔 신혼부부를 세입자로 받으면 어떨까. 대개 현금을 확보해둔 경우가 많아서 신혼부부에게 양해를 구하고 전세 잔금을 1주일 정도 미리 진행하는 것이 가능하다. 대부분의 신혼부부들은 올수리 후에 입주하는 조건으로 계약을 진행하면 이런 조건에 협조를 해준다. 전세 보증금이

1,000만 원 비싸더라도 올수리를 한 새 집을 신혼집으로 얻고 싶은 마음이 크기 때문이다.

선대출을 스마트하게 활용하기

신축 아파트 입주가 시작되면 전세 물량이 한꺼번에 쏟아지면서 전세 가격이 시세보다 하락한다. 어느 정도 예상은 하고 있었다 해도, 예상보다 훨씬 더 많은 투자금이 추가로 들어가야 한다.

예를 들어 4억 원짜리 신축 아파트인데 주변 전세 시세가 3억 5,000만 원이라고 가정해보자. 시장에 과도한 전세 물량이 쏟아져 나오면서 전세 가격이 3억 원 미만으로 떨어진 상태이다. 이미 10% 계약금인 4,000만 원은 납부한 상태이고 3억 원에 전세를 받는다 해도 6,000만 원이 추가로 들어가야 한다. 추가 투자금이 부담이라면

선대출이란?

세입자가 전입신고를 하기 전에 은행에 아파트 담보대출을 먼저 신청하는 것을 말한다. 1순위가 은행이 되고 세입자는 후순위가 된다. 보통 이런 경우 불안한 세입자는 보증보험에 가입하게 된다.

5,000만 원 정도 은행에 선대출을 받아 전세 보증금을 2억 8,000만 원 정도로 낮춘다. 계산해보면 다음과 같다.

- 아파트 분양대금　　4억 원
- 10% 계약금　　4,000만 원 납부
- 선대출 실행　　5,000만 원
- 전세 보증금　　2억 8,000만 원
- 추가 투자금　　3,000만 원

전세 보증금 3억 원의 대출 없는 집과 전세 보증금 2억 8,000만 원에 대출금이 5,000만 원 있는 집 중 선택은 세입자가 할 것이다.

입주 시기에 물량에 치여 한없이 낮았던 전세 가격도 물량이 정리되고 나면 정상적인 주변 시세로 반영된다. 2년 전세 만기가 될 즈음에는 전세금이 상승해 선대출 받았던 5,000만 원은 상환할 수 있다.

잔금일과 입주 날짜를 맞추는 전략

전국적으로 신축 아파트 입주가 넘쳐나는 추세다. 핫하다는 지역에 가보면 실거주자보다는 투자자들이 많다 보니 전세 물량이 넘쳐난다. 최근 부동산 상승기에 투자자뿐 아니라 실거주자들도 내 집 마련을 많이 했기 때문에 전세 수요도 줄었기 때문이다.

이제는 물건을 싸게 사는 방법보다 어떻게 전세 세입자를 잘 구할 수 있을까도 고려해야 하는 상황이다. 물론 투자를 결심할 단계에서 이미 시장에 전세 물량이 얼마나 나와 있는지를 체크해야 하는 이유이기도 하다. 때문에 투자하려는 아파트에 전세가 3건 이상 나와 있으면 투자를 보류하는 것이 낫다. 전세 물량이 많이 나와 있는 것을 알고도 안일하게 '어떻게 되겠지, 잔금 전에 나가겠지' 생각하면 위험하다.

잔금 날까지 전세 보증금을 들고올 세입자를 구하지 못하면 모든 잔금은 내가 마련해야 함을 절대 잊어서는 안 된다. 내 통장에 그런 여유 자금이 있다면야 무슨 걱정이겠냐만 대부분 그런 큰돈을 보유한 상태로 투자하지는 않는다.

1. 투자 전 해당 지역 전세 물건 개수를 확인하라

투자를 결심할 당시 반드시 시장에 나와 있는 전세 매물 개수를 확인하라. 다행히 많지 않다면 시장에 나와 있는 매물과 내 물건을 비교해서 어느 쪽이 더 경쟁력이 있는지 살펴라. 내 물건이 1~2등 안에 들지 않는다면 투자를 다시 한번 고려해야 한다.

2. 잔금 날짜는 가능한 길게

잔금 날짜를 가능한 길게 잡자. 최소 3개월 이상의 여유를 두고 세입자를 구하는 것이 좋다. 생각보다 세입자를 빨리 구하게 되면 세입자의 이사 날짜에 맞추어서 잔금 날짜를 앞으로 당길 수 있음을 계약서에 명기하면 된다. 잔금 날짜는 상호협의하에 조정할 수 있다.

3. 투자 지역의 성수기 확인해두기

해당 지역의 전세 비수기와 성수기가 언제인지를 파악해서 성수기에 맞추어 잔금 날짜를 정하자. 학군이 받쳐주는 곳은 비수기에는 전혀 이동이 없다가, 방학 시즌이 되면 그 많던 전세가 썰물처럼 빠질 때가 있다. 또한 인근에 관공서나 대기업 등이 있으면 인사발령 시기에 대한 사전 체크도 필요하다. 이런 시기를 잘 이용하면 전세 물량이 몇 건 나와 있어도 큰 무리 없이 전세를 맞출 수 있다.

4. 내 물건의 경쟁력을 높여라

내 물건의 경쟁력을 갖춰야 한다. 많은 이들이 선호하는 로열동, 로열라인을 매수하거나 올수리를 하거나 가격을 내리거나 등의 방법이 있다. 투자금을 줄여보려고 올수리까지 해서 시장에 내놓았는데 보러 오는 사람이 전혀 없으면 새벽에 절로 눈이 떠진다. 잔금 날짜는 다가오고 있는데 여유 자금이 마련되어 있지 않다면 그야말로 진퇴양난이다. 차라리 투자금이 조금 더 들더라도 전세 가격을 시세보다 낮춰 세입자를 구하는 것이 잔금 대출을 받는 것보다 현명하다. 투자금을 줄이기 위해 욕심을 부리다가는 잔금을 못 치를 수도 있다.

5. 한 부동산 중개소에 올인하지 마라

중개소 소장님과의 친분에 이끌려 무작정 한 곳만 믿고 있으면 안 된다. 일정 시간이 지나도 전세가 잘 나가지 않는다면, 소장님이 서운해하지 않도록 예의를 갖추어 속 타는 상황 설명을 한 후, 가급적 많은 부동산에 매물을 내놓아야 한다.

중개소 입장에서는 매물을 손님에게 직접 받으면 자기 물건이 되어 단독 중개가 가능하지만, 다른 곳을 거쳐 소개를 하면 공동 중개가 되므로 수수료 차이가 두 배가 난다. 물건이 없을 때야 어떻게든 공동 중개라도 하려 하나, 매물이 많을 때는 무조건 내가 갖고 있는 매물을 먼저 소개하기 마련이다.

이런 갖가지 노력을 해도 전세를 원하는 날짜까지 못 맞출 수가 있다. 만약의 경우를 대비하는 비상대책을 마련해야 한다. 잔금 대출이 되는지 미리 알아보고 자금을 준비한다.

차별화된 인테리어로 가치를 높여라

부동산 투자를 하다 보면 수리를 필요로 하는 집이 더러 있으니 기본적인 인테리어 공사와 가격 정도는 알아두어야 한다. 소장님들은 대부분 인테리어 가격을 높게 잡아서 이야기해주는 경우가 많으니 직접 견적을 받아본 후 어떻게 수리할 것인지 결정하는 것이 좋다.

경매 초창기 시절에는 직접 모든 것을 다 해봐야 한다는 생각으로 몸을 아끼지 않았으나, 중요한 것은 누가 하는지보다 얼마의 비용으로 어떤 인테리어를 할 것인지다. 인테리어 비용도 투자금에 포함되기 때문이다.

그렇다면 어떻게 해야 더 전략적으로 인테리어를 할 수 있을까.

견적부터 전략적으로 받아라

20년이 넘은 오래된 아파트들은 대부분 단지 내 상가 안에 인테리어 가게가 자리 잡고 있다. 해당 아파트를 가장 잘 아는 곳이니 견적을 바로 받을 수 있다. 추가로 중개소 소장님께 인테리어 집을 서너 군데 소개받은 후에 견적을 요청한다. 견적을 받아서 비교한 후 가격이 저렴하거나 신뢰가 가는 업체를 선택한다.

인테리어 가격은 자재에 따라 견적이 천차만별일 수 있으니, 어떤 자재를 썼는지 알 수가 없으므로 잘 모르면 '호구'가 되기 쉽다. 직접 인테리어 가게에 가서 자재를 보고 고르는 방법도 있고 을지로 방산시장에 한번 나가서 대략적인 자재 가격과 인부들의 일당 정도를 알아보는 것도 좋은 공부 방법이다.

경매를 처음 시작할 때는 모든 것을 직접 다 경험해보겠다는 결심으로 손수 인테리어를 하기도 했으나 그 분야의 전문가가 아니라면 전문가에게 맡기는 편이 시간과 비용을 줄일 수 있다.

어떤 공정이 들어가는지 작업 과정과 적정 수준의 비용만 알고 있으면 된다. 물론 열정을 갖고 직접 해보고자 하는 분들을 말리고 싶지는 않다. 다양한 경험은 무엇이든 소중하고 고생한 만큼 기억에 많이 남는 법이기 때문이다.

가격이 비싸다고 흥정을 많이 하는 방법은 좋지 않다. 가격을 깎으면 자재가 달라지고 감정만 상하게 할 뿐이다. 신뢰가 가긴 한데 견적이 다른 업체보다 약간 비싸다면, 나 같은 경우 서비스를 한두 가지 요청한다. 처음 견적을 요청할 때 현관 포인트 타일이나 빨래 건조대 등을 항목에 넣지 않고 견적을 받고 나서 서비스로 요청하는 식이다. 요즘은 인건비가 워낙 비싸기 때문에 인테리어 업자도 나를 쉽사리 보지 않았다면, 크게 흥정을 할 만큼 많은 마진을 갖고 가진 않는다.

받아든 올수리 견적이 생각보다 비싸다는 생각이 들면 비용을 아끼기 위해 개별 발주를 해도 된다. 예를 들어 도배와 장판은 A업자에게, 화장실 수리 및 타일 작업은 B업자에게, 싱크대 및 가구들은 C업자에게, 페인트는 D업자에게, 전등 및 전기 공사는 E업자에게. 인테리어 업자 한 명에게 맡기지 않고 개별로 발주를 주게 되면 비용은 100~200만 원 절약할 수 있다. 하지만 모든 작업 공정을 일일이 확인해야 하고 문제가 발생되면 A/S의 경계선이 모호해지는 단점도 있다.

내가 사는 지역과 가까운 지역이라면 다행이나, 거리가 먼 지역이라면 그곳까지 가는 시간, 비용, 스트레스도 계산에 넣어야 한다. 매번 가서 확인할 수가 없는 지방 같은 경우 중개소 소장님에게 소정의 수수료를 주고 인테리어 관리감독을 부탁하는 방법도 있다.

물론 간단한 부분 수리 정도는 직접 알아보고 처리하면 비용도 절약할 수 있고 자신감도 생긴다. 예를 들어 화장실 도기만 갈아야 할 경우 인근의 바스 용품을 파는 도매상에 들러 도기만 구입한 후 인부를 소개해달라고 하면 저렴한 비용으로 교체가 가능하다.

요즘 이케아나 대형 마트에 셀프 인테리어가 가능한 훌륭한 제품들이 많이 나와 있으니 간단한 수리 정도는 직접 경험해보는 것도 추천한다.

견적은 상세하고 정확하게 요청하라

견적을 요청할 때는 예시 사진을 첨부하고 명확하게 의사를 표현하는 것이 중요하다. 작업이 완료되고 나면 돌이키기가 힘들기 때문에 작업을 시작하기 전 확실하게 의사를 전달해야 한다. 견적을 요청할 때나 받을 때도 문자나 문서를 이용해 증거를 남겨놓아야 한다.

자재를 직접 고르지 않을 경우 나중에 논란의 소지가 있을 수 있

적절한 인테리어 예산

인건비가 비싸다 보니 올수리 견적 가격도 예전에 비해서 많이 비싸지긴 했으나 보통 24평은 800만 원, 33평 900만 원으로 1,000만 원을 넘지 않는 선에서 해결하는 것이 좋다.

으니, 견적을 받을 때 어떤 자재를 쓸 예정인지 샘플 인테리어 사진을 서로 주고받으면 추후 논란의 여지가 없다.

33평 기준 올수리 예시는 다음과 같다. 개별 가격은 지역별, 인테리어 공사업자에 따라 차이가 있으니 기준을 잡는 데 참고자료로 활용하기를 추천한다.

• 33평 올수리 인테리어 견적서 샘플 •

품목	작업 내용	공급가
도배	전체 광폭 합지	900,000
바닥	전체 장판 1.8T	850,000
부엌가구	하이그로시 화이트	2,500,000
	인조대리석 상판	
	가스쿡탑 / 입수전 / 주방타일	
화장실(덧댐 시공)	욕조No, 파티션No / 천장 돔	2,000,000
	양변기 투피스형 / 세면대 반다리형	
	수전 및 기타 액세서리	
	바닥 방수공사(50만 원 추가) - 연식 오래되면 방수공사 권장	
	UBR화장실(80 ~ 100만 원 추가)	
조명	LED등 + 스위치 + 콘센트	800,000
현관공사	신발장(하이그로시 화이트)	400,000
	현관 타일(포인트 타일)	100,000
베란다 타일		400,000
도장공사	내부 락커 도장 / 외부 발코니 수성	800,000
	도어 / 등박스 등	
몰딩 / 걸레받이		500,000
문턱제거(1개당 5만 원)		200,000
방문손잡이(1개당 2만 원)		140,000
빨래 건조대, 말발굽 등 서비스		
총 비용		9,590,000

** 집 상태를 확인한 후, 필요에 의해서 항목을 가감하면 된다.

이 표에 나와 있는 바와 같이, 견적을 요청할 때는 상세하게 자재를 명기하는 것이 좋다. 내가 어느 정도 인테리어에 대해 알고 있다는 것을 알려주는 효과도 있어서 적어도 나를 생초보로 생각하고 대하진 않게 된다. 예를 들어 도배는 광폭합지, 장판은 1.8T, 싱크대 및 신발장은 하이그로시 화이트에 인조대리석에 가스쿡탑, 세면대는 반다리형 등을 언급할 수 있다.

인테리어는 디테일한 차별화가 승부수다

내 집의 상품 가치를 높이기 위해 시작한 인테리어. 눈 가리고 아웅 하는 식이 아닌, 이 집에 살고 싶게 만드는 차별화된 인테리어가 필요하다. 사람의 마음은 종종 사소한 곳에서 멈추기도 하는데, 그 사소함에는 큰돈이 들어가지 않는다. 전체적으로 기본 공사를 하되, 두세 군데 포인트를 두어 고급스러운 느낌을 살려주면 비용 대비 효과가 크다.

1. 현관

집을 선택하는 사람은 여자(주부)인 경우가 많으므로 여심을 사로잡는 인테리어가 중요하다. 문을 열고 현관에 들어서는 순간 고급스러운 현관 포인트 타일이 눈에 들어온다. 아무것도 아니라고 생각하겠지만 누구에게나 첫인상이 중요하듯, 신발을 벗고 들어가는 첫 관문에서 여심을 사로잡고 시작하면 일이 쉬워진다. 현관 포인트 타일 위에 세련된 스타일의 현관등까지 달아놓으면 큰돈을 들이지 않고도 효과를 극대화할 수 있다.

인테리어 사장님에게 이런 요구를 하면 대부분 반기지 않는다. 1평짜리 현관에 무슨 돈을 더 들이냐며 인테리어 가게에 보유하고 있는 타일로 그냥 작업해버린다. 그래서 처음부터 샘플 사진을 보내주며 "이런 스타일로 부탁드립니다"라고 이야기해 놓는다. 타일 가격에는 큰 차이가 없으나, 가지고 있지 않은 스타일의 타일을 구해달라 하니 돈 안 되는 귀찮은 일이라 여기기 마련이다. 사장님 스타일로 평범하게 갈 것인가, 내 스타일로 차별화할 것인가, 한 번만 생각해보면 답은 정해져 있다.

조명은 집을 환하게 그리고 분위기를 고급스럽게 만들어준다. 조명과 스위치는 한 세트라고 생각해야 한다. 조명만 LED등으로 교체하고 스위치 교체를 하지 않는 실수를 해선 안 된다. 하얀 도배지 위에 누런 색깔의 스위치는 호박에 줄만 긋는 언밸런스한 상황을 연출한다.

2. 부엌

부엌에 들어서자 인조 대리석 상판이 깔려 있고 가스쿡탑이나 하이라이트까지 설치되어 있다면 깔끔한 느낌이 살아난다. 가스레인지를 넣을 자리를 마련하기 위해서 주방 상판이 2단으로 내려가면 고급스러움이 반감되어버린다.

싱크대 앞에 부엌을 환하게 해주는 LED등이 설치되어 있고 식탁을 놓을 자리에 최신 트렌드를 반영한 예쁜 식탁등은 필수다. 젊은층들이 좋아하는 투톤의 싱크대도 세련되어 보여 좋으나, 평수가 작은 부엌에는 단색 싱크대가 낫다.

주방 타일도 트렌드에 맞게 세련된 스타일로 함께 바꾸어야 한다.

기존 주방 타일이 깨끗해보여서 20만 원 정도의 비용을 줄이고자 싱크대는 바꾸면서 주방 타일을 바꾸지 않으면 공사가 다 끝난 후, 오래된 주방 타일만 눈에 띈다. 어차피 화장실 수리를 하게 되면 타일 공사는 기본으로 들어가니 주방 타일과 현관 타일도 함께 공사하는 것이 오히려 비용을 절약하는 길이다.

3. 화장실

화장실은 반드시 수리해야 집이 산다. 살면서 화장실까지 수리하기는 쉽지 않기 때문에 구축 아파트 수리를 마음먹었다면 반드시 해야 한다. 수리비가 생각보다 비싸기 때문에 화장실 수리만 빼고 하는 경우도 있으나, 기회가 왔을 때 수리해둬야 나중에 후회하지 않는다. 화장실 수리 여부가 집이 잘 팔리고 안 팔리고를 결정 짓는 결정타가 될 수 있다.

화장실은 타일 선택이 중요하니 가급적 많은 샘플 사진들을 모아두고, 너무 심플한 타입보다는 처음 보았을 때 눈에 확 띄는 디자인으로 선택하는 것이 좋다. 세면대와 변기 등 도기들도 고급스러워 보이면서도 가격이 저렴한 제품들이 많으니 트렌드를 반영해서 선택한다. 비누나 양치컵 등을 올려놓을 수 있는 선반도 설치하면 고급스러움을 보탤 수 있다.

오래된 아파트들은 욕실 바닥 방수공사를 반드시 해야 이후 누수에서 자유로울 수 있다. 한번 방수공사가 되어 있는 집이라면 화장실 전체 타일을 다 뜯어내고 하는 공사보다는 '덧댐시공'이라고 해서 기

존 타일 위에 새로운 타일을 덧붙이는 방식의 공사가 시간과 비용이 훨씬 적게 든다. 아파트 연식이나 기존의 수리 기록을 확인하고 인테리어 사장님과 협의해서 진행하면 된다. 대부분 오래된 아파트들은 중간에 화장실 공사를 한 경우가 많다. 욕조가 있었는데 들어내고 없는 경우는 욕실 바닥 방수공사를 했다고 보면 된다.

화장실이 2개인 경우 안방 화장실과 거실 화장실 둘 다 수리하기엔 비용이 만만치 않으니 거실 화장실 한 개만 해도 무난하다. 안방 화장실의 상태가 그렇게 나쁘지 않다면 실리콘 작업만 새로 하거나, 도기들만 교체해도 효과가 있다.

4. 도배 및 장판

도배와 장판은 무난하고 깔끔한 분위기의 색상으로 하면 된다. 특히 도배는 색깔을 통일해서 밝은 톤으로 해야 집이 넓어 보인다. 가끔 신혼부부가 본인들이 벽지를 고르고 싶다는 요청을 해서 좋은 마음으로 허락을 했으나, 나중에 골라놓은 벽지를 보고 난감한 적이 종종 있었다.

호불호가 갈리는 색상의 벽지는 가급적 피하는 것이 좋고 되도록이면 세입자에게 선택권을 주기보단 무난한 화이트 톤으로 직접 선택하는 것이 좋다. 실크벽지는 가격이 비싸므로 보통 광폭합지를 사용한다.

도배를 한 벽을 기준으로 밑부분의 마무리는 걸레받이로 하고 윗부분의 마무리는 몰딩으로 한다. 방안은 걸레받이 대신 장판을 접어 올려 마무리를 하더라도 거실 부분만큼은 걸레받이와 몰딩으로 마무리하는 것이 고급스럽다.

5. 베란다 타일

인테리어 공사에서 타일은 매우 중요한 부분을 차지한다. 손을 안 대고자 하면 안 해도 되는 부분이지만, 돈을 들여 공사를 했는데 타일은 그대로면 새집 같은 분위기가 나지 않을 수 있다.

집이 오래되면 타일 사이에 때가 끼면서 더 낡아 보인다.

거실에서 바로 보이는 앞베란다 타일만 교체해도 들어설 때 첫 느낌이 새집처럼 느껴진다. 어차피 주방 타일, 화장실 타일, 현관 타일 등 타일 공정이 들어가니 베란다 타일을 추가한다고 해서 크게 비용이 올라가지 않는다. 비용이 부담된다면 베란다 타일 대신 장판을 깔기도 한다. 그러나 가격에 큰 차이가 나지 않는다면 내 집을 새 집처럼 보이게 해주는 베란다 타일에 비용을 지불하는 것이 효과가 좋다.

6. 새시

인테리어 공사를 하면서 새시까지 하기엔 비용 면에서 큰 부담이라 대부분 새시는 빼고 올수리 공사를 한다. 집을 선택할 때 수리가 된 집이라면 새시가 되어 있는 집인지에 따라 매도 가격에도 약간의 차이가 날 수 있다. 그만큼 새시 부분은 공사비가 많이 들어가는 공정이므로 투자를 목적으로 할 때는 제외하는 것이 좋다.

안타깝게도 새시까지 반드시 교체를 해주어야만 전세 세입자를 구할 수 있는 지역들이 몇 군데 있다. 워낙 오래된 아파트일 확률이 높고, 새시까지 수리를 해놓은 집들이 많다면 나 역시 교체해야 한다.

한동안 대전 둔산동 아파트들이 투자자들에게 관심의 대상이 되었던 시기에는 대부분 새시까지 교체하는 올수리를 해야 했다. 물론 새시까지 교체해놓으면 나중에 매도도 편해지고 집의 가치가 올라가는 것은 당연한 일이나, 당장 투자금이 커지다보면 수익률이 떨어지므로 신중한 선택이 필요하다.

인테리어를 하는 근본적인 목적은 투자금을 최소화하여 수익을 극대화하는 것이다. 전세 보증금을 올려 받으려는 목적이 깔린 인테리어 공사에 너무 큰돈을 쓰게 되면 원래의 목적이 희석될 수도 있다.

7. 방문 손잡이·문턱 제거

전체 도장 공사가 들어가면 방문부터 시작해서 내부 벽과 앞뒤 베란다까지 모든 곳을 흰색 페인트로 칠한다. 방문을 흰색으로 페인트 칠하고 방문 손잡이도 세련되고 심플한 것으로 교체한다.

연식이 오래된 집들은 대부분 문턱이 있다. 문턱이 낡고 오래되어 그 위에 페인트칠을 해도 깨끗해 보이지가 않는다. 문턱을 모두 제거한 후 장판을 새로 깔면 집이 훨씬 더 넓어 보인다. 또한 로봇 청소기를 많이 사용하는 젊은 세대들은 문턱이 제거된 집을 선호한다.

수리 시간이 부족한 경우도 방법은 있다

수리를 하기 위해서는 최소 일주일 정도는 집이 비어 있는 기간이 필요하다. 그러나 투자를 하면서 잔금을 치를 돈까지 다 갖고 있지 않다보니, 현세입자 내지는 매수자를 일찍 내보내기가 쉽지 않다. 이런 상황에 올수리는 불가능하고 부분 수리 정도는 방법이 있다.

도배 같은 경우 이삿짐이 나간 후 11시경부터 바로 시작해서 오후 2~3시경이면 마무리된다. 싱크대도 미리 주문해놓은 상태에서 이삿짐이 나갈 때 함께 기존 싱크대를 철거하고 빈 시간에 설치가 가능하다. 먼지가 많이 나고 이 짧은 기간에 공사를 해줄 가구업체를 구하는 것이 쉽지는 않으나, 추가 비용을 들여 요청을 하면 못할 작업들은 없다.

화장실 또한 대부분 집에 화장실이 2개이니 거실 화장실 정도는 하루 이틀 사용하지 않아도 큰 불편함이 없다면 1일 시공으로 수리가 가능하다. 물론 10~20퍼센트 이상 가격이 비싸긴 하지만 하루만에 공사가 가능한 장점이 있으니 이를 이용하는 것도 방법이다.

역전세난으로 고민이 많은 요즘 기존의 세입자가 재계약을 해주면 감사한 일이다. 기존 세입자의 상황을 고려해서 재계약 의사가 있

입주 청소

보통 올수리 견적에는 입주 청소가 포함되어 있지 않은 경우가 많다. 올수리를 했는데 청소할 게 있을까? 하는 생각은 큰 오산이다. 공사 중 생긴 먼지들, 창틀이나 창문 등 구석구석 쌓인 묵은 때들도 만만치 않다.

공사가 끝나기도 전에 이미 전세입자를 구해놓았다면 입주 청소는 들어올 세입자들이 하는 경우도 있으나, 집주인에게 요청을 하는 경우도 있다. 나 같은 경우 높은 가격에 전세 보증금을 받았다면 입주 청소까지 깔끔하게 해주는 편이다.

입주 청소는 평당 1만 원 정도로 생각하면 된다. 24평이라면 24만 원, 33평이라면 33만 원선이다. 부동산 중개소에서 입주 청소하는 분의 명함을 받아 예약하고 청소가 끝나면 소장님에게 청소 상태 점검을 대신 부탁하기도 한다.

어 보인다면, 부분 수리를 제안해보는 것도 역전세난을 극복하는 방법이 될 수 있다.

실전 계약 시 주의사항

1. 가계약금 보내기 전 확인할 것

집을 보고 마음에 들면 매도자와 매수자는 여러 가지 매도·매수 조건을 협의한다. 어느 정도 협의가 이루어지면 계좌를 받고 가계약금을 보낸다.

가계약금만으로 계약이 성사되므로 보내기 전에 반드시 정확한 동호수, 매매대금, 잔금 날짜, 기타 거래 조건 등을 넣은 확약문자를 교환해야 한다. 이때 기타 거래 조건에 '전세 놓는 것에 협조한다, 잔금 전 수리에 협조한다' 등 내가 매수 시에 제시한 조건을 필히 확약문자로 주고받아야 한다.

2. 등기부등본 확인하기

가계약금을 보내기 전 반드시 확인해야 할 서류는 등기부등본이다. 등기부등본이 낯설다면, 지금 살고 있는 집의 등기부등본을 한번 발급받아서 찬찬히 살펴보면 눈에 익을 것이다. 내가 살고 있는 집에 대출이 있다면 더욱 이해가 잘 될 것이다.

등기부등본상 '갑구'에 소유자에 대한 사항이 나오고 '을구'에는 소유권 이외의 권리사항이 나온다. 계약금을 넣기 전 소장님에게 등기부등본 한 통을 부탁하면 바로 발급해서 보여준다.

갑구에 나와 있는 소유자 이름과 주민등록번호를 확인하고 을구에 소유권 이외의 권리사항에 무엇이 적혀 있는지를 확인해야 한다. 대부분 은행의 근저당권이 설정되어 있거나, 대출이 없다면 아예 을구가 없거나 둘 중 하나일 것이다. 집주인이 살고 있는 경우 은행의 근저당권은 집을 살 때 빌린 것으로 잔금을 받는 즉시 바로 상환 조건을 계약서에 명기해야 한다(잔금 시 근저당 말소 의무 특약).

'내가 매도자에게 건넨 잔금, 혹시나 은행에 가서 바로 상환하지 않으면 어쩌지?' 하는 불안함에 대한 잠금장치로 법무사를 부르기도 한다. 매매 잔금을 전부 매도자에게 주지 않고 근저당권이 설정된 대출금액만큼 법무사에게 건네주고 법무사는 이를 받아 은행에 상환하고 등기소로 가서 말소 업무와 등기 업무를 동시에 처리한다.

문제는 가압류, 가등기, 가처분 등의 생소한 꼬리표가 붙어 있는 경우로 이런 집이라면 매수를 하지 않는 것이 좋다. 나중에 소송에 휘말릴 수도 있다. 매물도 많은데 가격이 싸다는 이유로 굳이 위험을 떠안을 필요가 없다.

전세 세입자가 살고 있는데 후순위 내지 선대출이 있는 경우라면, 계약금 및 잔금 계산을 잘해야 한다. '전세 보증금+저당권 설정 금액'이 '아파트 매매 가격'을 넘는다면 오히려 돈을 받고 매수해야 하는 경우가 생긴다. 이것이 바로 '깡통 아파트'이다. 이럴 경우 계약금을 보낼 때는 최소한의 금액으로 보내고 실제 남아 있는 대출금을 정확히 확인해달라고 요청해야 한다.

3. 계약서 작성 시 확인사항

계약서 작성 시 본인이 한 줄 한 줄 꼼꼼하게 체크해야 한다. 아파트 소재지와 동호수가 맞는지, 평형·면적이 맞는지, 매매대금·계약금·잔금과 날짜가 맞는지, 매도자 신분증과 인적사항이 맞는지, 매수자 인적사항이 맞는지 등을 확인해야 한다. 소장님들도 가끔씩 실수를 한다. 계약서상에 동호수가 달라 등기소에 가서 알게 된 경우도 있었다.

인적사항도 본인이 반드시 확인해야 한다. 매도자가 직접 오는 경우 매도자의 신분증을 확인하면 된다. 대리인이 오는 경우에는 매도용 인감증명서와 위임장에 찍힌 인감 도장이 매도인 인감증명서에 날인된 동일 도장인지를 반드시 확인해야 한다.

'잔금일은 상호 협의 하에 조정할 수 있다.' 전세를 구하기 위해 잔금을 뒤로 많이 미루었다가 앞당길 수도 있다. 세입자를 구하는 과정에서 서로 이사 날짜가 안 맞으면 잔금 날짜를 조정해야 할 수도 있으니 계약서 특약사항으로 넣어두면 좋다.

‘매도인은 잔금 전에 인테리어 수리에 협조한다.’ 계약할 당시에는 협조적이었던 매도인이 갑자기 돌변할 수도 있다. 계약은 부인과 했는데 남편이 ‘잔금을 받기 전에는 열쇠를 줄 수 없다’라고 말을 바꾸어버리면, 나는 올수리를 해주겠다는 세입자와의 약속을 지킬 수가 없다. 인테리어할 시간이 없으니 세입자에게 양해를 구하든가, 매도자가 원하는 대로 중도금이든 잔금을 준비해야 한다. 이런 낭패를 막기 위해서 계약서에 특약사항으로 넣어두는 것이 좋다.

‘매도인은 전세 놓는 것에 협조한다.’ 매도인은 집을 팔기 위해 그동안 수없이 집을 보여주었을 것이다. 또는 그 집에 살고 있는 세입자 역시 시도 때도 없이 집을 보여주느라 지친 상황에 드디어 집이 팔렸다고 한다. 이제 집을 그만 보여줘도 된다는 안도의 한숨을 쉴 때, 집을 사서 전세를 놓을 예정이니 또 보여달라고 한다. 집주인이든 전세입자든 협조가 쉽지 않은 사항이다. 이런 특약사항은 미리 협의하여 계약서에 넣어두면 나중에 생길 불협화음을 방지할 수 있다.

잔금 날
챙겨야 할 것들

1. 법무사·등기비용

잔금 날이 되면 내가 뭔가 실수를 하는 건 아닌지, 챙기지 못한 부분이 있을지 긴장이 된다. 보통 잔금을 치르는 날은 등기를 해야 하므로 법무사를 부르는 것이 좋다. 나도 초보 때는 20~30만 원씩 수수료를 주면서 법무사를 부르는 것이 아깝다는 생각에 매번 셀프 등기를 했었다.

장기적으로 내가 법무사를 쓰는 이유는 우선 하루 종일 잔금을 하느라 시간을 버리기보단 좀더 생산적인 일을 하기 위해서다. 보통 나는 잔금 날 가지 않고 위임장으로 대신하거나 법무사를 보내는 경우가 많다.

또한 집주인이 셀프 등기를 한다고 하면 이사 들어올 세입자가 불안해한다. 전세금을 받고 등기를 바로 안 할까 봐 걱정이 되는 모양이다. 대부분 법무사가 오면 안심을 한다.

마지막으로 혹시나 모를 다양한 사태에 대비하기 위해서이다. 매도자가 서류를 제대로 챙겨오지 않는 경우도 있고, 전세권 내지 저당권 설정 등의 말소를 함께 진행해야 하는 경우도 있고, 등기부등본을 이삿짐에 싸버리고 챙겨오지 않는 경우도 있다. 법무사가 오면 간단히 해결될 문제를 셀프 등기를 할 경우는 절차가 복잡해질 수 있다.

법무사 수수료는 보통 15~30만 원 정도다. 중개소에서 수수료가 저렴한 법무사를 소개받기도 하는데 법무통에서 견적을 받아서 비교해보면 된다.

법무사 내지 중개소에서 알려주는 잔금에 필요한 서류를 미리 챙겨놓고 법무사에서 보내준 등기비용도 준비한다. 매도자에게 모든 서류를 완벽하게 건네받고 나면 잔금을 지불하고 등기비용도 법무사에게 보내면 된다.

2. 선수관리비·장기수선충당금

선수관리비란 관리비 예치금으로 한두 달 정도의 일정액의 관리비를 미리 관리사무실에서 맡아두는 비용이다. 최초 입주할 때부터 예치해온 돈이므로 원래는 집을 팔고 나가는 사람은 관리사무소에서 예치금을 돌려받고 새로운 매수자가 다시 관리사무소에 예치해야 하는 돈이지만, 보통 매매 계약 진행 시 부동산에서 기존 소유주가 매수인에게 선수관리비를 받고 매수인이 이에 대한 권리를 승계받는 형식으로 진행된다. 매수인 역시 집을 팔고 나갈 때, 또 새로운 매수인에게 돈을 받고 승계를 해주는 돈이다.

장기수선충당금은 아파트의 유지 보수를 위해 필요한 금액을 관리사무소에 미리 징수해서 적립해놓는 금액이다. 납부 의무는 소유자에게 있다. 관리비에 포함되어 나오므로 현재 관리비를 내고 있는 사람이 누군지에 따라 정산 방법이 달라진다. 납부 의무가 있는 집주인이 살고 있는 경우 매매 계약 진행 시 별도의 정산이 필요 없다.

반면 세입자가 살고 있는 경우에는 세입자의 거주 기간 동안 관리비에 포함되어 대신 납부한 장기수선충당금을 정산해서 돌려주어야 한다. 매도자가 세입자에게 내주어야 하는 돈이므로, 매수자는 정확하게 계산되었는지 여부를 확인하면 된다. 만일 임차인을 승계하는 조건으로 집을 매수한 경우에는, 현재까지의 장기수선충당금을 계산해서 매도자에게 건네받아야 함을 잊지 말자. 매수자는 건네받은 돈을 잘 가지고 있다가 현 임차인이 이사 나가는 날, 총 거주 기간만큼 정산해서 내주면 된다.

이런 선수관리비와 장기수선충당금 정산서 영수증은 매매 계약 시 잘 보관해두어야만 나중에 혼선이 없으니, 잔금 날 꼼꼼하게 챙겨야 하는 항목 중 하나다.

3. 매도·매수 부동산 수수료 현금영수증

매도할 때와 매수할 때의 부동산 중개수수료는 양도세 신고 시 비용 처리가 가능하므로 당일 현금영수증을 발급받아서 잘 보관해야 한다. 이런 중요한 영수증이나 서류들은 여기저기 흩어져 보관하면 나중에 찾기가 힘들어지니, 처음부터 한 파일로 관리를 해야 한다. 부동산에서 주는 파일을 하나로 통합해서 매매 계약서, 전세 계약서, 등기부등본, 관련 서류 및 모든 영수증을 보관한다. 겉표지에 아파트 이름과 동호수를 써서 색인까지 해놓으면 나중에 그 아파트에 관련된 모든 서류는 해당 파일만 꺼내보면 된다.

나 같은 경우 어디서든 바로 꺼내볼 수 있도록 당일 현장에서 매매 계약서와 전세 계약서를 사진으로 찍어서 에버노트에 저장해둔다.

4. 현관 비밀번호, 열쇠 및 각종 출입카드 인수인계

잔금 정산과 동시에 현 거주자에게 현관 비밀번호와 각종 열쇠 및 출입카드를 인수받아야 한다. 아파트별로 정해진 숫자의 현관 출입카드나 쓰레기 배출카드 등이 있으므로, 이를 정확하게 확인하고 인수인계서를 받아둔다. 나중에 숫자가 부족할 경우 개당 돈으로 계산해야 하는데, 인수인계서가 없는 경우 적은 금액 때문에 서로의 감정이 상하는 일이 발생하기도 한다.

나의 경우 세입자에게 인수인계한 출입카드의 숫자가 부족할 때 큰돈이 들어가는 것이 아니므로 비용을 부담하고 책임을 묻지 않는다. 그동안 내 집에 살아준 세입자에 대한 그 정도 배려는 큰일이 아니다.

5. 전세자금 대출 질권 설정

전세자금 대출을 받는 임차인과의 전세계약 체결 시 반드시 주의해야 하는 것이 있다. 임차인의 신용도에 따라 전세자금 대출을 받을 때 질권 설정을 하게 될 수도 있다. 질권 설정이란 쉽게 말해서, 임차인이 전세자금 대출을 받는 과정에서 '은행이 집주인에게 전세금을 우선적으로 돌려받을 권리'를 설정하는 것이다. 물론 집주인은 이를 허락한다는 자필 서명을 직접 해야 하고 질권 설정 통지서를 우편으로 접수했다는 확인이 되면 전세금 대출이 실행된다.

질권 설정에 동의한 경우 전세 보증금은 임차인이 아닌 질권 설정이 된 은행에 반환해야만 한다. 만일의 경우 이를 놓치고 전세 보증금을 모두 임차인에게 반환했는데도 불구하고 임차인이 은행에 전세 대출금을 상환하지 않으면, 은행은 임차인의 채무액을 임대인에게 직접 청구하게 된다.

생각만 해도 끔찍한 일인지라 이를 잘 아는 임대인들은 세입자가 전세자금 대출 질권 설정을 요청하면 거절하는 경우가 많다. 대부분 전세자금 질권 설정에 대해서 잘 모르고 허락해주거나, 세입자를 구하기 힘든 요즘 그렇게라도 세입자를 구할 수만 있다면 그것마저 감사하다고 생각하기 때문에 수락하기도 한다.

문제는 나와 직접 계약한 임차인이라면 질권 설정 여부를 정확하게 파악할 수 있으나 임차인을 승계하는 조건으로 매수한 아파트인 경우, 매도자가 정확한 정보를 주지 않으면 확인할 방법이 없다. 집주인이 바뀌었다고 해서 은행에서 미리 통보를 해주지 않는다. 그나마 만기일이 다가오면 은행에서 확인해서 연락이 올 수도 있으나, 만기보다 훨씬 이전에 임차인이 이사를 나가버리면 위험을 내가 떠안을 수도 있다.

세입자의 전세자금 대출 질권 설정을 허락해줄 수밖에 없다면 확실한 안전장치가 필요하다. 질권 설정 통지서를 잘 보관해두고 에버노트에도 빨간색으로 눈에 잘 보이도록 메모해두자. 모든 전세 보증금 반환 시에는 반드시 질권 설정 여부를 확인하고 문자 기록도 남겨두면 좋다.

전세자금 대출 질권 설정 시 임차인은 은행에 '확정일자를 받은 전세 계약서 원본'을 제출해야만 한다. 다시 말해, 전세자금 대출을 받은 임차인은 전세 계약서 원본을 갖고 있지 않다는 뜻이다. 전세 보증금을 반환할 때는 반드시 전세 계약서 원본을 확인한 후 반환하면 사고를 예방하는 하나의 방법이 될 수 있다. '모든 전세 보증금을 반환할 때는 전세 계약서 원본을 임차인에게 회수한다'라는 나만의 원칙을 세워두면 실수를 줄일 수 있다.

이 제도를 악용하는 임차인은 흔치 않다. 대부분의 임차인들은 오히려 집주인이 전세 보증금을 은행에 바로 반환하지 않을까를 우려해서 바로 그 자리에서 은행에 전세금 반환이 되었는지를 꼼꼼히 확인한다. 만일의 경우에 대비해서 알고 있어야 되는 사항이지, 실제로 빈번하게 일어나는 사건은 아니다.

• 계약 진행 단계별 핵심 요점 •

1. 가계약금 송금 전 확인할 사항	
□	확약문자 교환 - 주소지(동호수), 매매대금, 잔금 날짜, 기타 거래 조건 명기 - 매수 시 제안했던 사항들까지 포함해야 한다. ex) '전세 놓는 것에 협조한다', '잔금 전 수리에 협조한다' 등
□	등기부등본 확인하기 - 가압류, 가등기, 가처분 등이 잡혀 있는 경우 매수하지 않는 것이 좋다.
2. 계약서 작성 시 확인사항	
□	소재지와 동호수
□	평형 및 면적
□	매매대금
□	계약금 및 매도자 인적사항 - 특히 매도자 인적사항과 신분증 및 인감 도장을 반드시 확인할 것
□	특약사항 명기 - 매수 시 제안했던 사항을 계약서상에 명기해야 분쟁이 생기지 않는다. ex) '잔금일은 상호 협의하에 조정할 수 있다', '잔금 전 수리에 협조한다' 등
3. 잔금일에 챙겨야 할 것들	
□	법무사 수임료 및 등기비용
□	선수관리비, 장기수선충당금 영수증 및 정산
□	매도, 매수 부동산 수수료 현금영수증
□	현관 비밀번호, 열쇠 및 각종 출입카드 인수인계
□	전세자금 대출 질권 설정 확인

아파트를 보유하는 동안 해야 할 일

등기까지 모두 완료되고 난 후 전세 만기 2년의 세월 동안 무엇을 해야 할까. 내가 뿌린 씨앗이 잘 자라고 있는지 주기적으로 시세를 확인해야 한다. 이제 매수보다는 매도에 더욱 중점을 두어야 하는 시기이다.

전세계약을 해놓은 상태라고 해서 마냥 2년간 기다리는 것이 아니라, 내가 산 아파트의 가격 변화도 체크하고 그 지역 랜드마크 아파트의 가격 변화에도 관심을 기울여야 한다.

투자한 지역의 공급 물량뿐만 아니라 차로 30분 거리 인근 지역의 공급 물량도 함께 보면서 내가 매도할 시점에 큰 영향은 없을지 시장조사도 해야 한다. 손품으로 충분히 가능한 일이고 중개소에 자주 전화해서 그 지역의 동향에 대해서 물어보면 생생한 정보를 얻을 수 있다.

매수할 시점의 지역 상황과 매도할 시점의 상황이 달라질 수도 있고, 중간에 변수가 생길 수도 있다. 매수할 시점에는 없었던 공급 물량이 갑자기 쏟아질 수도 있고, 부동산 정책 변화에 따른 변수가 작용되어 매수 심리가 급격히 줄어들 수도 있다. 하필 내가 팔아야 하는 시점에 이런 시기가 맞물리면 매도는 쉽지 않을 수밖에 없다. 이럴 때는 욕심을 부리려 하지 말고 누구든 사려는 사람이 나타나면 가격 조정을 해서라도 팔고 나오는 것이 현명하다. 생각보다 장기전이 될 수도 있어서 처음 2년 보유 계획이 4년, 6년으로 늘어날 수도 있다. 투자금이 묶이게 될 수도 있음을 기억해야 한다.

반대로 공급 부족 심화로 인해 매물이 부족해지면서 전세 물량이 급격히 줄어들어 계획보다 빨리 가격 상승을 일구어낼 수도, 투자자뿐 아니라 실거주자들까지 매수에 나서는 시장이 올 수도 있다. 어느 정도 예상 수익이 났다면, 시장 분위기가 아주 좋을 때 조금 아깝지만 먼저 팔고 나오는 것도 좋은 매도 전략이다.

전세계약 기간이 아직 남았다 해도 시장 분위기가 좋은 지역이라면 투자자든 실거주자든 가격이 자꾸 오르니 미리 사놓고 싶어 하는 사람들이 생긴다. 조금 더 갖고 있으면 더 오를 것 같은 유혹 때문에 매도를 결정하기 쉽지 않다. 물론 더 보유하면 더 오를 수도 있고 빨리 매도한 것을 후회할 수도 있다. 반면, 비슷한 시기에 진입한 투자자들의 물건이 쏟아져 나오기 시작하면 오히려 더 좋은 가격을 못 받을 수도 있다.

나 같은 경우 매수 시기에 대략적인 매도 상한선을 정해놓고 그쯤 되면 욕심을 접고 매도를 결정한다. 전자이든 후자이든 본인의 성향이기 때문에 누가 옳다고 할 수는 없으나, 나는 투자를 오래할 사람이기에 마음이 편하고 스트레스를 덜 받는 쪽을 선택한다.

내가 씨를 뿌려놓은 지역이라면 주기적으로 시장의 변화를 감지하면서 언제 수확을 할 것인지를 정해야 한다. 시장 분위기에 따라 수확 시기는 언제든 변할 수 있다. 과욕으로 매도의 황금 타이밍을 놓치지 않기를 바란다.

돈을 주고 매수를 하는 경우 꼼꼼하게 챙겨야 할 것들이 많지만, 돈을 받는 매도 잔금 날에는 정확하게 받을 돈을 계산해서 받고 필요 서류를 건네주는 것 말고는 특별히 신경 쓸 일이 없다. 양도 차익에 대해 양도세를 신고해야 하므로 잔금 후 2달 이내에 가뿐한 마음으로 세무서에 가면 된다.

에필로그

경험하고,
움직이고, 즐겨라

좋은 에너지를 가진 이들을 만나라

지금 내가 만나고 있는 사람들이 곧 나 자신이다. 자주 만나고 있는 사람이 누구인지에 따라 가까운 미래가 결정된다. 변화와 발전이 없는 매일 똑같은 삶을 살아가는 사람을 만나면 나 역시 그런 사람이 되고, 불타는 열정을 갖고 꾸준히 자기발전을 위해 노력하는 사람을 가까이 두면 나 역시 그런 사람이 된다.

평범한 내가 평범하지 않은 사람과의 인연을 맺기 위해서는 남들보다 특별해야 눈에 띌 수 있다. 어렵게 맺은 평범하지 않은 이들과의 인연을 오래 이어가기 위해서는 부단한 노력을 해야만 한다. 사회에서 만난 사람과 사람의 관계는 일방적일 수 없다. '기브 앤 테이크

Give and Take'의 원리가 항상 존재하듯, 나 역시 그들에게 작은 무엇이라도 줄 수 있는 사람이어야 한다.

직장 내에도 많은 부류의 사람들이 있다. 남의 뒷담화를 즐겨하는 부류가 있는가 하면, 매일 놀고 먹는 부류도 있고, 아침 일찍 출근해서 독서를 즐겨하고 퇴근 후에 무엇인가를 배우러 다니는 부류도 있다. 한 달 한 달 고정 월급을 받는 생활에 익숙해지면 나태해지기 쉽다. 현실에 안주하지 않고 끊임없이 노력하는 사람이 되어보면 어떨까. 그 노력이 결실을 맺기 시작하는 순간 내 직장 상사의 삶이 초라하게 느껴지는 때가 올 것이다.

학부모들 모임에 나가도 많은 부류의 사람들을 만난다. 대부분 남편과 아이들을 돌보느라 최선을 다하는 사람들이다. 자기관리가 철저한 사람들은 하루도 빠짐없이 운동을 한다. 책읽기를 게을리하지 않거나 신문기사나 경제에도 관심이 많은 부류들이 있다. 육아에 있어서도 전문가들인 이들은 모두 가정이 화목한 사람들이다.

워킹맘들은 두말할 것도 없이 직장 생활과 육아를 병행하며 열정적인 삶을 산다. 나의 이웃사촌들은 한명도 빠짐없이 내가 배울 점이 많은 사람들로 채워져 있다. 매달 마주하는 나의 수강생들은 새로운 도전을 위해 시간과 돈을 투자한 사람들이다. 이미 그들은 부의 추월차선에 올라타고자 하는 준비가 되어 있다. 미래에 대한 꿈을 품은 이들과의 만남은 꾸준히 나의 길을 걸어갈 수 있는 원동력이 된다.

지금 당장 행동으로 옮겨라

어느 정도 부동산 투자의 기본기를 닦았다면, 처음부터 너무 완벽함을 추구하기보다는 소액 투자로 용기를 내어보길 추천한다. 그것도 자신이 없다면 누구나 다 아는 똘똘한 한 채에 도전하면 된다. 물론 거액의 투자금이 들지만 실패할 확률은 낮아진다. 소액이든 똘똘한 한 채든 행동으로 옮겨야 결과가 나타난다.

여러 번 말했듯, 아무것도 하지 않으면 아무 일도 일어나지 않는다. 투자를 하면서 어떻게 한 번도 실패를 하지 않을 수 있겠는가. 실패를 최소화하기 위한 공부와 노력을 함께 병행하면 실수를 만회할 방법도 찾을 수 있다.

신중함을 기하느라 좋은 시절을 놓친 사람들도 많다. "그때 샀어야 했는데…" 하는 때늦은 후회만이 남는다. '저지른다'는 표현을 쓰고 있지만, 빠른 실행력은 곧 경쟁력이 된다. 초보 때는 보는 눈이 없어서 좋은 물건을 사지 못할 수도 있지만 많은 경험을 하면서 현재가 아닌 미래를 보는 눈도 성장하고 판단력도 커질 수 있으니 지금 시작해보자.

열심히 모으고 의미 있게 쓰자

여행을 자주 다니다 보면 새로운 일에 대한 도전이 전혀 두렵지 않다. 나의 아이들도 투철한 도전 정신을 갖기를 희망한다. 살고 있는 작은 도시가 세상의 전부가 아니라 지구상에는 다양한 사람들이 존재하고, 갈 곳도, 할 일도 많다는 것을 스스로 느끼게 해주고 싶다.

'일 년에 집 한 채 팔아서 두 달간 해외 살기'. 내가 부동산 투자를 시작하지 않았다면 꿈도 꾸지 못했을 목표였다. 이제는 나 자신을 위해서도 반드시 필요하다. 일 년에 열 달을 누구보다도 열심히 산 내게 주는 보상이다.

이는 많은 이들이 동경하는 삶의 형태 중 하나일 것이다. 경제적 자유와 시간적 여유 둘 다 있어야만 가능한 일이기에 쉽게 실천하기 어렵다. 그러나 보름, 아니 일주일이더라도 내가 사는 곳을 벗어나 어디든 떠나보는 것, 이는 삶의 활력소이자 특별한 경험이 될 것이다.

내가 동경하는 것, 목표한 바가 있다면 너무 오래 미루지 않았으면 좋겠다. 목표를 미루면서 의미 없이 견디는 날들보다 하루라도 먼저 시작해서 열정적으로 사는 삶이 결과적으로 성공한 삶이지 않을까.

나는 열심히 모으고 즐겁게 의미 있게 쓰는 삶을 살기로 결정했다. 모든 것이 완벽하게 목표한 바를 이룰 때까지, 나와 가족들에게 선물을 미루다 보면 아이들이 금세 커버릴 것만 같다. 이제 준비가 됐다고 느낄 때쯤이면 아이들은 이미 성장해버려서 내 곁을 떠날 준비를 할 나이가 될 것만 같다. 아이들이 엄마를 필요로 할 때에는 경제 활동을 하느라 옆에 있어주지 못하고 경제적 여유가 생기면 아이들이 곁을 떠날 나이가 된다. 난 그동안 무엇을 위해 쉬지도 않고 달려왔는지 홀로 우두커니 앉아 허망함과 상실감에 빠지기보다는 아이들이 원할 때 그 순간을 즐기며 살고 싶다.

많은 사람들이 "나는 ○○살까지만 일하고 은퇴해야지"라고 계획하지만, 나는 죽기 전까지 일을 하고 싶다. 돈을 벌기 위한 수단의 일이 아닌 그 나이에 합당한 일을 하고 싶다. 나의 건강을 위해 평생 일을 손에서 놓고 싶지 않다. 몸을 쓰는 일이 아닌 머리를 쓰는 일이면 더 좋을 듯하다. 지금 내가 하고 있는 많은 일들이 점점 더 확장되어 미래를 밝혀줄 것으로 기대한다.

나는 걸을수록 행복해졌다

엄마가 하는 일이라면 항상 전폭적인 지지를 보내주는 두 아이들과 훌륭한 외조를 아끼지 않는 남편이 있었기에 나는 비로소 강해질 수 있었다.

은행대출 50%를 받은 실거주집 달랑 한 채를 가지고 있던 노후가 불안했던 내가, 지금은 사십여 채의 아파트를 보유하고 있다. 퇴직금 1억 원이 아파트라는 자산으로 변하면서 매년 나에게 경제적 자유를 선물해주고 있다. 남 탓만 하던 부정적인 사람에서 일상을 감사하게 생각하는 긍정적인 마인드를 갖게 되었다. 일상이 감사해지기 시작하면, 가장 먼저 내 안에 평화와 행복이 찾아온다. 그렇게 부동산 투자는 내가 나답게 사는 진짜 인생을 선물해주었다.

아무 노력도 하지 않으면서 자유로운 삶을 사는 사람을 동경하거나 시기만 하지 말고 지금 당장 갇혀 있는 그 우물을 박차고 나와야 한다. 회사를 그만두라는 이야기가 아니다. 내가 품고 있는 좁은 생각, 내 안의 잘못된 습관, 가치관을 벗어 던지고 나오라는 뜻이다. 스스로 철저히 시간을 관리하고 지속할 수 있다면, 성공하지 못할 일이 없다.

많은 사람들이 나를 임장의 여왕이라는 애칭으로 불러준다. 이 애칭 덕분에 다꿈스쿨에서 가장 인기가 많은 부동산 기초반과 지역분석 정규 강의까지 해내고 있다. 초등학생 아들의 전폭적인 도움을 받아 유튜브 방송 '아파트 읽어주는 여자 앨리스허TV'도 꾸준히 진행하고 있다.

어느 날 갑자기 감당하기 힘든 큰 목표를 세우며 시작하지 않았다. 아주 작게, 좁게, 구체적인 계획을 세워서 일단 시작하다 보면 길이 보인다. 내 책장에 가득 채워진 지역별 임장 지도들만 보고 있어도 흐뭇하고 뿌듯하다. 너 참 잘하고 있어, 스스로 칭찬을 해주고 싶을 정도로. 아들은 이 임장 지도들을 집안 가보로 대대손손 물려주겠다고 한다.

돈을 많이 벌든 적게 벌든 나는 에너지 넘치는 하루를 살면서 내 삶을 주도하고 있다. 내 안에는 '뭐든지 마음먹으면 못 해낼 것이 없다'라는 자신감으로 가득하다. 그래서 지금 이 순간, 그 어느 누구보다 행복하고 이런 기쁨을 당신도 누리게 될 수 있길 진심으로 바란다.

부동산 투자로 진짜 인생이 시작됐다

1판 1쇄 발행 2020년 3월 5일
1판 5쇄 발행 2023년 4월 20일

지은이 앨리스허(허미숙)

발행인 양원석
펴낸 곳 ㈜알에이치코리아
주소 서울시 금천구 가산디지털2로 53, 20층(가산동, 한라시그마밸리)
편집문의 02-6443-8842 도서문의 02-6443-8800
홈페이지 http://rhk.co.kr
등록 2004년 1월 15일 제2-3726호

ISBN 978-89-255-6905-5 (03320)